系统经济学进展
The Progress In System Economics 2013—2014
2013—2014

昝廷全 / 著

科学出版社
北京

内 容 简 介

系统经济学是在系统时代背景下应运而生的一种跨学科新研究。本书记录了2013~2014年期间系统经济学的研究进展。主要包括系统需求理论、系统产权理论、资源位节三定律以及系统经济效应的测度等内容。同时还收录了一些由系统经济学引发的关于科学、社会与人生的思考等。

本书可供高等院校经济管理、系统科学和应用数学类的本科生、研究生或MBA学生参考，也可供相关专业的教师、研究人员、政府部门和高层管理人员参考。

图书在版编目（CIP）数据

系统经济学进展：2013—2014 / 昝廷全著. —北京：科学出版社，2015.5
（系统经济学丛书）
ISBN 978-7-03-044281-9

Ⅰ. ①系⋯ Ⅱ. ①昝⋯ Ⅲ. ①系统科学：经济学-研究 Ⅳ. ①F069.9

中国版本图书这馆CIP数据核字(2015)第 098590 号

责任编辑：李　敏　吕彩霞 / 责任校对：邹慧卿
责任印制：徐晓晨 / 封面设计：李姗姗

科　学　出　版　社 出版
北京东黄城根北街 16 号
邮政编码：100717
http://www.sciencep.com

北京京华虎彩印刷有限公司 印刷
科学出版社发行　各地新华书店经销

*

2015 年 3 月第　一　版　　开本：787×1092　1/16
2017 年 1 月第三次印刷　　印张：15 1/4　插页：2
字数：400 000
定价：200.00 元
(如有印装质量问题，我社负责调换)

昝廷全　博士

系统经济学创建人
公众微信【系统思维】创建人
中国系统工程学会理事
全国社会经济系统工程委员会副理事长
中国传媒大学教授（二级）、博士生导师
中国系统经济学研究中心主任

前　言

古人云："十年磨一剑"。我自从1985年在《自然杂志》发表第一篇学术论文以来，迄今已有30个年头。30年来，我一直致力于系统经济学的筹创工作，到目前为止，已经基本上完成了系统经济学哲理框架的构建工作，得到了上百个具有数学形式的新结果，开拓了7个与国际上已有定评的工作具有可比性的研究专题。但是，从总体上讲，系统经济学还只是万里长征只走完了第一步，好在"我那万丈的雄心，从来没有消减过"，正在以"燕然未勒战犹酣"的姿态迎向新的挑战。

系统经济学是系统科学和经济学相交叉的一种新研究，这里"系统"是修饰词，研究对象是经济系统，因此，系统经济学属于经济学的范畴。按照这种理解，物理化学应当属于化学的分支；化学物理应当属于物理学的分支。对于一个善于思考的人来说，也许过程比结论更重要。特别是对于一种新的科学探索来讲，情况更是如此。正是基于这种考虑，我们已出版了《系统经济学史记：1985—2012》，记录了系统经济学的产生背景和探索历程。现在出版《系统经济学进展：2013—2014》，计划今后每两年出版一本进展，系统记录系统经济学探索的完整轨迹。

从研究方法上讲，系统经济学探索采用的是数学家兼哲学家怀特海式的研究方法，首先提出一套系统经济学的公理系统和研究框架，然后不断进行丰富和完善。最近两年来，我们工作的一个重点就是试图实现系统经济学和经济学历史上著名经济学家学术思想的"对接"，努力为系统经济学的每一个知识点和思想观点找到经济思想史上的对应"原胚"，从而使得系统经济学研究更接"地气"。任何新思想和新理论都应当是传统思想和传统理论的拓展与推广；传统思想和传统理论是新思想和新理论的极限情况和特款。这正好对应于物理学中的玻尔对应原理。这一原理也同样适用于经济学研究。

由于系统经济学研究属于前沿性的科学探索，有些工作"前无古人"，本质上不同于改进性的研究工作。因此，缺乏直接的评判标准。所以，我们努力使我们的研究和国际上已有定评的工作具有可比性。客观地讲，由于系统经济学研究尚属于探索阶段，很多研究工作都不是最后的结论，都是开放性的。这本书记录的是2013—2014我们关于系统经济学研究的阶段性工作，其中许多问题都还需要进一步的探索和深入研究。我们有希望更多的有志青年加入系统经济学行列，希望得到更多学界同仁和各界朋友的关注、关心、支持与帮助，使这棵诞生于中华大地的学苑新苗茁壮成长。

作　者
2015年3月

目 录

前言

第一部分 系统经济学大事记

第二部分 学术论文

系统经济效应研究：纯交换经济	5
系统产权理论	9
资源位第三定律：连通性的经济学	18
关于当前中国宏观经济问题的系统经济学透视	22
手机"碎片时间"价值的"长尾理论"分析	29
外部性问题的系统经济学分析	35
基于系统经济学分析社交新媒体机理——以微信为例	39
文化产业发展促进产业结构转型升级的机制研究	45
系统需求理论初探	55
关于物体运动速度的科学猜想	63
系统经济学名词解释（Ⅰ）	66
系统经济学名词解释（Ⅱ）	82
系统经济学名词解释（Ⅲ）	104
系统经济学名词解释（Ⅳ）	118
基于资源位的航空网络连通性研究	127

第三部分 学术思考

文化的力量：层级文化和自组织文化	141
影响房价的传媒因素	141
政府可以通过大众传媒调控关于未来房价走势的舆论	142
准商商品空间中一般均衡状态的一般表达	143
看景不如听景：开集与闭集	143
"独木不成林"：企业文化	144
主客体合一：一种新的经济学研究方法	145

分工与合作的辩证模型：频道专业化的优势和局限 145
再谈"富贵险中求" 146
中国一定能够出现世界级的媒体 147
美国传统：制度边界的一个案例 148
我系统，故我在 149
腾讯网经济频道在线专访 149
东西方差别：说服人与说服神 149
产权的抽象化有利于数学化 150
经济学家的社会责任 150
资源整合的拓扑学定律 151
万能连通因子 152
在东南卫视节目创新与品牌价值座谈会上的发言 152
学术研究不仅要 insist，更要 focus 154
文化的力量 155
学术的边际效用最大化 157
希尔伯特(Hilbert)的无穷旅馆：有穷与无穷的区别与联系 157
两种不同的学术传统：巴比伦传统和希腊传统 158
"打江山容易，坐江山难"的系统经济学分析 158
互联网环境下舆论管理模式的创新 159
相互作用与不可积系统 160
备忘：系统经济背景下的产权问题 160
散念 161
走向系统时代 161
论产业经济学研究方法的普适性 163
维持耗散结构的两个基本条件 163
形变收缩核与数学结构的意义 164
信息粗交流 165
"不以规矩，难以成方圆"与制度的拓扑学定义 165
经济系统描述的完备性问题 166
家的系统经济学解析 166
诺贝尔奖与智力游戏 168
学术潜伏 168

条目	页码
比较的逻辑	169
学术研究的支撑系统	170
资源整合与空间分离性	172
系统经济学与书画艺术	173
学术研究：入主流与成为主流	175
大师	176
千里之外：实无穷与潜无穷	176
高维化(系统化)：科学求解与文学创作的一种共同方法	177
满心欢喜：请到胡适耕先生讲拓扑	177
我只要属于我们自己的优雅与神话	178
新知识学习与知识软件升级	179
系统经济学的沃土	180
冯·诺依曼解与制度的本质	181
2010年圣诞感怀	182
数学结构与现实的对应："《易》与天地准"	183
经济问题的描述与逼近定律	184
经济研究中的传媒问题	185
矛盾的纠缠	186
服从于自己内心的价值尺度	186
文章千古事	187
未曾设计的呈现	188
系统经济学当前任务	189
只有系统经济能够救中国	189
需求与财富的系统经济学观点	190
比较研究的逻辑与数学存在的理由	190
又到诺贝尔奖颁奖时	190
踏遍青山(1)	191
应当创设"世界货币"	193
心在学术，何必分白天黑夜	193
文化产业的位置	194
300年经济学思想与政策工具的系统经济学透视	194
制度改革与优化对应于变分原理	195

失却自我归平庸 ... 195

踏遍青山(2) ... 196

系统需求与基数效用 ... 196

纵死犹闻侠骨香 ... 197

系统时代的人道主义标准 ... 198

文学创作的四项基本原则 ... 198

数学语言 ... 199

学习瓦尔拉斯好榜样 ... 199

五十年书卷香浓 ... 200

系统经济学史记 ... 201

20世纪现代经济学经历的三次革命 ... 202

微观多变才能宏观少变 ... 202

我的故乡在哪里？ ... 203

向余秋雨先生致敬 ... 203

极端主义和中庸之道 ... 204

关于等级的断想 ... 204

系统经济学精神的哲学同构 ... 205

孔子的"大一统" ... 206

制度的系统本质 ... 207

系统需求的古典哲学原型 ... 208

荆轲何以不该刺死秦王 ... 208

欠"军"一文 ... 208

踏遍青山(3) ... 209

系统主义：引言 ... 210

社会分层的内在尺度 ... 211

思考问题的层次，反映着人的层次 ... 211

文化的系统化定义：中华文化的重构与发展 ... 212

阅读《系统之美》 ... 213

关键词方法与《云图》中的关键词 ... 214

系统主义价值观 ... 215

关于"系统背景下的个体最优定律"的 Critically think ... 216

制度研究的历史深度 ... 217

系统需求理论的历史渊源	217
普遍观念的系统化作用	218
普遍观念的两种基础：组织与个人	218
"学会用出世的心态入世"的历史视野	218
创建系统经济学的"心远地偏"	219
真实的历史和我们能够知道的历史	219
系统文明与系统主义的"上帝之城"	221
文明演化的一般模式：黑格尔与马克思的统一	221
系统文明的历史维度	223
同属于一个系统就具有某种共同利益	223
藏书的学问	224
中国传统	224
积结构与系统广化	225
Pareto 最优	225
开集：可持续发展的数学描述	226
回家过年：抖落所有的社会形式化认可符号	226
对话《中国文脉》	227
科学和艺术的共同动机	228
享受发现，发现即完成	228
政府与市场处于不同的系统层级	229
经典与特征尺度	230
《系统经济学史记：1985—2012》序言	230
公共空间与独立知识分子	232
崇高性与正外部性	233
其实你不懂我的心	233
系统经济学的历史定位	234
层级过渡原理：经济系统是镶嵌于社会大系统的子系统	235
汇率：货币间的供求关系	235

第一部分　系统经济学大事记

系统经济学大事记

1. 2014年昝廷全当选为中国系统工程学会理事。
2. 2013年昝廷全继续当选中国系统工程学会社会经济系统工程专业委员副理事长。
3. 2013年昝廷全教授指导的博士研究生高亢按期毕业。
4. 昝廷全教授指导的三名硕士研究生周星秀、李白和郭锟如期毕业。
5. 昝廷全教授发表了"系统产权理论"和"资源位第三定律:连通性的经济学"两篇重要学术论文。
6. 郭鸿雁博士将资源位理论成功应用于航空网络研究。
7. 周星秀将系统经济学成功应用于社交新媒体研究。

第二部分　学术论文

系统经济效应研究：纯交换经济*

摘要：本文研究了纯交换经济的系统经济效应，主要包括两个方面的内容：一是交换前后资源位的变化；二是至少一样好解集的变化，这既可以理解为自由度的增加，也可以理解为福利水平的改进。对纯交换经济的系统经济效应研究是研究一般均衡系统经济效应的基础。

关键词：纯交换经济；系统经济效应；资源位；契约曲线

Research on the Effects of Systematic Economy (I): Pure Exchange

Abstract: In this article, the effects of systematic economy have been primarily researched. It comprises two aspects: the first is the change in resource niche after exchange; the second is the change in the set of solution satisfied Pareto optimum, this one hand means the growth of freedom, another hand can be referred as the improvement of social welfare. The research in this article provides a basis study on the effects of systematic economy in the case of general equilibrium economy.

Keywords: pure exchange; the effect of systematic economy; resource-niche; contract curve

一、引　言

研究纯交换经济的系统经济效应是研究更为复杂情况下的系统经济效应的基础。先把简单情况研究清楚，再去研究复杂情况是科学研究的常用方法。昝廷全（2005）曾经把这一思想总结成逼近定律。这一定律指出，把简单情况研究清楚之后，可以用简单去逼近复杂，用已知去逼近未知。许多科学研究工作遵循的都是这一思路。例如，经济学中的完全竞争、完全垄断等都是相对简单的理想模型，这些简单情况在现实经济中基本不存在。但是，把它们研究清楚之后，可以以它们构成认知坐标去逼近和研究更为复杂的现实情况。物理学中的自由落体运动也是一种在现实中并不存在的理想情况，但是，对自由落体运动的研究是研究真实复杂的天体运动的基础，为研究真实复杂的天体运动提供了重要启迪。

二、系统经济效应

我们曾经指出，20世纪现代经济学经历了以下三次革命（昝廷全，2012）：

1) 20世纪之初，微积分的引入，给经济学带来的"边际主义革命"。

2) 20世纪下叶，纳什（Nash）等掀起的"博弈论革命"。自1994年纳什等获得诺贝尔经济学奖以来的18年间（1994~2012年），诺贝尔经济学奖6次授给了博弈论和与博

---

*作者：昝廷全，原载《中国传媒大学学报（自然科学版）》2013年第1期

弈论关系密切的信息经济学,共计有 15 人获奖。2013 年 Lioyd Shapley 获奖是意料之中。系统经济学认为,现在是系统时代,合作竞争将是主要的竞争方式,Lioyd Shapley 正是合作博弈研究的领军人物。因此,他的获奖是大势所趋。实际上,早在 7 年以前的 2006 年我就提出合作博弈现在比非合作博弈更有现实意义(参见昝廷全主编《中国传媒经济》(第三辑)中关于纳什来访的报道)。早在 2008 年我就让我的博士研究生应思思的博士选题研究连通性和合作博弈。

3) 20 世纪 80 年代系统科学与经济学相结合给经济学带来的"系统革命",其标志就是系统经济学的诞生(昝廷全,1988)。

系统经济效应是系统经济学的一个重要概念和基本研究内容。系统经济效应,是指经济系统由于系统化所产生的"整体大于部分之和"的效应。我们曾于 1991 年建立了经济系统"整体大于部分之和"的一个数学模型(昝廷全和吴学谋,1991)。这里的系统化包括三层含义:第一,经济系统的软件对硬件的组织作用,表现为 $\Phi \neq f \subset A^2$, $A=\{a_1, a_2, \cdots, a_n\}$。第二,经济系统相应的商系统的软件表现出来的一种整体功能。从本质上讲,经济学中的规模经济、范围经济、模块化经济等都是系统经济效应的典型表现形式(昝廷全和黄德鸿,1998)。第三,不同经济系统所表现出来的共同软件特征。

昝廷全在《系统管理模式》中曾经提出了发展系统经济的基本理法,具体包括 5 个步骤。本文结合纯交换经济,第一次给出关于系统经济效应的具体测度方法。

三、纯交换经济的系统经济效应

纯交换经济,是指经济中不存在生产,每一个人都具有固定的商品禀赋,他们之间可以交换这些商品。这就是纯交换经济的情况。

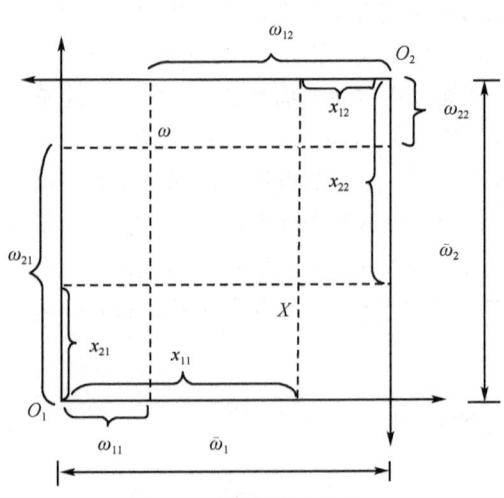

图 1 埃奇沃思方框图

关于纯交换经济的最简单描述就是:两个消费者彼此之间就两种商品进行交易。在经济学中,通常用埃奇沃思方框图来描述这种关系(图 1)。该图以英国经济学家弗朗西斯·Y.埃奇沃思(Francis Ysidro Edgeworth,1845~1926 年)命名,以纪念首位使用这种分析工具的经济学家。

在用埃奇沃思方框图表示的纯交换经济中,假设有两个消费者(用 $i=1, 2$ 表示)和两种商品(用 $l=1, 2$ 表示)。消费者 i 的禀赋向量:$\omega_i=(\omega_{1i}+\omega_{2i})$ ($i=1, 2$)。经济中商品 l 的总禀赋为 $\bar{\omega}_l=(\omega_{l1}+\omega_{l2})$ ($l=1, 2$)。消费者 i 的消费向量为 $x_i=x_{1i}+x_{2i}$。经济中的一个配置 $X \subset R_4^+$ 是对每个消费者的一个非负消费向量的分配:$X=(x_1, x_2)=((x_{11}, x_{21})(x_{12}, x_{22}))$。并且假定:$x_{11}+x_{12}=\bar{\omega}_1$, $x_{21}+x_{22}=\bar{\omega}_2$,即无浪费配置。

在埃奇沃思方框图中，消费者 1 的数量以 O_1 为原点来衡量，消费者 2 的数量以 O_2 位原点来衡量。从图 1 可以看出，经济中商品的总禀赋分别为 ω_1 和 ω_2。两个消费者的禀赋向量为 $\omega=((\omega_{11},\omega_{21}),(\omega_{12},\omega_{22}))$。图 1 中画出的一个可能的不浪费配置 $x=((x_{11},x_{21}),(x_{12},x_{22}))$。这里"不浪费"意味着：$(x_{12},x_{22})=(\omega_1-x_{11},\omega_2-x_{21})$。

（1）交换前后的资源位变化

交换前后资源位变化可以作为衡量纯交换经济的系统经济效应的一个重要指标。根据图 1 所示的埃奇沃思方框图，可以很方便地计算出交换之前消费者 1 和消费者 2 的资源位分别为

$RN_1=\omega_{11}\omega_{21}$ 和 $RN_2=\omega_{12}\omega_{22}$

于是，交换之前的总资源位为

$$RN_{前}=\omega_{11}\omega_{21}+\omega_{12}\omega_{22}$$

交换之后，消费者 1 和消费者 2 的资源位相等，都等于 $\omega_1\omega_2$。由此我们得到交换前后资源位的变化为

$$\Delta RN=2\omega_1\omega_2-(\omega_{11}\omega_{21}+\omega_{12}\omega_{22})=2(\omega_{11}+\omega_{12})(\omega_{21}+\omega_{22})-(\omega_{11}\omega_{21}+\omega_{12}\omega_{22})$$

ΔRN 显然大于零，其值的大小从一个侧面反映了由于交换所产生的系统经济效应的情况。我们知道，资源位是决定一个经济系统生产商品与服务的根本决定因素，而且，资源位结构决定着经济结构。因此，采用资源位的变化作为衡量系统经济效应的重要指标是合理的。

（2）交换前后资源配置"解集"的变化

经济学的一个核心概念就是资源配置的 Pareto 最优。其意思是说，对于一个配置，如果没有其他的可行配置使经济中的每个人都至少一样好，而且一些人的状况变得严格地更好，我们就称这个配置为 Pareto 最优。在图 2 中，契约曲线上的任意点都是使得两个消费者在初始禀赋 ω 点至少一样好的可行配置。

由此可以看出，这两个消费者仅仅通过交换（系统化）使得双方都至少和初始禀赋一样好的解集发生了巨大变化，即增加了行动的自由度。因此，我们可以利用交换前后解集的变化来衡量系统经济效应。

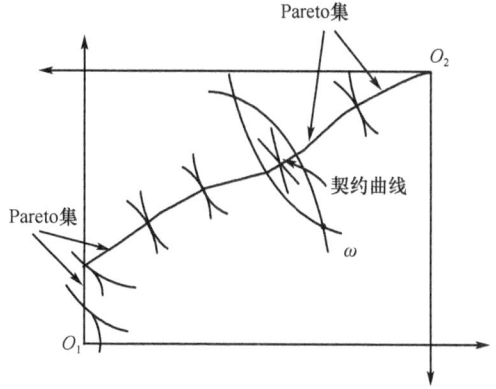

图 2　Pareto 集和契约曲线

四、结论性讨论

系统经济效应是系统经济学的核心概念之一，本文初步研究了纯交换经济的系统经济效应问题，并选用资源位变化和资源最优配置解集的变化作为具体衡量指标。本文的研究为我们研究更为复杂情况下的系统经济效应问题提供了基础和启迪。

参考文献

[1] 昝廷全,黄德鸿.系统时代：从'规模经济'走向'系统经济'[J]. 暨南学报（哲学社会学版），1998（2）.
[2] 昝廷全.20 世纪现代经济学经历的三次革命.系统经济学学术散墨[M].北京：中国书店，2012.
[3] 昝廷全. 逼近定律与经济系统工程[J]. 经济学动态，2005（11）.
[4] 昝廷全，吴学谋.经济系统的泛权场网模型与运筹方法[J]. 系统工程，1991（5）.
[5] 昝廷全. 系统管理模式[M].北京：北京广播学院音像教材出版社，2003.

系统产权理论*

摘要：通过对传统产权研究的述评，提出了产权的本质就是产权架构的观点。在前人工作的基础上，总结出"经典产权架构"，提出了系统产权架构/5-栏模型。根据该模型，详细讨论了产权客体（广义资源）的性质和利用特点对于产权界定和产权安排的重要影响。并且指出，传统产权研究主要偏重于产权客体为硬资源的情况，而对产权客体为软资源，特别是系统资源的情况的研究几乎空白。较为详细地探讨了产权的层级结构以及不同产权之间的关系。最后，为了理论上的完备性，把2001年发表在《中国工业经济系》第10期上"产权安排的最低层次原理及其应用"放在了本文的第5节。

关键词：产权；产权架构；系统产权架构；产权 5-栏模型；产权层级结构；最低层次原理

Systematic Theory of Property-Rights

Abstract: Based on the review on traditional research of property-rights, it is proposed that the essence of the property-rights is the framework of property-rights, further, the classical framework of property-rights is concluded. The Systematic Framework /5-column model of property-rights is presented. By the 5-column model, the effects of the characteristics of the objectives of property-rights (generalized resources) and their using manners on the arrangements of property-rights are discussed in details. It is pointed out that the traditional research on property-rights has been concentrated on hard-resources, and rarely on soft-resources. At last, the hierarchical structure of property-rights and relations between property-rights are presented and studied.

Keywords: property-rights; the framework of property-rights; the systematic framework of property-rights; 5-column model of property-rights; hierarchical structure of property-rights; the lowest level principle of property-rights

一、产权的本质与经典产权架构

产权是制度经济学的核心概念之一。产权制度是一种基础性的制度安排。市场经济的本质是交换，交换的前提就是产权明晰。因此，产权制度不仅影响经济效率，还是市场制度和许多其他制度安排的基础。迄今为止，至少有7人因为制度经济学研究，特别是产权理论的研究而荣获了诺贝尔经济学奖，其中的代表人物有科斯（Coase）、诺斯（North）、德姆塞茨（Demsetz）等。

在众多关于产权的定义中，我们认为，佩杰威齐和菲吕博顿的观点更具有一般性和哲理韵味，也与本文的研究更为贴近。他们认为，产权不是指人与物之间的关系，而是

---

*作者：昝廷全，原载《中国传媒大学学报(自然科学版)》2013年第2期

指由物存在及关于它们使用所引起的人们之间相互认可的行为关系[1]。也就是说,"人与物之间的关系"是产权的表象,"由物存在及关于它们使用所引起的人们之间相互认可的行为关系"才是产权的本质。在经济实践中,正是首先明确的"人与物之间的产权关系",进而决定着"由物存在及关于它们使用所引起的人们之间相互认可的行为关系"。这里,"人们之间相互认可的行为关系"的集合决定着产权的内涵。例如,现在关于产权研究已经达成的一个共识是:产权关系是一组权利束。从更本质的意义上讲,"由物存在及关于它们使用所引起的人们之间相互认可的行为关系"应该包含哪些内容完全是根据需要人为规定的,因此,无法从任何理论中逻辑保留推出,其应当随着经济系统的演化而不断升级。我们认为,由"人与物之间的关系"决定"由物存在及关于它们使用所引起的人们之间相互认可的行为关系"这种"产权架构"才是产权理论的精华。为了与本文后面将要引进的"系统产权框架"相区别,我们将这里的产权架构称作"经典产权框架"。

二、系统产权架构

作了上述理论铺垫之后,我们就可以非常方便地介绍系统产权的概念。系统产权首先从唯象层次上描述人与物之间的产权关系,至于由此引起的人们之间相互认可的行为关系的内涵稍后逐步展开。

昝廷全(2002)提出,从本质上讲,产权是指产权主体与广义资源之间的一种关系,由此确定了在资源利用时所引起的人们之间相互认可的行为关系。设 G 为所有的产权主体所构成的集合,R 表示广义资源集合,f 表示产权关系,则 f 可以表示为

$$f: G \rightarrow R$$

由此不难看出,产权由资源位转化而来,是资源位的子集。

"资源位"是系统经济学的核心概念之一,它的提出反映了系统时代的特征。资源位的概念与昝廷全等(1988)提出的自然资源的竞分三故原理密切相关。昝廷全等把自然资源的开发利用划分为三大范畴或三大故:资源、竞分者和竞分规范。这里的资源是指广义的资源,包括自然资源、人力资源、信息资源、科技资源、时间与空间资源等。资源是相对于主体而言的,我们把广义资源对应的主体称为竞分元。根据竞分元这一定义,在不同的情况下,它可以是指参与广义资源竞争分享或配置的个人、家庭、企业、产业、地区、国家甚至整个人类,也可以是植物群落和生态系统等自然界的对象。昝廷全(1991)把竞分元划分为经济元、社会元和生态元。竞分规范是指竞分元在广义资源配置过程中所应遵从的原则,包括经济规范、社会规范和生态规范。

昝廷全(1990)首次提出"竞分元资源位"的概念。由于竞分元可以划分为经济元、社会元和生态元,因此竞分元资源位可以具体化为经济系统的资源位、社会系统的资源位和生态系统的资源位。昝廷全给出了经济系统资源位的一般性定义:在广义资源空间中,能够被某经济系统实际和潜在占据、利用或适应的部分,称为该经济系统的资源位。设 $G=\{g_i \mid i=1, 2, \cdots, m\}$ 为不同经济系统组成的集合,$R=\prod R_i$ 为广义资源空间,即由广义资源因子所撑起的高维空间,经济关系 $f \subset G \times R$,则对经济系统 $g_i \in G$ 来讲,$f \circ g_i$ 即为经济系统 g_i 的资源位数学模型。

从数学形式上讲，产权的数学模型与上述资源位的数学模型完全一致，只要把上述的经济关系 $f \subset G \times R$ "限定"为产权关系即可。为了以后应用的方便，我们把产权的数学模型陈述如下：

定义1（系统产权的一般定义） 设 $G=\{g_i \mid i=1, 2, \cdots, m\}$ 为不同产权主体（经济系统）组成的集合，$R=\prod g_i$ 为广义资源空间，即由广义资源因子所撑起的高维空间，产权关系 $f \subset G \times R$，则对产权主体 $g_i \in G$ 来讲，$f \circ g_i$ 即为产权主体 g_i 的产权数学模型。

根据上面所定义的产权概念，自然蕴含了产权的层级结构，稍后我们进行较为详细的论述。这里仅仅指出，产权主体不仅可以是个人，任何层次的经济系统都可以成为产权主体。由于产权主体本身可以是一个系统，自然可以有结构，这样又自然诱导出产权主体的内分层问题。

定义2（产权的系统框架/5-栏模型） 产权的系统框架包括产权主体、产权客体（广义资源）、产权主体与产权客体之间的关系（主要指观测与控制关系，简称观控关系）、产权主体与产权客体之间关系的中介系统、经济系统环境参数五大范畴，由此决定着人们之间的行为关系，简称为系统产权的5-栏模型。这里，人们之间的行为关系是产权概念的本质。

在产权系统架构/5-栏模型中，产权主体不仅是指个人，它可以是任何具有广义认知能力（昝廷全，1997）的经济实体。按照组织水平的不同，典型的产权主体包括：个人、家庭、企业、产业、区域（城市）、国家、人类等。针对这些不同的产权主体，经济学发展了不同的专门经济学分支，昝廷全（1996）在"系统经济学研究：经济系统的基本特征"一文[2]中曾经详细探讨了经济系统的层次性及其学科对应关系。经济系统的层级结构自然蕴含了产权的层级结构。

产权系统架构/5-栏模型中的第二个范畴是产权客体（广义资源）。因此，与产权主体相对应的产权客体（广义资源）的性质和特征对于产权的安排和界定具有重要的影响。关于这一点，在以往的产权研究中，没有得到应有的重视和对待，由此造成产权研究产生了较多模糊和混乱。

在系统经济学研究中，我们提出了广义资源的概念，并将其典型地划分为硬资源和软资源两个部分，并将广义资源视作一个广义资源系统，即

广义资源系统=（{硬资源，软资源}，{软资源、硬资源及其之间的关系}，环境参数）

不论从资源自身，还是从资源的利用来讲，硬资源和软资源都有着明显不同的特点，这种区别对于产权研究是至关重要的。特别地，资源的可分性是整个经典产权界定和产权安排的基础。近年来出现的资产证券化，其本质就是解决资产的可分性问题。资源的使用特点，决定着产权安排的可行性（成本效益分析）。正是在资源的可分性和使用特点两个方面，硬资源和软资源之间存在巨大差别。

昝廷全（2005）在"资源位定律及其应用"一文[5]指出，硬资源具有两个显著的特点：第一，它存在的边界是确定的，而且往往是静态的；第二，硬资源的利用具有排他性。根据硬资源的第一个特点，不同硬资源的边界是两两不相交的，即满足可列可加性。从数学上讲，满足可列可加性是进行定量描述的基础。这可能是传统产权理论，甚至整个经济学研究偏爱硬资源的原因，至少是部分原因。这里，我们把系统产权理论之前的所有产权研究统称为传统产权理论或传统产权研究。通过对传统产权研究的简单回顾和梳

理不难发现，传统产权理论的确主要面对硬资源。但是，从经济现实来讲，软资源的作用越来越大，特别是在西方发达国家，软资源对经济发展的贡献率已达 70% 以上，于是，探讨与软资源相关的产权问题不仅具有重大的理论意义，更具有十分紧迫的现实意义。

昝廷全(2005)同时指出，和硬资源相比，软资源也具有两个显著的特点：第一，软资源的边界往往不易确定，而且通常都是动态的；第二，软资源的利用不具有排他性，有时甚至具有利他性，即软资源的价值随着使用者的增加而增加，如网络的价值与用户的平方成正比。软资源又可以细分为两种类型：第一种软资源的存在和作用必须和某一具体的或固定的硬资源相复合，这种软资源就相当于拓扑空间中闭集的邻域；第二种软资源就是"系统资源"。

从资源整合和利用的角度来讲，自然存在三种典型情况：①硬资源和硬资源整合需要软资源作中介；②硬资源和软资源整合，包括硬资源和第一种软资源整合以及硬资源和第二种软资源(系统资源)整合两种情况；③软资源和软资源整合。

因此，在产权系统架构中，既要充分考虑产权主体(广义资源)本身的特点(属于硬资源，还是软资源)，还要充分考虑软、硬资源利用的特性以及资源整合的不同机理。所有这些，都对产权界定和产权安排产生重要影响。产权主体(广义资源)的可分性(可加可列性) 直接影响产权的界定和定量描述；产权主体(广义资源)的利用和整合特点直接决定着产权安排的可行性(成本效益分析)。

系统产权架构/5-栏模型中的第三个范畴就是产权主体与产权客体(广义资源)之间的观测与控制关系，简称观控关系。在一般情况下，产权主体本身具有内分层和外分层结构，产权客体(广义资源)又分为软资源和硬资源等，因此，产权主体和产权客体之间的观控关系往往是一个复杂的动态关系网络。这就自然增加了产权界定和产权安排的复杂性和多样性。

系统产权架构/5-栏模型中的第四个范畴是产权主体和产权客体之间关系的中介系统，第五个范畴是经济系统环境参数，在一定情况下，它们都对产权界定和产权安排具有重要影响。

综上所述，在软资源对经济发展的贡献率越来越大的情况下，必须克服传统产权理论对硬资源的偏爱，加强针对软资源，特别是软资源中的系统资源的产权理论研究。产权系统架构为开展这种研究提供了深入探讨的平台和基本思路。

三、产权的层级结构

昝廷全(2001)根据经济系统的层次性和资源位理论提出了资源位的层级结构。根据产权和资源位之间的对应关系及资源位的层级结构可以自然地诱导出产权的层级结构：个人产权、家庭产权、企业产权、区域产权、国家产权和全球产权(人类产权) 等。为了简明起见，可以将产权的层级结构表示成图1的形式。

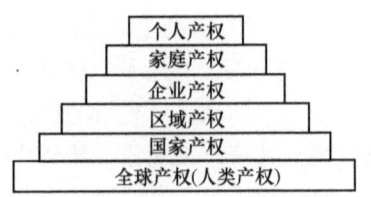

图1　产权的层级结构示意图

产权层级结构包含两层含义：第一层含义是，产权是多层次的,在现实中客观存在着不同层次的产权,典型的产权形式包括上述6种类型。菲吕博腾和配杰威齐(1991)使用了国有产权与私有产权的概念,并分别将国有产权与国有制对应,将私有产权与私有制对应,他们所使用的私有产权主要对应于产权层次结构中的个人产权和家庭产权。

我国学术界关于产权问题的讨论主要集中于个人产权和国家产权,而对不同层次产权的独立特征和产权的系统架构却很少,几乎是空白。这就局限了我国产权制度的改革与完善的视野。但是,关于家庭产权的讨论是个例外。在家庭产权的层次上,以农村"家庭联产承包责任制"为主题进行了大量的研究,但并没有从产权层级结构和系统产权架构/5-栏模型的高度去认识"家庭联产承包责任制"。以产权层级结构为背景,从系统产权架构15-栏模型的高度可以展开关于"家庭联产承包责任制"更加广泛和深刻的讨论。在企业产权的层次上,围绕国有企业的改制进行了大量的研究,主要集中在政企分开问题上,达成了要把企业变成经济运行中的独立实体和竞争主体的共识。但对不同企业的资源位和产权差异的研究没有充分展开。近来关于人力资本和非人力资本在企业中的作用与产权安排研究正在逼近企业产权的全貌。

产权层级结构的第二层含义是,各个不同层次的产权之间存在一定的"序关系"。目前,关于不同产权之间的"序关系"研究几乎为空白。但是,我们认为,关于不同产权之间的"序关系"研究对于全面和深刻地理解产权概念具有非常重要的理论和现实意义。关于不同产权之间的"序关系"研究的一个初步成果就是本文后面所要阐述的最低层次原理。

根据产权层级结构的思想,可以澄清我国学术界和理论界关于产权问题的模糊认识。魏杰(2000)认为,我国传统产权制度的最主要特征是产权不清晰,结果使经济既丧失活力,又缺乏约束力,宏观微观效应都很差。实际上,在我国传统的产权制度中,产权是非常清晰的,国有资产归国家所有,不论是在法律上,还是在经济运行过程中都没有任何模糊和不清晰的地方。至于经济运行的效率低下和没有活力有着多方面的原因。从产权方面来讲,不是产权不清晰,而是清晰得不合理,一是产权安排的层次不合理,二是企业产权不具有完备性,这才是问题的症结所在。具体来讲就是,本来应该清晰到个人的产权没有清晰到个人,或者说,本来不该安排给国家的产权安排给了国家,我们将其称为"过度国有化"。同时,还要避免在我国国有企业改制的过程中出现另外一种倾向,即把不该安排给个人的产权安排给个人,我们将其称为"过度私有化"。"过度私有化"和"过度国有化"对经济发展来讲,都是有害的,它们之间存在一个合理的界线和标准。这个标准和原则就是本文后面提出的最低层次原理。如果产权安排不合理,产权越明晰越导致低效率的资源配置。正如科斯指出的,明确的财产私有权之间并不是一种无摩擦的制度安排,这种制度安排可能导致资源配置的低效率或无效率。我们可以将科斯的这一观点扩展为如下命题。

命题1:资源配置效率是产权安排与产权完备性的函数,其核心是产权层级结构的合理性。

我国政府实行的"减政放权",让企业"自主经营、自负盈亏"等措施都是尊重企业产权,让其逐渐满足产权完备性的重要举措,这是不同于产权层级结构的范畴,不能将二者混淆。否则,将会导致我国产权制度改革措施的混乱。

通过进一步的研究，我们得到如下更为一般的命题。

命题 2：资源配置效率是社会选择集和经济主体价值偏好的函数。

德姆塞茨(1991)所给出的北美印第安人土地财产权变迁案例，所揭示的正是随着皮毛贸易的发生，印第安人的社会选择集和价值偏好发生了变化。进而从客观上产生了改变资源配置方式和土地产权安排的内在需求，由此导致了土地私有权的建立。但是，这绝不意味着"除私有产权以外的其他产权都降低了资源的使用与市场所反映的价值的一致性"(阿尔钦，1991)，这显然是不符合推理逻辑的。

明确了产权的层级结构和不同层次产权的客观存在，自然就可以推导出国有企业改制的方向，即使其成为适应市场经济要求的法人实体和独立的产权主体，进而可以明确国家和企业之间的权利和责任界线。这也是全面理解党的十四届三中全会确定的"产权清晰，权责明确，政企分开，管理科学"的现代企业制度的根本所在。这里的"产权明晰"更多的应当是指"产权合理明晰"和"产权完备"，以前的国有企业产权不是不明晰，而是明晰得不合理(层次安排不合理)和产权不完备。

四、产权之间的关系

在产权客体为硬资源的情况下，统率相同层次和不同层次产权之间关系的基本原则是归一化条件，即

不同的产权主体不可以同时完全拥有同一产权对象的产权；不同产权主体同时拥有同一产权对象的产权比例满足归一化条件，即各不同产权主体同时拥有同一产权对象的产权比例之和为 1。

在产权客体为软资源的情况下，上述归一化条件一般不会满足。

根据经济系统的层次性特征、产权与资源位的对应关系，我们不难得出经济系统、资源位与产权的层级结构之间的对应关系，如图 2 所示。

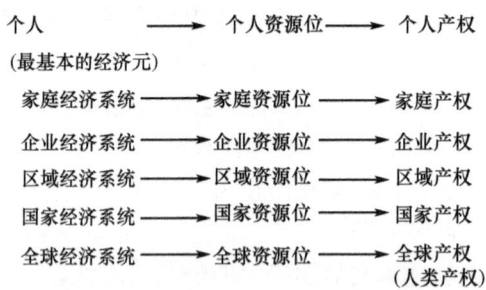

图 2　经济系统、资源位与产权的层级结构及其对应关系示意图

从图 2 不难看出，产权之间的关系包括相同层次产权之间的关系和不同层次产权之间的关系。

(1) 不同层次产权之间的关系

不同层次产权之间的关系源自经济系统的层次性和资源位的层级结构(昝廷全，1995)。不同层次产权之间的关系可以划分为"序关系"和数量关系。根据资源位的构成及其相互关系，以及产权的定义，我们规定，某一层次的产权等于该层次产权主体作

为一个整体直接拥有的产权,加上该产权主体所辖所有子系统和经济单元所拥有的产权之和。

设 $g_{个人}$、$g_{家庭}$、$g_{企业}$、$g_{区域}$、$g_{国家}$、$g_{全球}$分别表示个人产权、家庭产权、企业产权、区域产权、国家产权和全球产权,$O_{个人}$、$O_{家庭}$、$O_{企业}$、$O_{区域}$、$O_{国家}$、$O_{全球}$分别为产权主体作为一个整体直接拥有的产权,则有

$$g_{个人} < g_{家庭} < g_{企业} < g_{区域} < g_{国家} < g_{全球} \tag{1}$$

$$g_{个人} = O_{全球} + \sum g_{国家} \tag{2}$$

$$g_{国家} = O_{国家} + \sum g_{区域} \tag{3}$$

$$g_{区域} = O_{区域} + \sum g_{企业} \tag{4}$$

$$g_{企业} = O_{企业} + \sum g_{家庭} \tag{5}$$

$$g_{家庭} = O_{家庭} + \sum g_{个人} \tag{6}$$

式(1)～(6)表明了不同层次产权之间的数量关系,同时式(1)也表明了不同层次产权之间的基本"序关系"。当然,不同层次产权之间的"序关系"主要是指不同层次产权安排的优先权和逻辑顺序。

(2)相同层次产权之间的关系

在产权客体为硬资源的情况下,相同层次产权之间的关系,首先满足产权安排的归一化条件。对于同一产权对象来讲,其分布于各种产权主体的比例总和为1;从动态来讲,不论是产权稀释还是产权收缩都应满足归一化条件,即

$$\sum g_i = \sum g'_i = 1 \tag{7}$$

其次,从数量角度来讲,同一层次不同产权之间的关系为

$$\Delta g_{国家} = \Delta O_{国家} + \Delta g_{区域} + \Delta g_{企业} + \Delta g_{家庭} + \Delta g_{个人} \tag{8}$$

$$\Delta g_{区域} = \Delta O_{区域} + \Delta g_{企业} + \Delta g_{家庭} + \Delta g_{个人} \tag{9}$$

$$\Delta g_{企业} = \Delta O_{企业} + \Delta g_{家庭} + \Delta g_{个人} \tag{10}$$

$$\Delta g_{家庭} = \Delta O_{家庭} + \Delta g_{个人} \tag{11}$$

式中,$\Delta g_{个人}$、$\Delta g_{家庭}$、$\Delta g_{企业}$、$\Delta g_{区域}$、$\Delta g_{国家}$分别表示不同个人、不同家庭、不同企业、不同区域和不同国家之间的产权差异;$\Delta O_{个人}$、$\Delta O_{家庭}$、$\Delta O_{企业}$、$\Delta O_{区域}$、$\Delta O_{国家}$分别表示由于个人、家庭、企业、区域、国家等自身因素所造成的产权差异。

把上述公式和描述资源位之间关系的公式(昝廷全,2001)相比较,不难发现,资源位公式和产权公式是"同构"的,但就组织水平而言刚好是对偶的。这也给产权研究提供了一条新思路。

五、最低层次原理

如前所述,把"明晰产权"看作是我国国有企业改制的关键的观点显然是不全面的(实际上,我国的国有企业产权非常清晰),并且进一步指出了其核心问题是产权安排的层次不合适、产权不完备以及没有充分考虑产权的5-栏因素。我国农村实行"家庭联产承包责任制"之后,农村经济实现了一次飞跃,其实质就是因为原先的产权安排不合理,在家庭经济系统的有效需求未被满足的情况下人为地将产权配置给了更高层次的经济系统,结果导致了经济运行的低效率。那么,产权安排究竟有没有一个普遍的经济学原

则去遵守呢？答案是肯定的，它就是本部分所要阐述的最低层次原理。

根据系统经济学的研究成果(昝廷全，1997)和不同层次产权之间的"序关系"，我们提出产权安排遵循如下基本原则：在产权客体为硬资源的条件下，由于个人是构成经济系统的最小基本单元，只有当个人的有效产权需求被满足之后，才能考虑将产权向家庭经济系统层次安排；在家庭经济系统的产权需求被满足之后再向高一层次的企业经济系统安排(在个人和家庭经济系统的产权需求合一的情况下，个人产权需求被满足之后可考虑直接将产权向企业经济系统安排)；在企业经济系统的产权需求被满足之后再将产权向较高层次的区域经济系统和国家经济系统安排，其他层次的产权安排准则，依此类推。我们将这一思想整理成一个命题，称为产权安排的最低层次原理。

命题 3(产权安排的最低层次原理)：在产权客体为硬资源的条件下，产权安排应当从层次尽可能低的产权主体(经济系统)开始；当较低层次经济系统的产权需求被满足之后，再将产权安排给高一层次的经济系统。

因此，产权安排有如下基本顺序：

$$g_{个人} \to g_{家庭} \to g_{企业} \to g_{区域} \to g_{国家} \to g_{全球}$$

严格的理论分析可以证明，最低层次原理与系统经济学三大基本公理之一的世界最经济原理相吻合(昝廷全，1997)。这刚好证明了系统经济学的理论体系是"自洽"的，具有内在的逻辑一致性。

衡量一项产权安排，具有两个基本指标：一是效率；二是可行。满足可行性要求的产权安排不一定是有效率的；反过来讲，有效率的产权安排一定是可行的。稍为细心的读者将发现，最低层次原理暗含了这样一个假定：存在这样一些产权，将其安排给不同层次的经济系统(产权主体)在技术上都是可行的，但不同的产权安排一般都会导致不同的效率。我国实行的"家庭联产承包责任制"实际上是把"集体"层次上的产权安排转到了在较低一级的家庭层次上进行产权安排。实行"家庭联产承包责任制"之后农村经济的快速增长正好反映了不同层次产权安排的效率差异。最低层次原理成立的前提和基础是产权的层级结构，在一定的条件下，不同层次的经济系统都可以看作是一个独立的产权主体，即客观上存在着不同的产权主体，这些不同的产权主体之间存在着一定的"序关系"。因此，我国国有企业改革的主要问题不是"产权不清"，而是"过度国有化"和没有将企业看作一个独立的产权主体。

六、结论性讨论与开放性问题

本文在传统产权研究的基础上明确指出，产权的本质就是产权架构。并分别提出了经典产权架构和系统产权架构/系统产权的 5-栏模型。特别指出，根据系统产权的 5-栏模型，产权客体(广义资源)的性质与使用特点对产权安排具有重要影响。但是，并没有对产权客体为软资源，特别是为系统资源的情况进行深入讨论，而这方面的研究无论在理论上还是在应用上无疑具有更加重要的意义。

参考文献

[1] 斯韦托扎尔·佩杰威齐.产权经济学：一种关于比较体制的理论[M].北京：科学出版社，1999.
[2] 昝廷全. 系统经济学研究：经济系统的基本特征[J]. 经济学动态，1996，（11）.
[3] 昝廷全. 经济系统的认识和描述：认识相对性原理[J]. 经济学动态，1997，（2）.
[4] 昝廷全. 产权安排的最低层次原理及其应用[J]. 中国工业经济，2001，（10）.
[5] 昝廷全. 资源位定律及其应用[J]. 中国工业经济，2005，（11）.
[6] 昝廷全. 产业经济系统研究[M]. 北京：科学出版社，2002.
[7] Zan Ting quan, Wu Xue mou. A pansystems cluste-ring approach and hierarchical analysis of complex systems[J]. International Journal of Kybernetes，1993，（5）.

资源位第三定律：连通性的经济学*

摘要：本文在以往研究的基础上，提出了资源位第三定律：不同资源点之间具有拓扑连通性是资源整合的必要条件。如果两个经济系统之间存在物质、能量、信息的交换，就称它们是连通的。连通性可以划分为技术连通、经济连通和制度连通。其中，技术连通是基础。

关键词：资源位；连通性；技术连通；经济连通；制度连通

The Third Law of Resource-niche: Economics of Connectivity

Abstract: Based on the previous study, the third law of resource-niche is proposed in this article. It states that it is the necessary condition for integrating resources that exist a connectivity between different resource points. It is referred as connectivity if there is any exchange of mass, energy and information between different economic systems. The connectivity can be classified as the following three types: technical, economic and institutional. Where technical connectivity is of fundamental importance.

Keywords: resource-niche; connectivity; technical connectivity; economic connectivity; institutional connectivity

一、引　言

市场经济的本质是交换，交换的前提是产权清晰。产权是经济所有制关系的法律表现形式。我国从计划经济向市场经济转型的过程中，产权的改革是基础。

在人类社会进入系统时代的背景下，产权在经济发展中的作用正在弱化，经济系统的资源位变得越来越重要，官员腐败正是由于他们的资源位过高而又没有有效的监督制约机制造成的，这恰恰从反面说明了资源位的重要性。因为腐败官员并不具有较多的产权，而是因为拥有较高的资源位。从本质上说，产权、所有权是大工业时代的产物，属于闭集。大工业时代衡量企业的价值主要是考察该企业拥有多少在所有权意义上属于自己的资产，如土地、资本和设备等闭集意义上的资产；企业家能力高低主要表现为他的"圈地能力"，这都是在闭集意义上进行处理。"系统时代，整合为王"。在系统时代的背景下，决定一个企业绩效的关键因素已经发生了变化，不再主要考察企业在所有权意义上拥有多少资源，而在于它能够整合到多少在所有权意义上不属于自己的资源。

首先，衡量企业价值关键因素的这种转变，使得企业的组织形式必须进行相应的调整，现在正在蓬勃兴起的网络型企业、网络型组织和企业外包、企业边界的研究热潮都可以看作是为了适应这种转变在唯象层次上的技术性应对措施。全球畅销书《世界是平的》之所以引起强烈反响，正是因为它迎合了这种时代趋势，更准确地说，是迎合了"系

---

*作者：昝廷全，原载《中国传媒大学学报（自然科学版）》2013 年第 3 期

统时代,整合为王"。其次,由于这种转变,我们对企业家的评价标准发生了变化,从系统经济学的意义上讲,企业家的核心能力就是整合资源的能力。经济学家熊彼特根据他所处的那个时代的特点提出了企业家的一个定义,他认为,企业家就是根据一个目的或目标去组织各种资源,然后构建一个商业系统的人。这与系统时代对企业家的要求是一致的。再次,现代社会"系统时代,整合为王"深入人心,体现在社会各个层面。"不求所有,但求所用"的用人理念也是对产权思想的一种革命。为了因应系统时代的大趋势,昝廷全(2013)提出了"系统产权理论"。

实际上,在这种历史背景下,不仅企业模型需要变化,产业模型、地区模型、国家模型,乃至全球模型都需要进行重新审视和反思。这对于我国如何应对经济全球化和如何充分利用WTO获得双赢利益具有重要的现实指导意义。

昝廷全(2005)提出资源位第一定律:设经济系统的资源位用集合 G 表示,其测度的大小用 $m(G)$ 表示,同时用 $co(G)$ 表示资源位集合 G 的闭包,$co(G)$ 的测度用 $m(co(G))$ 表示,则资源位为集合 G 的经济系统所能整合的最少外部资源的多寡,可以用经济系统资源位集合的闭包的测度减去资源位集合的测度来表征。设经济系统所能整合的最小外部资源强度为 g,则有 $g=m(co(G))-m(G)$。把企业的实际资源位模型构造为凹集是产生"整体大于部分之和"的系统经济效应的必要条件。

昝廷全(2005)还提出资源位第二定律(图1):在经济系统资源位集合的拓扑结构已成凸集的情况下,可以通过引进资源位集合外部的某一"资源点"的途径来整合外部资源;该资源点和经济系统自身的资源位凸集构成一个凸锥,此时经济系统整合的外部资源的强度等于该凸锥的测度减去经济系统自身资源位凸集的测度。

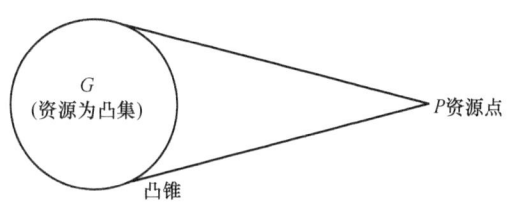

图1 资源位第二定律示意图

从实际操作上讲,与外部具有连通性是整合外部资源的必要条件。这也可以解释为互联网的出现,世界变平了。事实上,互联网对经济发展的重要作用远远未被充分认识,这种作用非常深刻而且不可逆转。

二、资源位第三定律

我们从连通性的角度对经济现象进行重新思考。互联网只是一个具体形态,而连通性更为一般化,更加重要。互联网时代的到来,使得人们对连通性更加关注。互联网不仅有利于知识、信息传播和资源整合,更提高了整个社会的资源位水平。互联网的本质问题是连通性。昝廷全(2006)提出,信息传播渠道就是一种数学映射。根据这种观点,我们把沟通理解为拓扑连通性。将这种观点与资源整合结合起来,提出资源整合的拓扑学定律,即连通性是资源整合的必要条件。我们把连通性对经济发展的重要性总结成资源位第三定律,也称为资源整合的拓扑学定律。

资源位第三定律(资源整合的拓扑学定律):不同资源点之间存在拓扑连通性是资源整合的必要条件。

什么叫连通？两个经济系统之间存在物质、能量、信息的交换，旧者称这两个经济系统是连通的，或者说这两点之间存在连通渠道。渠道是传递物质、能量、信息的一切中介系统。铁路运输、航空运输、公路运输都属于广义连通范围。互联网能够提供更加广泛的连通，当然应当成为重要的国家基础设施。

根据资源位第三定律，可以对互联网的功能有新的理解。互联网的一个重要作用就是增强世界的连通性。用系统经济学的语言来说，就是互联网促进了系统广化和系统深化。系统广化是指互联网把全球各地联系了起来；系统深化是指互联网把每一个上网的个人联系了起来。互联网的这种连通功能之强大是空前的。因此，互联网的资源整合功能也是空前的。也许这才是人们把互联网的出现作为新经济起点的真正原因。

以互联网为例，假设互联网节点集合为 V，x_v 为 V 上的特征函数，则 x_v 在 V 上的积分 $\int x_v dv = \sum_{v \in V} m(\{v\})$，作为互联网整合资源的定量描述，这里 $m(\{v\})$ 为节点 V 的资源强度的测度。当 $m(\{v\})$ 具有可加性时，$\int x_v dv = m(V)$；当 $m(\{v\})$ 不具有可加性时，$m(V) \neq \sum_{v \in V} m(\{v\})$，或者更准确地说，在不连通的情况下，$\int x_v dv \sum_{v \in V} m(\{v\})$，在完全连通的情况下，$\int x_v dv = \sum_{v \in V} m(\{v\}) = Nm(v)$，这里 N 为互联网节点数。现实情况的结论是：$m(V) \leq \int x_v dv \leq N \cdot m(v)$，$N \cdot m(v) - m(V)$ 这个差值就是由于连通性导致的系统效应。实际上，还会有知识融合效应，知识融合还会导致知识创新，使实际值比这个更大。

三、连 通 性

能够传播物质、能量、信息的一切中介系统都叫连通渠道。连通性可以划分为三种类型：技术连通、经济连通和制度连通。

这三种形式的连通性之间具有层次递进关系，其中，技术连通是基础。技术连通主要是指从技术角度实现的连通渠道。经济连通主要体现为成本效益分析。制度连通则是从制度角度对连通渠道进行规定和限制，如贸易壁垒或者贸易优惠待遇的设置。在某些情况下，技术上可以实现连通，但从经济角度考虑不现实。例如，集装箱的生产基本都在沿海城市而不在内陆地区，主要就是由于从内陆运到沿海在经济上不可行。我们将连通渠道表示为 $f \times w$，其中，f 为渠道，w={技术因素，经济因素，制度因素}。

根据拓扑传播学观点（昝廷全，2011），信息传播渠道使得不同资源点之间具有了拓扑连通性，因而信息传播渠道有利于资源整合。信息传播渠道的这种整合功能是传媒经济对 GDP 间接贡献的重要组成部分。

计量经济史学先驱福柯尔（Fogel, 1964）在《铁路和美国经济增长：计量经济史学论文集》（*Railroads and American Economic Growth*: *Essays in Econometric History*）一书中应用反事实推论法分析美国铁路与经济增长的关系，得出这样的结论：19 世纪的美国铁路，对经济发展帮助不大，对 GNP 的贡献度不超过 2%，甚至不及水路运输。具体来说，Fogel 将铁路对经济增长的影响区分为基本影响和衍生影响。铁路的基本影响主要是对运输成本的影响，铁路的衍生影响主要指铁路对经济活动空间分布的影响及最终产品的影响。在分析铁路的基本影响时,主要限于与农产品分布相联系的运输成本,使用的主要概念是"社会节约"(social saving)。任一给定年度的社会节约定义为:运输农产品的实际成本与不使用铁路时运输相同数量农产品同样距离所需的成本之间的差额。为了分析方便,社会节约的估算分为两部分:地区间社会节约和地区内部社会节约。根据Fogel对1890年数值的估算,铁路在地区内部会有较佳的"社会节约",铁路对运送农产品的贡献,大约为GNP的2.5%~2.8%。在估算铁路的衍生影响时,Fogel发现铁路并没有对经济生产潜力发挥决定性的促进作用。这与现代社会铁路网对经济发展具有重大意义的长期共识差距颇大,正因为如此,Fogel的结论备受争议。我们从连通性的观点来看,之所以19世纪的美国铁路对经济发展影响很低,是因为那时的铁路尚未形成网络。铁路网上的节点太少,辐射区域太少,而当时发达的水路运输在美国已经形成网络,是产生高额"社会节约"的运输工具,所以对经济发展的意义重大。直到20世纪,美国铁路网络才逐渐形成,产生规模经济优势,运费大幅下降,所创造的社会节省,才有显著的经济意义。同样从连通性的角度来看,我们可以对货币功能有一种新的看法。货币是一种万能连通因子(昝廷全,2010):它不仅可以毫无障碍地与硬资源和软资源整合,更重要的是,它的出现大大增加了经济系统的连通性。

四、政策启示

根据资源位第三定律及连通性的分析,从本文的研究可以得出以下三点政策启示。

1)因为连通性的重要性,我们要加强社会连通性建设,包括互联网、铁路网、公路网等。当今,需要着重指出的是,我们应进一步宣传互联网,重视互联网建设。电视入村的"村村通"工程也应逐步将互联网纳入规划,以减少数字鸿沟。

2)建设连通性时,在充分考虑经济可行性的基础之上,应当使网络覆盖的范围与节点数尽可能大,以充分发挥其作用。

3)从制度上考虑,对连通性的限定制度应当慎重考量,避免产生不必要的运行成本。我国加入WTO,正是降低了不必要的连通成本,增强了与世界市场的连通性。

参考文献

[1] 昝廷全. 万能连通因子[EB/OL].http://blog.sina.com.cn/zantingquan.(又载:昝廷全.学术散墨[M].北京:中国书店,2010).
[2] 昝廷全. 资源位凹集模型及其政策意义[J].中国工业经济,2004(12).
[3] 昝廷全. 资源位定律及其应用[J].中国工业经济,2005(11).
[4] Fogel Robert. A quantitative approach to the study of railroads in American economic growth: a report of some preliminary findings[J]. Journal of Economic History, 22(2):163-197.
[5] Fogel Robert. Railroads and American Economic Growth: Essays in Econometric History[M].Baltimore: Johns Hopkins University Press, 1964.
[6] 昝廷全. 拓扑传播学探索[J].中国传媒大学学报,2006(1).
[7] 昝廷全. 论传媒与传媒经济系统[J].现代传播,2006(6).
[8] 昝廷全. 系统经济学探索[M].北京:科学出版社,2004.
[9] 昝廷全. 传媒经济研究与拓扑传播学探索[M].北京:科学出版社,2011.

关于当前中国宏观经济问题的系统经济学透视*

摘要：以系统经济学作为思维参证框架，对当前中国宏观经济问题提出了三点基本判断：①如何把"蛋糕"做大依然是中国经济当前面临的最大问题；②产业升级具有自身的规律性；③宏观经济管理应当基于统计规律。

关键词：系统经济学；宏观经济；产业升级；统计规律

On Present Macro-economic Problems of China from the Perspective of Systems Economics

Abstract: Taking systems economics as a reference framework, three judgements about present macro-economic problems of China have been presented: ①It is still the most important problem for Chinese economy how to make the cake bigger; ②The upgrading of industry has its own logic; ③The managements of macro-economy should base on statistical laws.

Keywords: systems economics; macro-economy; industry upgrading; statistical laws

一、引　言

马克思指出，一个民族要想屹立于世界之林就一刻也不能没有理论思维。从笔者1988年在《兰州大学学报》（哲学社会科学版）发表第一篇系统经济学的文章算起，迄今已逾25年。到目前为止，已经基本上完成了系统经济学哲理框架的构建工作，得到了上百个具有数学形式的新结论，发展了五个与国际上已有定评的工作具有可比性的研究专题：资源位理论；制度边界理论、特征尺度理论、系统产权理论和系统需求理论；提出了若干新的战略类型与方法：临界战略、层级战略、系统化战略等。但是，从总体上来讲，基本上属于系统经济学理论体系自身的"完备化"工作。我一直以为，经济学家在对外"输出"政策建议之前，其内部必须先有扎实和系统的理论研究。对外输出的政策建议应当是理论研究的逻辑外推，而不能是任何个人的主观意见。

对于国家宏观经济战略问题的研究，是凭借任何个人力量都无法完成的，只能依赖国家资源。本文以系统经济学作为思维参证框架，试图从系统经济学特有的思考维度出发，发表对我国当前宏观经济的一些看法。我们从总体上认为，当前中国宏观经济问题比历史上的任何时期都更加需要系统思维，需要系统经济学！值得欣慰的是，我们已经为此准备了25年。这也许正是系统经济学走出"象牙塔"的历史契机。

---

*作者：昝廷全，原载《中国传媒大学学报（自然科学版）》2013年第5期

二、如何把蛋糕做大依然是中国经济当前面临的最大问题

根据系统经济学，对系统状态的正确认识和判断是制定战略和决策的基础。因此，对国民经济的宏观评判至关重要。其中，存在经济信息的层级过渡问题，即如何把微观经济信息"整合"成宏观经济信息。制定国家经济战略依赖的是宏观经济信息而不是微观经济信息。普通消费者关注更多的是微观信息。因此，微观信息相对"海量"和"活跃"，但政治家的思维应当更加宏观和长期，不能迷失于"海量"的微观信息中，更不能以微观信息直接作为决策的依据。

政治家的一个重要任务就是发现和求解大的社会矛盾方程，"社会矛盾方程"的发现直接考量着政治家如何从海量的微观信息整合抽取出宏观信息的能力。邓小平作为中国改革开放的总设计师，他的最大贡献首先在于对当时中国国情的正确判断，适时提出"发展才是硬道理"，其潜台词就是：供求矛盾紧张是当时最主要的国情，这正是当时中国的主要"社会矛盾方程"。邓小平的第二个贡献在于，他不仅发现了当时中国主要的"社会矛盾方程"，还给出了求解这一矛盾方程的方法，即"让一部分人先富起来"，具体体现在国家政策方面，就是发展"经济特区"。1979年7月19日，中共中央下发了中发[197950]号文件——《中共中央、国务院批转广东省委、福建省委关于对外经济活动实行特殊政策和灵活措施的两个报告》。文件中明确批示："出口特区"先在深圳、珠海两市试办，待取得经验后，再考虑在汕头、厦门设置。拟组织一个协调小组，随时了解闽、粤两省执行政策的情况，适时协调有关方面的关系并解决矛盾，使这个对外经济活动的特殊政策得到顺利地执行（当时之所以叫作"出口特区"主要是为了区别于资本主义国家和地区办的"出口加工区"）。

经过30多年的改革开放之后，我们的综合国力显著增强，人民生活水平得到前所未有的改善，那么，我们现阶段的主要"社会矛盾方程"是什么？对这个问题的回答直接影响着国家宏观经济战略和政策的制定。我们认为，现阶段如何把蛋糕做大依然是中国经济面临的最大问题。许多社会矛盾只有在蛋糕不断做大的过程中才会有解。例如，根据有关方面统计，2013年我国高校毕业生大约为600万人，截至2013年5月，北京地区高校毕业生签约率仅为28.24%[1]。如果失业只是个别现象，则政府可以不予理睬。但是，当就业状况从整体上出现了供求紧张时，就需要政府出面发挥作用。政府解决矛盾的根本出路，就是把中国经济这个"蛋糕"做大，而不是急于解决分配领域的差距过大问题。当然，就业问题本身是一个"系统问题"。

第一，从世界经济发展的历史经验来看，收入差距和贫富不均随着经济的发展趋于自动变小，具体表现为基尼系数的变化，参见表1。

表1 1979~2008年世界主要发达国家的基尼系数　　　　（单位：%）

年份	1979	1984	1990	1995	2000	2003	2008
美国	35.9	37.2	38.1	38.8	39.4	46.4	40.8
英国	24.7	26.5	33.6	32.9	34.8	35.0	61.0
日本	33.9	35.0	35.0	31.6	—	—	32.0

成思危认为，中国的基尼系数超过警戒线（参见表2）而中国并未出现严重社会矛盾的原因是中国的二元经济结构，城市中不同人群的基尼系数不高，农村中不同人群的基

尼系数也不高。而随着我国城镇化的进程，二元经济结构将消失。

表2　国家统计局发布的我国2003～2012年居民收入基尼系数[2]　　（单位：%）

年份	2003	2004	2005	2006	2007	2008	2009	2010	2011	2012
基尼系数	0.479	0.473	0.485	0.487	0.484	0.491	0.490	0.481	0.477	0.474

第二，虽然中国改革开放30多年取得了巨大的成就，人民生活水平有了显著提高，GDP总量从改革开放前(1978年)在世界排名第15位，到2012年排名第2位，但是，衡量蛋糕够不够大的不是GDP总量，而是人均GDP。中国2012年人均GDP在世界的排名仅为第84位。

第三，1978年，中国尚有2.5亿的贫困人口，改革开放后经过多年的努力到2010年年底，按1274元的扶贫标准计算，全国贫困人口下降到2688万，并且率先实现了联合国千年发展目标中贫困人口减半的目标。2011年，中央决定将农民人均纯收入2300元(2010年不变价)作为新的国家扶贫标准。这一新标准的出台，使得全国贫困人口数量和覆盖面由2010年的2688万扩大到了1.28亿。1.28亿乘以2300元，依然是一个巨大的扶贫数字。不仅如此，真正的脱贫还需要更多的努力。

第四，2012年我国每年新进入人力资源市场的劳动力达到1500多万，加上900万失业人员和结构调整、节能减排等因素新产生的失业人员，全国城镇需要安排就业的总人数将超过2400万。如果我国GDP增速保持在8%左右，预计全年新增就业和补充自然减员增加就业大约为1200万，城镇就业供求缺口还会在1200万左右。此外，农村富余劳动力还有1.2亿以上，转移就业的规模和速度将进一步加快。2012年我国城镇登记失业率为4.1%左右，初步估算我国至少有1000余万劳动力处于隐性失业状态。解决就业问题，同样需要把蛋糕做大。

综上所述，我们认为，我国现在依然还处在邓小平所说的"发展才是硬道理"的社会主义初级阶段。因此，我们面临的主要问题依然是如何把蛋糕做大，发展经济，而不应当把主要精力放在分配领域。当然，收入差距过大，基尼系数扩大也会造成社会矛盾，但我们要分清楚现阶段的主要矛盾和次要矛盾。有人甚至认为，如果中国的最低工资法、养老保险政策等再晚出台几年，中国经济将比现在远远大为改观。虽然这些政策的出台初衷是好的，具有明显的人本主义关怀倾向，但对其实施效果的评价并不那么简单和直观。因为这些政策的提前出台，增加了企业的成本，降低了许多中国企业的市场竞争能力和国际竞争力，使得中国连做世界加工厂的资格都没有了，而被世界上的其他发展中国家所取代，最终使得政策初衷想要关怀的人员失业。

必须指出，上面所说的"如何把蛋糕做大依然是中国经济当前面临的主要问题"是一个"条件变分问题"，而不应片面地理解为是一个"自由变分问题"。说其是一个"条件变分问题"是指，"把蛋糕做大"要受制于一些约束条件，主要是我们在系统经济学中提出的"可持续发展原理"的约束。可持续发展原理的核心思想就是提高经济过程和生态过程的耦合度，以确保人类在地球上的可居住条件不受损坏。我国政府当前实施的许多关于环保、清洁能源、产业结构调整等措施均具有这种功能。

三、产业升级具有自身的规律性

1979 年以来，中国经济取得了巨大成就，基本原因之一就是改革开放。改革开放，就是改革经济结构，开放对外贸易，参与经济全球化[3]。从产业经济学的角度看，改革开放首先表现为"三来一补"：来料加工、来样加工、来件装配和补偿贸易，其所依赖的就是中国的后发优势：劳动力低廉、土地成本低，环保要求低。所以，在改革开放的道路上，中国充当起世界加工厂的角色，对外贸易规模迅速扩大，外贸依存度也不断升高。中国改革开放前"七五"时期进出口总额为 4864.1 亿美元，贸易逆差 213.5 亿美元，外贸依存度为 26.2%；改革开放后"八五"时期进出口总额攀升为 10 144.1 亿美元，由逆差转为顺差 223.5 亿美元，外贸依存度也提升为 37.1%，奇迹般的变革效果在中国显现。

但是，"三来一补"企业具有技术含量低、产品附加值低的特点，使得中国的加工贸易只徘徊于产业链低端部分。例如，加工 1 个芭比娃娃，中国从中只获取 35 美分，而外商却可获利高达 20 美元。从芭比娃娃到电动玩具，从鞋子到衬衫，从圣诞树到电脑、手机，许多加工贸易商都在这样的分配夹缝中生存。

此外，由于改革开放后我国的环保体制一直不健全，中国也成了世界垃圾厂，国外许多高耗能、高污染的企业将加工污染厂迁移至中国，如生皮加工、纺织印染等。面对这些过往经验和存在问题，中国从党的十五届五中全会开始，将产业升级作为重要战略。从长期看，这无疑是正确的，中国要打破处于低端产业的现状，发展高新技术产业，用现代技术去改造、提升传统产业。但是，产业升级和结构调整有自身规律，不能拔苗助长。

根据系统经济学观点，技术是决定产业形态和产业结构的基本因素。根据新经济增长理论，在经济系统中，资本、技术、劳动是经济增长的三大要素；从人本主义看，生产系统中的所有产品最终都是为了满足消费者需求，并且技术是生产系统的决定因素，也是其生产方式和组织形式的决定因素。所有的商品和服务都沉淀有生产的技术信息，这些技术信息决定了商品的使用。一旦商品和人的需求发生联系，这些技术信息经过"自由度缩并"产生了经济信息中的使用价值。由此便实现了从技术系统到经济系统的过渡，沉淀在商品中的不同技术决定了商品中的不同价值和使用方式。因此，从本质上说，产业升级和产业结构调整取决于技术创新和技术革命。

从世界经济史看，人类社会到目前经历了三次大的产业革命，即产业升级。第一次产业革命发生于 18 世纪，因蒸汽机技术的发明开创了用机器代替手工工具的时代，先进的生产技术和生产方式大大提高了劳动效率，引起了手工制造业向大机器工业的产业升级，促进了城市化进程；第二次产业革命发生于 19 世纪 70 年代后，新的科学技术层出不穷，尤其是电力、内燃机和新交通工具、新通信手段的产生和广泛应用，促使原来的机器工业如造船、冶金、电信等产业向电气化工业的升级，人类开始进入"电气时代"，同时还出现了电气、化学、石油等新兴工业部门；第三次产业革命发生于 20 世纪 50 年代前后，以原子能技术、航天技术、电子计算机的应用为代表，还包括人工合成材料、分子生物学和遗传工程等高新技术，这些高新技术促使全球产业格局发生变化，大大加快了科学技术转化为生产力的速度，使得经济重心由工业向第三服务产业转化。最近的这次产业革命也被称为信息革命,信息通信技术的发展催生了新经济,人类进入"信息时代",信息互联网催促传统产业在信息、技术、组织制度方面升级,向着绿色科技集约型产业转变。

总之,每一次产业革命的发生都是与重大的技术创新密切相关的。技术革命本身具有自身规律性,从科学学和未来学角度讲,技术创新归根结底与人类社会技术进步的整体水平密切相关,而且在什么时间点出现具有随机性,任何政府和个人是无法控制的,由此决定着产业升级也是任何个人和政府无法控制的。

产业升级和结构调整是经济发展的基本规律。根据普利高津的耗散结构理论,没有技术创新,经济系统最后将趋向毁灭。进一步讲,由于经济系统的外部硬约束,如果没有产业升级,经济系统最终将趋向毁灭。因此,技术创新和产业升级与结构调整的重要性毋庸置疑。但是,由于技术创新和产业升级具有自身规律性,政府不能拔苗助长,政府所能做的只能是:①为科学研究和技术创新提供宏观环境和条件,为技术创新提供激励,激发个人和企业的创新活力。著名经济学家熊彼特早就指出,技术创新的主体应当是大企业。昝廷全(1997)提出了"技术创新原理",进一步将技术创新的规模与企业的特征尺度联系了起来。②利用现代传播手段和媒体,进行科学技术知识普及,提高社会的知识资源位水平,为技术创新提供更加广泛的基数。

产业结构调整是产业升级的自然结果。由于技术创新和技术进步产生新产业,当新产业提供的就业率高于旧产业时,则会自主发生产业替代和产业演替,产业经济学中的配第-克拉克定律清楚地描述了这个问题。在没有产业升级的条件下,可能依然存在产业结构调整的空间使产业结构更加合理,但是调整空间有限,所以从根本上讲,产业结构也取决于技术进步。著名经济学家熊彼特曾提出"毁灭性创新"理论,描述的即是技术进步与产业升级和结构调整的关系:改变社会面貌和经济结构的是长期的"创造性破坏过程",它摧毁旧的产业让新的产业有崛起的空间,而产业交替的动力为创新和技术进步。

在不具备产业升级和结构调整的技术条件下,过分强调产业升级和结构调整无异于拔苗助长。这方面的一个重要经验教训就是广东省。广东省属于中国经济改革开放前沿阵地,其 GDP 增长速度和人均 GDP 在全国领先,这主要得益于国家优惠政策和发展外向型经济的"三来一补"。但是,广东省政府早在 2005 年 3 月就下发了《关于广东省山区及东西两翼与珠江三角洲联手推进产业转移的意见(试行)》,酝酿三年后于 2008 年提出"腾笼换鸟"产业转移政策,强力推行产业升级和产业结构调整政策,希望从制造业升级到技术含量更高的产业,其结果不言而喻。随后,广东省政府重新出台新政策,继续欢迎"三来一补",支持"三来一补"企业转型。这充分说明,产业升级和结构调整具有自身的规律性,在经济发展中,我们只能利用规律而不能违反规律。

另外,从全球视角来看,目前发达国家主宰着全球碳排放的标准,而且还掌握着相关的先进技术,它们对发展中国家的温室气体排放进行指责。对此,很多发展中国家提出异议,因为发达国家在一定程度上已经完成了经济的腾飞,在实现工业化和城市化的进程中它们已经对自然环境造成污染和破坏:从工业革命到 1950 年,发达国家的二氧化碳排放量,占全球累计排放量的 95%;1950~2000 年,发达国家碳排放量依然占到全球的 77%。而今,当发展中国家要发展经济时,发达国家却通过提出限制碳排放量来限制发展中国家的发展，要求发展中国家发展"清洁经济"以维护全球气候，这虽然对人类社会的可持续发展具有积极作用，但是其中是否也包含了某种不平等和拔苗助长的因素？发达国家是否应对发展中国家产业升级承担相应的义务？

四、宏观经济管理应当基于统计规律

社会经济系统是一个由大量个体组成的复杂系统，由此决定了它只能遵从统计规律。虽然任意给定一项个人选择或社会现象总能找出某个相反的个人选择或社会现象，但是从总体和统计的意义上讲，一定存在某种宏观趋势，这种宏观趋势的存在就是统计规律的基础。

由于社会经济系统是一个由大量个体组成的复杂系统，经济学家 Hayek 曾经提出"没有人能够知道经济的全部信息"，这可能正是计划经济(centrally planned economy)失败的根本原因。从一般意义上讲，社会的管理活动存在两种类型的基本规律，即动力学规律和统计学规律。动力学规律是基于对个体行为施加直接控制的因果定律，具体表现为数学上的变分原理，而统计学规律是指大量个体的平均行为，也就是说统计学规律允许有反例，但动力学规律不允许有反例。

由于人类社会是一复杂系统，服从统计规律。由此我们推出，宏观经济管理只能基于统计规律，而不是动力学规律，只能通过设置宏观变量调动个人的自发行为来实现管理的目的。例如，如果政府希望增加银行存款余额，可以提高存款利率。虽然提高存款利率并不保证每个人都增加存款，但总体上存款余额定会增加。当然，提高存款利率的微观基础是基于储户的"经济人"假设，也就是说储户一定要服从于个人利益最大化的变分原理。

假设政府宏观经济目标仍然是增加银行存款，当然，从理论上讲，也可以强制规定每个居民必须增加多少存款。这种政策显然是愚蠢的，只可能在特殊的情况下实施。与此类似的物理学例子就是，若想使一杯水保持特定的温度，我们不可能规定杯中每一个水分子的动能有多大。因此，宏观经济管理只能基于统计学规律，不能使用动力学规律直接控制个体的行为，这是宏观经济管理的基本原则。

进一步讲，随机性是经济活力的基础，如果采用动力学规律因果地决定每个个体的所有行为就会抹杀随机性，经济行为就丧失活力和创新的能力，这对经济的长期发展无疑是不利的。

五、结 束 语

本文所写的内容属于基于系统经济学思想对中国经济的"宏观评判"，主要反映在三个小标题上：如何把蛋糕做大依然是中国经济当前面临的最大问题；产业升级具有自身的规律性；宏观经济管理应当基于统计规律。以后我们将根据系统经济学的五个研究专题(资源位理论、制度边界理论、特征尺度理论、系统产权理论和系统需求理论)结合中国宏观经济的具体情况开展"具体"研究。

参考文献

[1] 北京大学生就业签约率偏低的背后：待遇不如往年[DB/OL].人民网.http://edu.people.com.cn/n/2013/0503/c1006-21349496.html.
[2] 陈月石. 中国基尼系数十年超越警戒线[N].东方早报，2013-01-19.
[3] 林毅夫. 理解中国经济[M].北京：北京大学出版社，2012.
[4] 昝廷全. 系统经济学：概念、原理与方法论[M]．香港：经济与法律出版社，1996.
[5] 昝廷全. 系统经济学：理论与模型[M].北京：中国经济出版社，1997.
[6] 昝廷全. 产业系统研究[M].北京：科学出版社，2002.
[7] 昝廷全. 系统管理模式[M].北京：北京广播学院电子音像出版社，2003.
[8] 昝廷全. 系统经济学探索[M].北京：科学出版社，2004.
[9] 钟学富. 社会系统[M].北京：中国社会科学出版社，2007.

手机"碎片时间"价值的"长尾理论"分析*

摘要：本文以"长尾理论"为依据，围绕着手机"碎片时间"的价值利用这一问题，对"碎片时间"的产生和相应的"长尾"价值进行了较为系统的分析。"碎片时间"的产生基于技术原因、媒体原因和社会原因，它为手机利用"长尾理论"谋利创造了一次绝佳的机会。随着 3G 技术的发展和手机功能的增强，手机利用"碎片时间"的价值开发出多样化的终端应用程序。本文在分析的基础上对这些应用程序进行了归类。

关键词：手机；长尾理论；碎片时间；终端应用程序

现代社会生活中，手机不仅仅作为一种通信工具满足人们打电话、发短信的简单需求，更作为一种新媒体的代表满足了人们在工作和学习之余进行交友、游戏、娱乐、搜索信息、阅读书籍等各种活动的需求，而这些新的用途大部分都源于"碎片时间"的产生。它们看似不起眼却可以积少成多，为手机利用"长尾理论"开发新的价值提供机遇。为了实现对"碎片时间"价值的充分利用，手机针对不同群体的特点，开发出了符合市场需求的、形式多样的终端应用程序。

本文将从"长尾理论"的提出及内涵、"碎片时间"的产生及其长尾价值和手机对"碎片时间"开发利用的终端应用程序归类这三个层面论述手机如何实现对用户"碎片时间"价值的最大化挖掘。

一、"长尾理论"的提出及内涵

"长尾理论"是由美国《连线》杂志主编克里斯·安德森于 2004 年提出的。该理论诞生于网络技术和电子商务高速发展的背景下，一经问世便引起了世界各国学术界和商界的热烈讨论。克里斯·安德森通过对诸如亚马逊和 Netflix 等大型网络零售商销售数据与营销模式的分析得出结论：如果商品储存、展示的场地和渠道足够宽广，商品的生产、储存和销售成本足够低廉，且用户可以轻易地搜索到满足自身要求的产品信息，那么那些原本需求不旺或以前看似没有需求的商品都将有机会被销售出去，并且这些商品在销售市场上所占的份额将不逊于原本热卖的商品甚至与热卖商品所占的份额持平。正像长尾理论的图示(图 1)所描述的那样，在由"销量"(volume)和"品种"(variety)所构成的正态分布曲线上，高高隆起的"头部"(body)表示少数热卖商品，长长的"尾巴"(the long tail)表示那些原本需求不旺或以前看似没有需求的商品

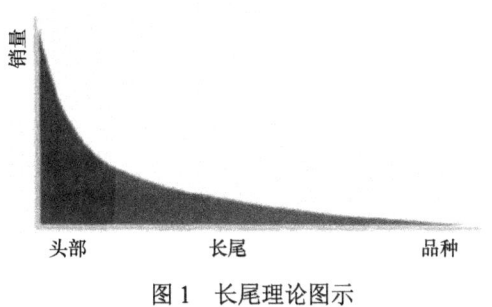

图 1　长尾理论图示

---

*作者：昝廷全、高亢，原载《现在传播》2013 年第 11 期

（或称"冷门商品"）。处在"头部"的商品虽然销量很大但仅仅局限在少数几个品种上，处在"尾部"的商品虽然每一种销量都很低但敌不过商品种类的无限丰富，就像一条在空间上无限延伸的"长尾"一样。所有这些"长尾"商品销量的总和很可能与"头部"商品销量的总和不相上下，即少数"热卖商品"创造的经济价值与大多数"冷门商品"创造的经济价值大致相当。

"长尾理论"在传统"二八定律[①]"的基础上给了我们许多新的启示。传统的"二八定律"是大工业时代为满足工业化生产要求和市场上"供不应求"的情况而创立的，这一理论面对的市场条件是"稀缺经济"。随着计算机和互联网技术的应用和普及，由"大数据"和"海量"信息创造的信息社会已然到来，我们进入了"丰裕经济"的市场发展期，人们对商品和信息的多样化和个性化需求空前膨胀。在商品市场逐渐由"卖方市场"向"买方市场"过渡的过程中，随着互联网、手机等新媒体使用功能的增强和便利性的提高，随着个性化搜索技术的出现和商品储存、运营的边际成本趋向于零的电子商务模式的蓬勃发展，传统市场中占据销售收入"大头"（20%）的高端客户规模正逐渐缩小，多于80%的客户都被按照兴趣、习惯、喜好等因素划分为一个个小小的"群落"，甚至一个个实实在在的"个人"，星星点点地散落在长长的"尾巴"上。这条细而尖的"长尾"实现了供给方"规模经济"向需求方"范围经济"与"规模经济"的转型，使企业从只重视高端客户的需求向开始重视每一个小客户的需求转移，一个分散的"利基市场[②]"也由此形成。

二、"碎片时间"的产生及其"长尾"价值

"碎片时间"的概念是在信息时代的大背景下，伴随着互联网、手机等新媒体的发展而出现的。"碎片时间"，是指人们日常工作、学习之余或短暂的空闲时那些随机的、闲散的、零碎的时间。这些时间不是很长，如等车、排队、等人、睡前等情况下所用的时间。人们习惯于在这些时间里进行手机阅读、与朋友网上聊天或者玩游戏等，而不是进行有深度的思考或者做费时劳神才能完成的事情。

"碎片时间"是传统社会向现代社会转型的一种产物。它的产生有以下几方面原因。

1. 技术原因

科学技术的不断进步使一个信息化社会全面到来。随着生产力水平的大幅度提高，人们的工作效率和生活节奏也随之加快，传统社会中的大块时间被分割成一个个小块时间，分散在不同的场合，镶嵌在每个现代人每天 24 小时的生活中。随着这些小块时间的不断细分，"碎片时间"逐渐产生。它以分钟甚至秒钟为计量单位，作为现代人工作空间与生活空间互相交织下的模糊"边界"，是人们忙里偷闲的必然选择。技术原因是实现社会变革进而改变人们工作和生活状态的根本性因素，因此，它是产生"碎片时间"

[①] "二八定律"又称"二八法则"或"帕累托法则"，1897 年由经济学家帕累托提出。这一定律在财富分配上表现为 20%的人口掌握着社会上 80%的财富；在销售分配上表现为 80%的销售额通常来自 20%的商品，80%的销售收入通常由 20%的重要客户创造。据此理论，由于企业要顾及商品存储、运输、管理、销售等一系列成本的限制，因此应该集中优势力量将明星产品和高端客户做大做强

[②] "利基市场"意为高度专门化的需求市场

的根本原因。

2. 媒体原因

在过去传统"四大媒体"称雄的时代,媒体吸引受众注意力资源主要靠的是"黄金时间"和"黄金版面"。由于受众的空闲时间较多且较集中,因此电视台、广播电台会瞄准这些大块的空闲时间制作出精良的节目以吸引受众的注意力进而拉拢广告商。报纸和杂志也会连篇累牍地就某几个热点新闻事件进行360度的详尽报道,因为人们的专注力足够持久,也有足够的时间阅读深度报道。然而,随着互联网、手机等新媒体的问世和发展,激发了人们对信息便捷、迅速、高效和多样化的需求趋势。互联网可以使人们上网时在不同的网站、网页和聊天群之间随时切换,移动媒体更使人们随时随地"随心所欲"掌握信息、沟通交流的梦想变成了现实。这些不仅促成了"碎片时间"的产生,更使现代人的生活呈现出"碎片化"趋势,因此,媒体原因是产生"碎片时间"的直接原因。

3. 社会原因

现代社会,人们的工作和生活压力普遍较大,工作时间越来越长而休闲时间越来越短,这客观上就使得人们想要抓住一切时间放松身心、及时行乐。同时,人们周围的社会环境总是充满了许许多多的变数。例如,约了朋友吃饭路上遭遇堵车、去银行取钱需要排队、原定召开的会议临时被推迟等。这些情况都促使人们想要把原本属于一个完整时间段内的一小部分时间抽离出来,一方面可以"见缝插针"地做点事情以消磨时间、转移注意力;另一方面也满足了自身休闲娱乐的要求,使原本枯燥乏味的生活被一些小小的"快乐"点缀着,获得片刻的"安宁"。由此看来,社会原因的本质是人们的主观需求,因此,它是产生"碎片时间"的主观原因。

相对于工作、学习等相对完整的大块时间来说,"碎片时间"是由生活中一个个小块的零散时间构成的。按照"长尾理论"的观点分析,如果把工作、学习的时间看成是"长尾理论"图示中的"头部",那么许许多多、不计其数的"碎片时间"就是"头部"后面拖着的那条长长的"尾巴"。虽然我们每天生活中的大部分时间都被工作和学习占据着(周末时间除外),每一个"碎片时间"都只是全部时间中的一个小小的部分,甚至那几分钟、几秒钟的时间几乎可以忽略不计,但如果以年和月为计量的时间跨度,那么这些"碎片时间"累加起来的结果将会是一个不小的数字。在此基础上,再将每一个人的"碎片时间"推广到一个特定的群体,如全中国所有使用手机上网的人(简称"手机网民")。假设一个手机网民一天只花1分钟的"碎片时间"上网,中国现在共有4.64亿手机网民(根据中国互联网络信息中心发布的第32次《中国互联网络发展状况统计报告》,截至2013年6月底,我国手机网民的规模已达4.64亿),那么这些手机网民每天共计花了4.64亿分钟(约7 733 333小时)的"碎片时间"上网,一年就相当于累计支出了1693.6(4.64×365)亿分钟(约28亿小时)的"碎片时间"。这个数字足以让手机的相关服务部门(如三大手机运营商,内容、服务提供商和应用程序开发商)获得巨额利润。

对于手机运营商来说,假设手机网民在工作时间里使用手机所产生的经济价值是

"长尾理论"图示中的"头部",那么这些用户在"碎片时间"里使用手机所产生的经济价值无疑将是"长尾理论"图示中的"尾部"。虽然用户在很长的工作时间里类似用手机接打工作电话、发送工作短信、用手机登录邮箱收发邮件等行为可能因为频度很高而创造巨大的经济价值,但其在无数的"碎片时间"里由于社交网络、更新微博、阅览电子书、在线游戏等五花八门的琐碎需求而产生的经济价值将像那条"长尾"一样在广阔的空间里无限延伸。这条"长尾"所产生的经济价值不一定比"头部"少,甚至可能与"头部"相当。由此看来,"碎片时间"为手机利用"长尾理论"谋利创造了一次绝佳的机会。

三、手机对"碎片时间"开发利用的终端应用程序归类

近年来,随着3G技术的普及和通信手段的不断创新,手机成为最具发展潜力的新媒体,也是大多数人日常生活中接触时间最长、接触频次最高的一种媒体。手机自身的便携性、使用的灵活性和内容选择的丰富性,不仅为人们提供了通信交流的必要手段,更为人们在"碎片时间"里消磨时间、放松精神、自娱自乐提供了广阔的平台和空间。

针对人们在"碎片时间"里各式各样的需求特点,手机除将传统领域的手机功能做大做强之外,还借鉴"长尾理论"的基本原理,将新的价值增长点瞄准了人们日常生活中的"碎片时间"。通过对一系列手机终端应用程序的引进、开发和创新,实现了对用户"碎片时间"经济价值的最大化挖掘。具体来看,手机对"碎片时间"开发利用的终端应用程序大致可以归结为以下几类。

1. 沟通、交友类终端应用程序

这类手机应用程序以各大SNS(社交网站)、博客、微博、腾讯QQ、飞信、微信等手机客户端为代表,面对的主要人群是在空闲时间里喜欢聊天和讨论问题、爱交朋友、愿意主动发布和更新个人信息的人群。这些人是最频繁使用"碎片时间"的一类人群,以时尚白领、公司职员和大学生为主。他们喜欢探索新鲜事物、发表个人意见、分享好资源。因此,他们往往都是"手机控",也是各类付费手机软件的潜在消费者,利用好他们的"碎片时间"可以为手机的未来发展带来巨大的经济效益。

2. 信息、生活服务类终端应用程序

这类手机应用程序以各大综合类门户网站、主流媒体网站、新闻类网站等手机客户端以及与衣食住行、吃喝玩乐相关的各类生活服务信息为代表,前者面向的主要人群是商务人士、政府官员、国有企业高管、高级职员以及科研人员等。这些人注重生活品质和服务质量、消费能力强,"碎片时间"相对较少但具有很大的信息需求量并愿意为高品质的信息服务付费。因此,他们是手机在未来发展中的高端客户资源。后者面向的主要人群是追逐时尚、享受生活、主动消费意愿强、喜欢尝鲜并自愿充当"意见领袖"的人们,他们最具活力,同时引领着消费潮流的走向,因此他们是需要着重培养的优质客户资源。

3. 图片、图书类终端应用程序

这类手机应用程序以在线书城、图书下载阅读器、各大读书网站和杂志、报纸的手机客户端以及各类在线图片库为代表，面向的人群范围广、种类杂，几乎所有读者都能在这些应用程序中下载到自己喜欢的图书和图片资源。由于这部分人群数量庞大且兴趣各异，手机可以按照其兴趣爱好建立起庞大的数据库资源，通过对用户阅览记录的跟踪调查进行关联性分析，向不同的用户推荐个性化的付费图书软件、付费动态图片库并提供多样化的阅览界面以强化用户的阅读和试用体验，从而使这部分读者群的"碎片时间"价值进一步增值。

4. 视频、音乐类终端应用程序

这类手机应用程序以各大视频网站的手机客户端、在线视音频点播、视音频下载播放器、各类音乐电台、手机铃声点播下载等为代表，面向的主要人群是电影发烧友、音乐发烧友以及爱好分享、上传与观看视音频的人们。这类人群的"碎片时间"相对固定且具有一定的"长度"，因此可以满足他们在相对较长的一段时间里进行网络视频点播观看或收听网络音乐等需求。同时，他们的普遍特点是喜欢"追剧"，追偶像明星出的专辑，追各种时尚和娱乐热点，所以他们是点播付费的主流人群，他们的"碎片时间"同样能为手机带来巨大的经济收益。

5. 游戏、娱乐类终端应用程序

这类手机应用程序以各式各样的手机游戏、传统游戏的手机版以及休闲娱乐的各类趣味软件为代表，面向的人群既有游戏发烧友，也有仅以不想思考、消磨时间或自娱自乐为目的的普通人。无论对于哪类人群来说，趣味性和娱乐性都是其选择这类应用程序的首要因素。为了满足人们在"碎片时间"里既不想劳神费力，又想在短时间内得到刺激与乐趣的要求，游戏开发商不仅设计出了类似"愤怒的小鸟"、"找你妹"等趣味闯关游戏，还研发了充分结合 SNS 特点、适合多人在线交流的社交类网络游戏。这些风靡一时的网络游戏和娱乐小软件将人们的"碎片时间"点缀得有滋有味，也为手机赚得了更广阔的利益空间。

6. 工具、教育类终端应用程序

这类手机应用程序包括生活中的各类辅助性工具和各种教育、学习类软件，面向的人群非常广泛。对于这些辅助性工具和教育软件而言，一般来说，如果人们不是对其有实在性的需求是不会选择在"碎片时间"里使用它们的。例如，一个学生明天就要参加英语考试，所以他可能选择在回家的地铁上利用单词测试软件背单词。正因为这类能反映手机用户真实消费需求的终端应用程序具有精准定位的特点，所以，手机可以充分利用这些应用程序分析用户的现实需求并在此基础上进一步创造需求，挖掘市场空白点，从而为用户的"碎片时间"提供更多更好的消费和选择机会。

参考文献

[1] 黄孝章，张志林，王亮：《新媒体发展中的"长尾效应"探析》，《北京印刷学院学报》，2008 年第 2 期.
[2] [美]克里斯·安德森：《长尾理论》，中信出版社 2006 年版.
[3] 林三：《长尾理论视域下的新媒体发展》，《四川文理学院学报》，2011 年第 7 期.
[4] 唐海军：《长尾理论经济学原理探析》，《现代管理科学》，2009 年第 1 期.
[5] 王君珺、闫强：《碎片时间的应用现状与发展趋势分析》，《北京邮电大学学报(社会科学版)》，2011 年第 4 期.
[6] 许翠苹：《移动互联网抓住碎片时间》，《通讯世界》，2009 年第 11 期.
[7] 杨连峰：《长尾理论的经济分析》，《生态经济》，2010 年第 12 期.
[8] 朱建文：《长尾理论视界里的网络商机》，《企业改革与管理》，2012 年第 12 期.

外部性问题的系统经济学分析*

摘要：外部性生产的必要条件是相关各方属于同一个系统。因此，有多少种系统化的方式就有多少种外部性。从宏观上讲，可以把外部性划分为以下三种：生态外部性、经济外部性和社会外部性。处理外部性的根本方法就是系统解耦。

关键词：外部性；系统；必要条件；解耦

An Analysis of External Problems from the Perspective of Systems Economics

Abstract: The necessary condition generating externality is that all related parties belong to one system. Therefore, how many ways are there of systemization. How many kinds of systematic ways are there how many kinds of externality. Macroscopically speaking, the externalities can be divided into the following three types: ecological externality, economic externality and social externality. The fundamental method for dealing with externality is discoupling of systems.

Keywords: externality; system; necessary condition; discoupling

一、引　言

外部性（external）源于英国"剑桥学派"创始人马歇尔（Marshell）1890年在《经济学原理》中提出的"外部经济"概念。马歇尔的嫡传弟子庇古（1912，1920）从福利经济学的角度系统研究了外部性问题，在马歇尔提出的"外部经济"概念的基础上扩充了"外部不经济"的概念和内容。对外部性研究影响最大的是1991年诺贝尔奖得主科斯，他最著名的论文就是《社会成本问题》（1960）。本文不同于这些已有的研究工作，从系统经济学的角度探讨外部性产生的必要条件及处理方法。

二、外部性的定义与分类

1. 外部性的定义

经济学中对外部性的定义很多，其中最权威的有如下三种。

第一个定义是，当一个行为个体的行动不是通过影响价格而影响到另一个行为个体的环境时，我们称存在着"外部性"[1]。

第二个定义是，外部经济（或不经济）是这样一种事情，它可将可观察的利益（或可察觉的损害）驾驭某个（些）人，而这个（些）人并没有完全赞同直接或间接导致该事件的决策的[2]。

---

*作者：昝廷全、昝小娜，原载《中国传媒大学学报（自然科学版）》2013年第6期

第三个定义是,当某个(些)人的行动所引起的个人成本不等于社会成本,个人收益不等于社会收益时,就存在外部性[3]。

现在经济学文献中所说的外部性主要是指上述第三种情况,即个人成本不等于社会成本,个人收益不等于社会收益。本文的目的是从系统的角度对外部性问题进行透视,提出外部性问题的系统本质。认知科学认为,分类是认识事物的基本方法,随着分类的不断加细,就意味着认识的不断加深。

2. 外部性的分类

我们对外部性的认识先从外部性的分类开始。外部性通常分为两种情况,即生产外部性和消费外部性。

生产外部性最典型的表现是污染问题。污染型企业既对周围居民造成污染,又不对他们付费。这是一个经典的外部性问题。工厂对居民造成污染后,居民在治理污染时是需要成本的。但在造纸厂看来,它的生产成本中并没有计入污染的成本。那么此时,对造纸厂来说它的生产成本是小于社会成本的。这种外部性对周围居民造成了损害,所以是一种负的外部性。正外部性的一个典型例子就是学校。每个人读书时家庭都要付出一定的投资,如学费、生活费和购买学习用品的费用等,严格说来应当包括因为上学而不能工作的机会成本。这种教育投资的结果不仅使个人长了知识,有了收益,而且实际上社会也有收益,个人的收益是小于社会收益的。

3. 传统系统学外部性研究的缺陷

在系统经济学之前,人们就外部性问题已经做了很多的工作,如科斯最著名的论文之一就是关于社会外部性问题的研究。外部性问题的处理,一般有两个办法:一是税收,对于负的外部性来说,通过税收将它的社会成本内部化。二是补贴,对于正的外部性问题,通过补贴使得这种外部性达到一定的数量。当然,还可以用发放许可证的办法来处理。污染问题可以发放污染许可证,包括对污染许可证的拍卖进行处理。但以上这些处理办法都是停留在对社会外部性的本质问题。例如,科斯的研究讨论了什么是外部性,外部性分几类。其核心思想是要将外部性生产的社会成本通过赋税内部化。正的外部性通过补贴使供给达到一定的数量。但对于什么时候在什么条件下产生外部性?外部性的本质是什么?关于这些问题的研究几乎一片空白。所以我们认为,必须真正搞清楚外部性产生的原因和机制,才能真正为解决外部性问题提供科学依据和理论指导。

4. 外部性的系统经济学分析

我们可以想象一下,什么时候会产生外部性?经济学诺贝尔奖得主科斯所给出的最典型的具有外部性的例子就是造纸厂。在这个例子中,为什么污染问题会产生外部性呢?因为造纸厂和附近的居民之间存在某种关系。造纸厂污染的是附近的居民。根据系统经济学观点,从某种意义上说,他们属于一个大系统。如果他们不在一个大系统,造纸厂是污染不到这些居民的。因此,就不会产生外部性问题。

科斯给出的第二个外部性的经典例子是一个机器的生产厂和一个医生。工厂和诊所比较近,机器生产的噪声干扰了医生的正常行医,使得医生的听诊器没办法使用。另外也使医生没有办法集中精力思考。撇开技理层次谁给谁钱的问题,我们考虑的是为什会产生这样的外部性问题？显然是因为诊所和工厂的距离很近。如果他们两个距离很遥远，甚至属于不同的国度，那么就会互不干扰，自然也就没有了外部性问题。所以说，产生外部性的根本原因还是因为他们之间的空间距离比较近，也就是说，他们处于同一个大系统之下。

科斯给出的第三个经典例子是一个养牛的人和一个种田的人。养牛饲养的牛越多，牛可能走失的机会就越大，牛走失后就会损害种田人的庄稼，最终使农民的粮食产量受到影响，这就产生了外部性问题。其实，通过简单的分析不难发现，其根本原因还是他们之间的距离比较近，或者说牛群"能够"跑到庄稼地里去。这还是一个大系统的问题。所以说，只有相关各方属于一个大系统才可能产生外部性问题，这个结论具有一般性。

三、外部性产生的必要条件与类型

1. 外部性产生的必要条件

虽然科斯列举的三个外部性例子都是空间比邻的，但是从上述分析可以得出的结论是：空间比邻并不是必要条件。外部性产生的必要条件是他们之间必须是一个系统，是显化的或者是未显化的(潜在的)系统。也就是说，相关各方构成一个显化的或者未显化的系统是外部性生产的必要条件，但这一条件不是充分条件。

2. 外部性的类型

根据上面的讨论，系统化是产生外部性的必要条件，因此，有多少种系统化的方式就有多少外部性类型。我们知道，从宏观上讲，可以把系统划分为生态系统、经济系统和社会系统。

现在我们再返回来看看科斯列举的三个例子。对于造纸厂的污染问题，造纸厂和当地居民构成了生态外部性。科斯列举的诊所与工厂和牛群与农田的例子所对应的都是生态系统，因此，也都属于生态外部性。从这些例子可以看出，外部性的问题可能超出经济学的范畴，在经济学的范畴内它可能无法从根本上解决这些问题。但是，知道了外部性的类型，就可以分类对策，为从根本上解决问题提供基本思路。

3. 外部性问题出现的范围

从上述关于外部性类型的讨论可以看出，外部性问题可以在经济学的范围内出现，但更多的是超出了经济学的范围。它可能在生态、社会、政治和各个领域的范围内发生。比如说教育，教育是一种正的外部性，这种外部性问题已经超出了经济学的范围。受教育的人越多就越可能有一个好的政府，这就自然进入政治的领域。同时，受教育的人多了自然带来整个国民素质的提高，这就进入经济和社会领域。所以说，外部性的问题往往会超越出经济学的范围，进入政治、社会、生态等领域。

四、外部性问题的处理办法

由于系统化是生产外部性的必要条件，因此，从根本上解决外部性问题的办法就是解耦。解耦办法的本质就是将原来属于一个系统的元素变成不属于一个系统。解耦之后，它们之间特定的相互联系影响没有了，自然也就不再存在外部性问题了。比如诊所和工厂的例子，它们本是比邻的，如果将其搬离很远，它们不再构成一个生态系统，也就不存在外部性了。在系统科学中，有很多关系解耦的算子和具体操作方法，它们都对处理外部性问题具有重要的参考价值。

参考文献

[1] Varian Hal R. Microeconomic Analysis[J].W W Norton& Company，1984，259.
[2] Meade James E. The Theory of Economic Externalities[J].Instinct Universities De Hates Etudes Internationals，1973，15.
[3] D C North，R P Thomas. The Rise of the western World [M].Cambridge University Press，1973，2-3.
[4] 昝廷全. 系统经济学探索[M].北京：科学出版社，2004.
[5] 昝廷全. 系统经济学史记：1985—2012[M].北京：科学出版社，2014.

基于系统经济学分析社交新媒体机理——以微信为例*

摘要：当今人类社会步入信息时代，同时也是系统时代。本文以社交新媒体为研究领域，以最近如火如荼的微信为具体研究对象，根据系统经济学中的层次结构理论划分微信社交系统，考究各子系统之间的层次关系；根据层级过渡思想解析微信社交系统机理，完成由技术、经济到管理层面的过渡。最终得出微信作为社交新媒体工具在精准营销以及未来发展趋势方面的启示。

关键词：微信；社交系统；层次结构；层级过渡；关系

Analysis of the Mechanism about Social New Media based on System Economics——Take WeChat as Example

Abstract: Nowadays, human society has gone into the information age and the system age at the same time. In this paper, taking a new social media as a field of study and WeChatas in full swing as the specific study object, WeChats social system is divided into some subsystems according to Hierarchical Theory of system economics, and then discussed the hierarchical relationships between various subsystems; this paper analyzed the mechanism about WeChats social system by Hierarchical Transition Theory and completed hierarchical transition from technical aspect to economic aspect then to management. Eventually, this paper suggested that WeChat would be used in precision marketing and what the future development trends would be.

Keywords: WeChat; social system; hierarchical structure; hierarchical transition; relationships

早在1980年，托夫勒[①]在《第三次浪潮》(The Third Wave)中便洞察到科学技术的创新和革命将深刻改变人类社会结构及生活形态。他将人类发展史划分为三次浪潮：农业社会、工业社会以及第三次浪潮的信息社会。在当下的信息化时代，每一次的技术进步，都会带来人类社会各系统呈几何倍数速度的发展。Web2.0网络技术的高交互性双向沟通能力，催生了一种新的互联网应用服务——社交新媒体，它迅速填满人们的碎片时间，改变其工作生活结构，也使得跨区域、跨组织、跨文化、跨行业的协同合作成为可能。

一、微信引领社交新媒体

1. 社交新媒体的发展变迁

(1) 第一代社交媒体——概念化社交

社交媒体的先驱是根据六度分隔的概念建立起来的，以求打破个体狭小的交互空

---

*作者：周星秀，原载《中国传媒大学学报(自然科学版)》2013年第5期
①全名：阿尔文·托夫勒(Alvin Toffler)，未来学大师，世界著名未来学家，当今最具影响力的社会思想家之一

间，扩展交际关系边界。2003~2004 年，在我国诞生的第一批全新模式的概念化网络社交平台当数 UUme.com，其核心是在真实诚信的基础上通过好友间接认识好友的朋友，传播"陌生化交友"的理念。UUme 的创新概念立刻带动了大批社交网站的成立，但是由于资金和技术的限制用户体验不够丰富，用户数量增速缓慢，且在线时间较短。

(2) 第二代社交媒体——个性真实化社交

随着互联网技术日新月异的发展，Facebook 不断调整定位引领第二代社交媒体登上舞台。他们开发了独特价值点——为用户提供展示自我个性的空间平台，逐步将虚拟和现实连通，建立庞大的关系网络，让每个人都有成为圈中焦点的可能。自 2005 年始，国内 51.com、猫扑社区、腾讯 QQ、人人网等新一代社交媒体都应运而生。

(3) 第三代社交媒体——SoLoMo 社交

经过数年的培育和发展，移动互联网到了一个高速发展时期，带动了基于手机等智能终端社交新媒体应用和服务。自 2011 年开始，由于 LBS 技术的拓展，对移动社交产生了极大的催化作用，人人小站、新浪微客、微信二维码等新应用的推出，拉开我国 SoLoMo(social-local-mobile，社交化-本地化-移动化)模式的序幕，引爆 O2O 市场。据艾媒咨询数据显示，2012 年中国 O2O 市场规模达到 986.8 亿元，环比增长 75.5%，预计 2015 年市场规模将达到 4188.5 亿元。

2. 微信引领当下社交潮流

2011 年 1 月，腾讯冲破了各大网站因微博而争夺客户群的瓶颈局面，正式发布微信。它的出现犹如一匹黑马，众人的目光迅速移至这个新的"微"事物之上，至 2013 年 1 月，微信注册用户量已经突破 3 亿，全面引领社交媒体潮流。

微信除了基本的及时发送语音、文字、图片、表情、视频等功能外，还具有个性化分享的朋友圈、查看附近人、扫描二维码、公众账号、邮箱提醒、位置导航以及 2013 年 6 月 16 日发布的在线支付等功能。微信是 SoLoMo 模式的成功典范，在不断成熟的移动互联网前提条件下，它将上述功能整合于一体，在让用户体验社交乐趣和高度满足感的同时，也使得个人价值得到更好的体现，因此，作为当下社交新媒体的佼佼者它当之无愧。

二、解构微信的作用机理——基于系统经济学

1. 微信社交媒体属于"系统"

人类正处于信息化社会，人与人之间存在无数错综复杂的关系链条，每个个体都无法脱离他人而遗世独立。正如美国原国务卿基辛格博士所说，世界在经济、信息交流和人类精神方面已经变成相互依赖的了，因为人的本质特征之一就是具有"集群社会性"。昝廷全在《系统经济学》第二卷中指出，人类社会进入了"系统时代"，"系统"正在成为人类的一种基本生存方式和发展途径[①]。风起云涌的社交新媒体正属于"系统"的一种结构方式。

---

①昝廷全，系统时代：从"规模经济"走向"系统经济"

在系统经济学中，我们把经济系统定义为由经济元和他们之间的经济关系共同构成的整体，经济系统可以形式化地表示为集合：

经济系统=({经济元}，{经济元之间的经济关系})[①]

类似地，因为对微信这类社交新媒体而言，最核心的价值资源就是关系，而关系是由参与社交媒体的人的互动产生的，所以如果把微信抽象为系统，可将其定义为由参与者和他们之间的社交关系共同构成的整体，表示为集合即为

微信社交系统=({参与者}，{参与者之间的社交关系})

另外，为了更精确地描述一个系统，还应当指明它所处的外界环境，如微信社交网络系统的硬件平台条件、政治经济环境等。用数学语言表示即是指系统的初始条件和边界条件，具体数学表现形式体现为参数。

2. 微信社交系统划分——依据层次结构准则

(1) 系统划分

根据系统经济学理论，关于经济系统的类型划分一般使用 (f, θ, D) 分类相对性准则。其中，f 表示经济系统的经济元之间的关系，因关系具有程度强弱的差异性，所以用 D 来表示关系的广义权重，因此，经济系统还可以表示为集合：

经济系统=(经济元, $f*D$)

θ 表示分类准则，如果按照经济系统层次结构划分，可以分为八个类别：

个人→家庭→企业→产业→地区→国家→全球→星际

同理，按照 (f, θ, D) 分类相对性准则，微信社交系统根据参与者之间关系强弱程度的差异性和层次结构也可得出类似经济系统的划分(图1)。

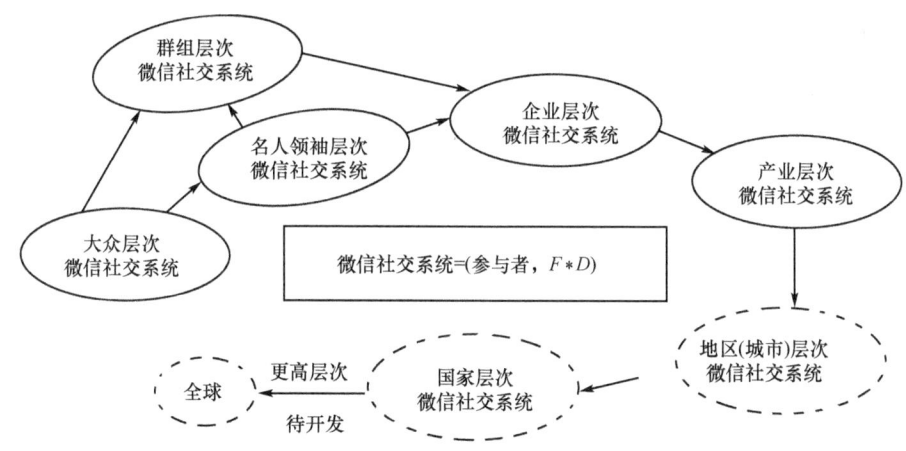

图1 微信社交系统按层次结构分类

虚线圈代表的子系统未得到全面开发(但联合国官方微信号已于2013年6月14日正式启动)

由图1可知，按参与者的不同层次结构微信社交系统被划分为几大子系统，由个人到国家，层次逐级升高，未来随着研究的深入还将更加完善。

(2) 各层次系统之间的相互作用关系

一是宏观(高层次)少变，微观(低层次)多变。由物理学可知，一杯水的宏观整体温度

[①] 昝廷全，系统经济学的对象、内容与意义[M].《经济学动态》1996年第10期

不会受每个水分子的多种微观温度状态影响。这就是说不同层次之间，微观层面多变而宏观层面则少变甚至保持稳定，每一个高层次的宏观态都对应着很多低层次的微观态。例如，个体层次的微信社交系统由于每个人具有不同的性格、生活方式、工作类别等因素具有多种不同风格的微信语音习惯、朋友圈交流分享模式等。然而对于较高层次的企业微信社交系统而言，虽需要根据个体层次的微信社交风格而决定自身微信系统的运营模式，但可能只需要考虑个体层的相关消费偏好即可，相比于个体层的微信风格数量(所有影响个体层微信系统风格的因素种类的排列组合数)，企业层次的风格是偏稳态且少变的。

二是每一层次系统内部元素之间存在复杂社交映射，而复杂人作为微信社交系统最基本的单位元，更是加深了社交映射的繁复，使得信息粗传递成为常态。传播有效性原理指出：信息发送者和信息接受者的知识软件交集非空是实现有效传播的必要条件[①]。在申农的信息传播模型(图 2)中，P_1 和 P_2 必须拥有共同的编码和解码知识软件 ε(知识背景、文化背景、社会背景、经验世界等)，信息才能有效传播，即 $\varepsilon_1(P_1) \cap \varepsilon_2(P_2) \neq \phi$ (图 3)。在微信社交系统的每个层次子系统内部，元素之间在沟通过程中经常会出现"所答非所问""说者无心，听者有意""话不投机半句多"的知识软件交集为空的情形，造成信息的粗传递。

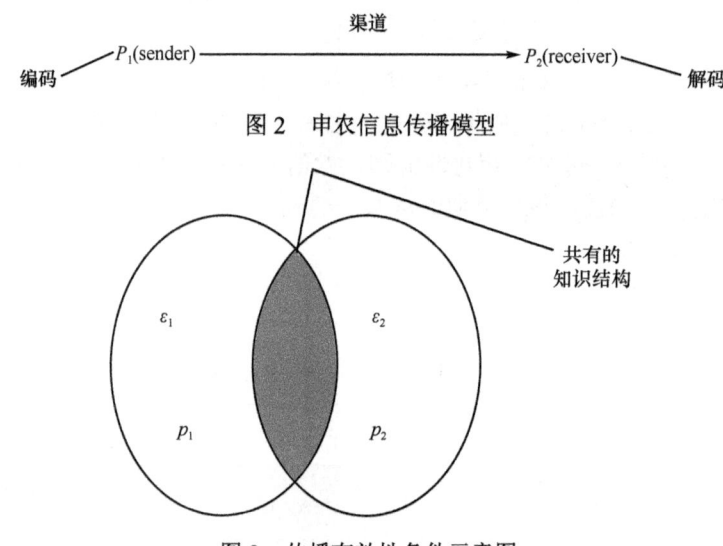

图 2　申农信息传播模型

图 3　传播有效性条件示意图

3. 微信社交系统机理——依据层级过渡思想

系统的层次结构是普遍现象，系统进化发展的主要形式就是产生越来越多的外部联系，最终形成更高层次的系统[②]。对于微信社交系统而言，可通过两次过渡解析系统相互作用的运行规则原理。

(1)技术层→经济层(使用价值)

传统媒体时代，人与人之间的关系属于依附于真实生活情感的强关系，其缺点在于朋友关系数量会受到空间尺度限制，人的交往协作范围很难突破地理空间的活动半径，

---

① 昝廷全，论传播的分类及其数学模型[N]，《中国传媒大学学报》(自然科学版)，2006 年第 2 期
② 钟学富，社会系统——社会生活准则的演绎生成[M]. 中国社会科学出版社，2007(9)

而且这种强关系的多步连通性因传播渠道的技术限制，在时间和空间尺度上也同样受到约束。社交新媒体时代，人与人之间的关系渐渐发展成为依附于虚拟网络的弱关系，极大地突破了数量和空间的边界，同时冲破了必须对称的互动关系，只要按自身价值观念指导行动即可。

然而，微信不同于一般社交新媒体，它最大的特点就是基于熟人关系，私密性非常好，自己的好友只有自己能看到并且沟通一对一，因此微信社交系统建立的是强关系。微信之所以可以将社交媒体普遍的弱连带关系扭转为强连带关系，主要是借助沟通方式和技术参数的革新，如可读取手机通讯录、与腾讯QQ互通、二维码身份验证等。同时微信也通过另外一些技术开发，如查看附近的人、漂流瓶、摇一摇等，建立中长距离的弱关系交际圈，向陌生人扩展。从人本主义看，社交媒体的所有应用服务产品都是为了提升用户的体验满意度，从而增加强/弱关系用户使用黏性，保持自身用户数量。如微信一样，所有应用服务都沉淀有多种技术参数信息——语音、图片、视频、摇一摇、LBS附近的人、二维码等，每一个技术参数都代表着一个自由度通道，一旦微信和用户需求发生联系，便发生"自由度归并"，多重参数指标变成了微信的使用价值(主要由用户体验满意度和用户数量两方面衡量)这一自由度，即产生了层级过渡。

满足了使用价值这一要求，微信社交系统便由技术层面进入经济层面。由于传媒经济具有双边市场的特殊性质，买卖的是用户的注意力，又因微信的信息传播到达率很高，因此可用用户数量这一方便取得的指标衡量微信社交系统的价格。

(2)经济层→管理层

信息化时代，随着互联网信息量的急剧增加，过于繁杂的海量信息反而阻碍了我们获取准确的所需信息，迎面扑来的各渠道信息几乎都不是我们想要的。微信的出现再一次改变了我们获取信息的方式，公众平台及开放平台的开放使得用户可以根据自己的兴趣和需求来订阅想要的信息，并且信息传递一对一，精准到达率接近百分之百。从系统观点看，对于整个微信社交系统而言，微信平台是服务的载体，用户是参与者，用户之间交错的社交关系是整个系统的核心价值所在，由此可以抽离出影响价值的经济信息，如用户规模数量、用户的知识经济水平、平台中的信息传递与用户需求的匹配度等。这些信息对人们的生活、工作方式乃至整个社会系统运行有着结构性影响，此时，微信社交系统就不仅仅是人们交际沟通的工具，其使用范围扩展到企业营销、舆情信息、政府管理领域，通过将影响用户注意力的经济信息缩并为系统稳定运行的战略管理信息，实现了由低层系统到高层系统的"自由度归并"、由经济层面向管理层面的层级过渡。在这一阶段的层级过渡中，管理制度和规则衍生而出。

综合上述层级过渡的两个步骤，即可得出微信社交系统的运作机理(图4)。它是一场全新的通信技术革命，让现实生活中的人们在互联网上找到了关系链条，形成了密密麻麻错综复杂的社交脉络，影响了个人、企业、产业、区域、国家等各个层次的运行发展机制。

三、启　示

通过对微信社交系统机理的层级过渡分析，本文得到以下几点启示。

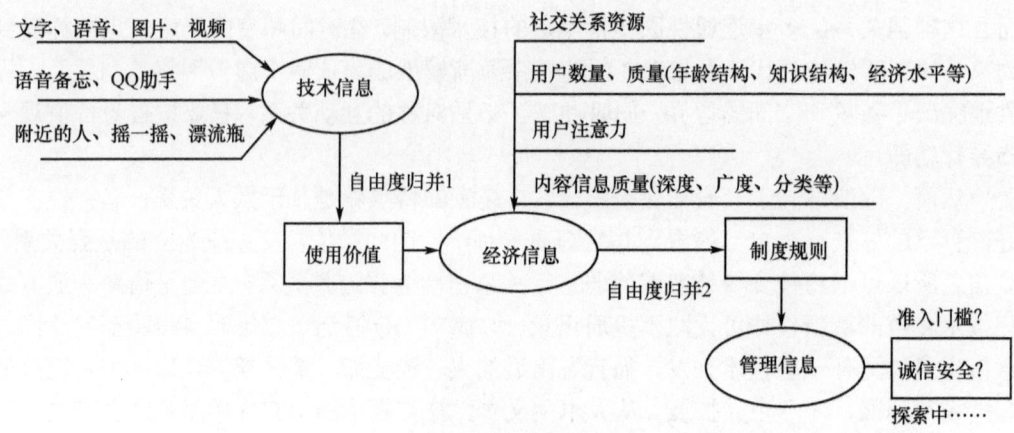

图4 微信社交系统机理的层级过渡分析

1）依附于移动网络的微信，无论是技术层到经济层，还是更高的管理层，其真正的社会效应是一种基于关系资源的构建所导致的"社会资本"在社会成员间进行重新分配的重大的"关系革命"[①]。在微信开放平台上，企业可通过挖掘相互连通的拓扑强弱关系，对系统中不同层级的参与者、不同层次的需求可进行信息分类分流精准传播，减少无效传播的发生，改善信息的粗传递现象，尤其在大数据、云计算、LBS等技术飞速变革时期。微信将成为各行各业争夺用户关系资源而推崇的重要营销模式平台。

2）系统时代，整合为王。微信是移动互联网的超级入口，依靠技术支持，完全可以在把智能设备中多元化的其他APP应用添加至微信的工具库中，当然，这对微信社交系统的制度规范要求很高，否则很可能形成垃圾信息的干扰。这种嵌入式的功能聚合，大大提升了系统的特征尺度，资源整合将是未来社交新媒体发展的主要趋势。

参考文献

[1] 昝廷全. 系统经济学的对象、内容与意义[J]. 《经济学动态》, 1996(10).
[2] 昝廷全. 系统经济学(第二卷：理论与模型)[M]. 中国经济出版社, 1997.
[3] 昝廷全. 系统时代：从"规模经济"走向"系统经济"[N]. 暨南学报(哲学社会科学), 1998(4).
[4] 昝廷全. 系统经济学探索[M]. 北京：科学出版社, 2004(3).
[5] 昝廷全. 论传播的分类及其数学模型[N]. 《中国传媒大学学报》(自然科学版), 2006(2).
[6] 昝廷全. 传媒经济研究与拓扑传播学探索[M]. 北京：科学出版社, 2011(4).
[7] 钟学富. 物理社会学——社会现象演绎理论的探索[M]. 中国社会科学出版社, 2002(10).
[8] 钟学富. 社会系统——社会生活准则的演绎生成[M]. 中国社会科学出版社, 2007(9).
[9] 喻国明. 关系革命"背景下的媒体角色与功能[J], 《新闻大学》, 2012(2).
[10] 喻国明, 何睿, 大数据时代传媒经济研究框架及工具的演化——2012年我国传媒经济研究文献综述[J]. 国际新闻界, 2013(1).
[11] 党昊祺. 从传播学角度解构微信的信息传播模式[J]. 东南传播, 2012(7).
[12] 江志强. 2013年中国社交媒体8大趋势预测[J]. 通讯世界, 2013(1).

---

①喻国明, "关系革命"背景下的媒体角色与功能[J], 《新闻大学》, 2012(2)

文化产业发展促进产业结构转型升级的机制研究*

摘要："产业结构转型升级"在经济学中对应于产业经济学产业结构理论提出的产业结构的高度化和合理化过程。本文在经济系统模型中,运用产业经济学的相关理论,讨论文化产业发展与当前产业结构转型升级之间的互动关系和互动机制,并根据分析结论为在产业结构转型升级的背景下推动文化产业发展提供政策建议。

关键词：文化产业；产业结构演化；产业结构转型升级；经济系统

党的十七届六中全会通过的《中共中央关于深化文化体制改革推动社会主义文化大发展大繁荣若干重大问题的决定》明确提出到 2020 年文化产业成为国民经济支柱性产业的奋斗目标。《中华人民共和国国民经济和社会发展第十二个五年规划纲要》则提出要"推动文化产业成为国民经济支柱性产业,增强文化产业整体实力和竞争力"。文化产业受到党和政府的高度重视。当前我国正处在产业结构转型升级的重要时期,这对于文化产业发展而言,是一个难得的历史机遇。产业结构转型升级所需要的产品附加值、需求结构调整、创新能力等,都可以通过文化产业的发展来带动和提升。也正是在此意义上,文化产业的发展能够在很大程度上推动和促进产业结构转型升级。

产业是经济系统中经济学家最为了解的经济单位之一,也是政府所能直接作用的经济单位。文化产业在越来越多的国家经济系统中发挥支柱产业和主导产业的重要作用,加上它同时拥有经济性、政治性、社会性和文化性等多重属性,已经获得了各国政府、经济学和社会学研究者的广泛重视。文化产业作为国家经济和经济系统中的重要组成部分,其在经济方面的发展始终与经济系统整体的发展紧密联系。因而,文化产业发展理论也同样必须在经济发展的理论框架中合理展开。目前国内外学者对于文化产业发展的经济学研究文献已经非常丰富,这些研究大多局限于文化产业内部,也已经有诸多文献跳出文化产业并将其放入国家经济系统的发展实践中,深入考察文化产业自身发展与经济整体发展的关系,探讨它与其他相关产业间的相互作用和动态联系。然而将文化产业发展的这两个层面进行统筹考察的分析并不多见。本文试图在构建的包含整合产业结构和产业组织两大层级的经济系统模型(ES)中,考察产业发展同产业结构升级之间的互动联系,运用系统思想更加全面地分析文化产业的发展规律,以期为浙江省文化产业发展与产业转型升级的协调推进提供理论支撑和政策建议。

一、产业发展与产业结构演化

关于产业发展与产业结构演化的理论研究主要在产业经济学框架下展开。产业经济学本身就包含两大主要的分支,一是产业结构理论;二是产业组织理论。其中,前者是自然地将各个产业及其关联纳入国家经济或区域经济整体中进行考察的;而后者则更多

---

*作者：应思思,原载《中国传媒大学学报(自然科学版)》2013 年第 5 期

地关注产业内部具体企业的策略选择和它们之间的关联方式,这一方面的理论主要关注相关产品市场的结构、企业的行为以及市场绩效,因而多数情况下是局限于产业内部的。

产业结构理论讨论了产业结构演化的一般规律和影响因素。关于产业结构演化,产业结构理论认为,产业优势地位更迭实现产业结构高度化合理化。

聚焦于产业结构研究的大量文献证明,经济发展过程中产业结构的演进遵循着一定的轨迹,因此产业结构的规律性转换也被视作经济发展的重要内容。其中最著名的学说是配第-克拉克定律。英国经济学家 C.G.克拉克根据若干国家的大量统计资料进行时间序列分析,归纳得出的结论同威廉·配第在《政治算术》中描述的现象相同,即随着经济的发展,第一次产业的就业人口将不断减小,而第二次、第三次产业的就业人口比重将增加。后人将这一规律称作"配第-克拉克定律"。库兹涅兹对这一规律做了进一步探讨,进一步收集整理了 20 多个国家的庞大数据,据此从国民收入和劳动力在产业间的分布这两方面,对伴随经济发展的产业结构变化做了分析研究,用国民收入相对比重与劳动力相对比重变化的程度差异来解释。此后,相继有经济学家在上述研究的基础上进一步提出,特定产业在特定经济发展过程中会发挥突出的作用。最具代表性的研究是赫希曼于 1958 年在《经济发展战略》一书中对于制造业作用的强调和对于罗斯托在起飞理论中对主导产业的讨论。赫希曼认为,发展中国家应集中有限的资本与资源,重点发展一部分产业,并以此逐步扩大其他产业的投资,带动其他产业的发展。他提出当时的发展中国家应当首先发展制造业。罗斯托的理论更具有一般性,他认为经济增长可以分为几个阶段,而这些阶段出现依次更替的原因主要是"主导部门"的不断更替和"人类欲望"的不断更替[3]。各国经济发展的历史也呈现出主要产业不断更替的趋势,美国经济从农业、轻纺业为支柱转变为以化工产业、钢铁工业、汽车工业为支柱,再到以高新技术产业和文化产业为支柱;英国支柱产业从棉纺业转向机械制造业、钢铁业、煤炭工业和运输业,又转向金融业和创意产业;其他国家的情况也是如此。因此,产业结构演化的动态性包含特定产业或产业综合体经济地位演进[4]。

对这些产业结构演化规律进行化一步分析,不难得出产业结构发展的一般趋势,即从劳动密集型产业占优势向资本密集型产业占优势再向技术、知识密集型产业占优势,优势产业的产品附加值由低向高转变。经济学家认为这样的产业结构演化过程是产业结构从低水平状态向高水平状态的发展,并将这样的发展过程称为产业结构的高度化。而由产业结构研究的发展过程和各国产业结构演进实践可知,产业结构的高度化是通过产业优势地位的更迭来实现的。在产业结构高度化的过程中,生产技术的提高和产品市场的不断扩展,必然伴随着分工的继续深化、产业间合作与协调的不断加强和产业关联水平的总体提高。这一发展趋势和后文将提到的产业结构跟随需求结构变化而调整的趋势一并被称为产业结构的合理化。

产业结构演化是在多重因素共同作用下产生的,这些因素主要有需求、供给、对外贸易、创新和制度等。其中,最为根本的因素是创新和需求结构的变动。而这两者都是首先对相关产业生产活动和产业发展产生影响,之后才由产业发展状态的改变最终作用于产业结构的。

首先,创新通过改变产业相对收益水平影响产业结构。经济学对于创新的研究十分丰富,最有影响力的是熊彼特对于创新的讨论。熊彼特在他的研究中将创新定义为不连续的生产函数变动,不连续即表示这种生产函数的变动不能分解为无限细微的步骤[5]。熊彼特在经济长波理论的基础上提出了技术创新长波理论。以熊彼特为突出代表的经济学家们将创新视作影响经济发展周期的重要因素,并指出经济发展周期中的长波与创新,尤其是新通用目的技术的出现和扩散有着直接关联[6]。熊彼特提出,他所指的"创新所包含的一些过程,比起其他过程来,必定要花费更长的时间才能充分显示作用",随后他以国家的铁路化或电气化作为这类创新的例子。后人将这类创新称作"通用目的技术",这类技术的使用和扩散常常伴随着全新产业的出现,并常带来产业关联和产业结构的调整和升级。创新对于产业结构的影响是通过生产函数对于生产收益的影响而产生的。一般认为,当生产基础创新发生后产品的需求弹性较大时,该部门能够获得高于一般产业部门平均水平的收益,会吸引生产要素流入该部门。这种情况通常在新产品开发或原有产品获得改善时发生。然而当创新发生在需求弹性较小的产品生产过程中时,由于产品价格对成本的反应、需求对价格的反应都不再敏感,产量的大幅提高反而导致产品价格的大幅降低,最终导致这一生产活动收益下降,生产要素则会外流。这类情况往往在创新仅仅提高了原有产品的生产效率却没有改变其需求弹性的候生。任何一种方式,创新都将引起生产要素在产业部门之间的转移,改变产业结构。不仅如此,创新还通过改变和增加中间产品的需求间接作用于产业结构。

其次,需求结构变动经由相关产业内部供需法则和产业关联影响产业结构。需求结构是指在一定的收入水平条件下政府、企业、家庭或个人所能承担的对各产业产品或服务的需求比例[7]。用于最终消费的产品需求同用于生产的产品需求对于产业结构有着不同的影响,因此通常将它们加以区分,分别称为最终需求和中间需求。马斯洛需要层次理论提出,人的需求存在一定层次。该理论将需求分为几类,像阶梯一样从低到高,按层次逐级递升,分别为:生理上的需求,安全上的需求,情感和归属的需求,尊重的需求,自我实现的需求。尽管其中的具体分类和机理未必完全同现实相符,但其对于理解最终需求结构的变化趋势有一定帮助。相关的经济研究显示,消费者最终产品需求结构会随着人均收入水平的提高而发生改变,其中主要消费品的变化趋势大致与需要层次满足的顺序相符。著名的"恩格尔定律"在大量调查统计的基础上提出,随着人均收入水平提高,人们在食物消费方面支出的比重趋于减少的规律。当经济系统中的最终需求结构改变时,产业结构将在供求关系的作用下趋向于同总需求结构相适应。消费者需求是厂商经济活动的根本动力,而古典经济学理论代表经济学家亚当·斯密早在1961年就在其名著《国民财富的性质和原因的研究》中已经提出供需法则来描述竞争市场上供给与需求之间的关系[8]。中间需求结构变化对产业结构的影响常常被人们忽略。随着产业间关联的日益强化,生产迂回性的不断提升,生产活动中的中间产品种类和需求量持续增加。在中间产品市场上,中间需求结构的变化同样将通过供需法则影响产业结构。

二、文化产业发展促进产业结构高度化合理化机制分析

1. 构建经济系统模型

为系统分析和梳理文化产业发展与产业结构演化之间的关系,构造一个包含产业组织和产业结构两大层级的经济系统模型。后文将尝试着在经济系统模型中对产业结构理

论中整合关于产业结构调整的学说和产业组织理论中关于产业发展的学说,并将其运用于文化产业发展的分析。

经济系统模型采用昝廷全提出的经济系统定义,即经济系统可以形式化地定义为由经济单位和它们之间的经济关系共同构成的整体[1]。根据这一定义,经济系统可以形式化地表示为

$$\text{经济系统}=(\{\text{经济元}\},\{\text{经济元之间的经济关系}\}) \quad (1)$$

根据经济系统的上述定义,按照以下步骤构建经济系统模型:

第一步,确定经济系统的范围和基本单位。用 ES(economic system)代表经济系统整体。用 $e_i(i=1, 2, \cdots, n)$ 代表该系统中最小的经济单位,如法人企业、自由职业者等,这里为表述方便统称为厂商。厂商之间存在各种经济联系,两个厂商之间的关系用 f_{ij} 表示,这里 $f_{ij} \in \{(e_i, e_j)|i, j=1, 2, \cdots, n\}$,$f_{ij}$ 代表的是厂商 e_i 与 e_j 之间的关系。则厂商与经济系统之间的关系可以用前述形式化定义来表示,即

$$\text{经济系统}=(\{\text{厂商}\},\{\text{厂商之间的经济关系}\}) \quad (2)$$

用相应符号替换,得到经济系统的平凡表示:

$$Es=(\{e_i\}, \{f_{ij}\}) \quad (3)$$

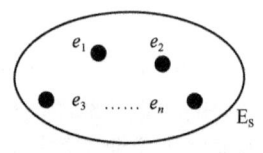

图1 区域经济模型的范围

式(3)的经济含义是:模型中的经济系统可以看作由区域中所有的厂商和所有厂商间经济关系共同构成的整体,其中经济系统模型的范围是区域中的所有厂商,模型的最小组成单位是厂商 e_i(图1)。

第二步,构建产业,并用厂商进行刻画(图2)。我们根据产业经济学的产业定义,将模型中符合定义的一组厂商放入同一个集合,以这个集合为基础,构建模型中的一个特定产业,用 E_k 表示。根据产业经济学的产业定义,将"具有使用相同原材料、相同工艺技术或生产产品用途相同的企业"[2]划为同一产业 E_k。将产业 E_k 根据其下标 k 进行重新编号,用 e_{ki} 表示产业 E_k 内的商场。所有属于同一产业 E_k 的企业 e_{ki} 和 e_{kj} 之间的关系 $f_{ij} \in \{(e_{ki}, e_{kj})\}$ 自然应当属于产业 E_k 的内部联系。那么产业 E_k 可以形式化地表示为

$$\text{产业 } E_k=(\{\text{属于产业 } E_k \text{ 的厂商}\},\{\text{产业 } E_k \text{ 内厂商间的关系}\}) \quad (4)$$

用符号替换,得到产业 E_k 的模型表达式:

$$E_k=(\{e_{ki}\}, \{f_{ij}\}) \quad (5)$$

其中,由产业 E_k 内所有厂商之间的关系构成的集合 $\{f_{ij}\}$ 就是产业经济理论所指的产业组织。产业经济学中的产业组织分析都是在选定某一个产业后展开的,其本质就是对所有厂商进行上述步骤的挑选。以文化产业组织分析为例,在讨论文化市场上某些文化厂商的行为之前,首先要把所有生产文化产品和相关产品的厂商 $e_1, e_2, \cdots, e_n$ 归为一类,并将所有这些厂商的集合称为文化产业,接着才能根据文化产品生产的具体规律讨论不同厂商所面对的市场结构,进而分析厂商的行为,并据此评价市场绩效。

第三步,完成产业划分。将经济系统划分为 m 个产业 $E_k(k=1, 2, \cdots, m)$,这些产业之间所有关系的总和就是产业结构(图3)。对经济系统 ES 中包含的所有厂商都进行产业划分,最后得到 m 个产业 E_k。其中,每一个产业都可以用式(4)来描述,构成模型的第一个层级——产业。而这个层级上每个特定产业内部的所有经济关系,都称为各自产业的产业组织。

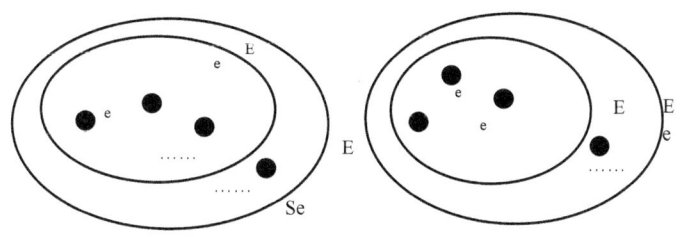

图2 区域经济模型中的一个特定产业 E_k

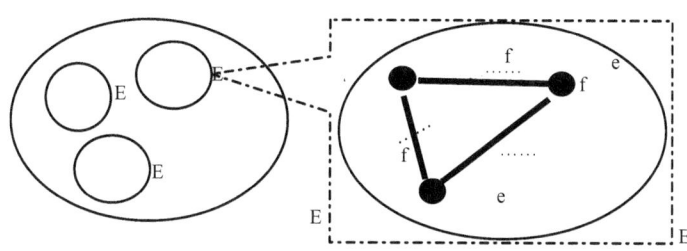

图3 经济系统的产业划分

第四步，刻画产业结构，并得出经济系统的产业结构表达式(图4)。

将产业之间的某一经济关系表示为 F_{ij}，其中 i 和 j 分别代表发生关系的两个产业的编号，即 $F_{ij} \in \{(E_i, E_j) | i, j=1, 2, \cdots, m\}$。那么所有这些产业之间的关系 $\{F_{ij}\}$ 就是产业结构。模型的这一部分可以用来方便地描述特定的产业结构指标。

以三次产业比重这一经济结构分析中常用的指标为例。三次产业比重基于三次产业分类法，这种分类法相当于把经济系统中的所有厂商根据三次产业的具体定义划分为三个产业大类，即 ES=($\{E_1, E_2, E_3\}, \{F_{ij}\}$)，其中 $F_{ij} \in \{(E_i, E_j) | i, j=1, 2, 3\}$。这里的 E_1 表示第一产业，E_2 表示第二产业，依此类推。那么三次产业比重可以通过对三次产业之间两两产业产值的比例进行简单运算得到。考虑一种简单的情况，用 F_{12} 表示第一产业和第二产业产值的比例，设 F_{12}=1：2，用 F_{23} 表示第二产业和第三产业产值的比例，设 F_{23}=1：3，那么三次产业比重 F 就可以由它们计算得到，即 F=1：2：6。

将经济系统 ES 中的所有厂商都进行产业划分后，经济系统就能以产业为元素进行形式化表示，即

$$\text{经济系统}=(\{\text{产业}\}, \{\text{产业之间的经济关系}\}) \tag{6}$$

用符号代入，得到经济系统的产业结构表达式：

$$\text{ES}=(\{E_k\}, \{F_{ij}\}) \tag{7}$$

式(7)刻画的就是本文经济系统的第二个层级，即由产业和产业结构组成的经济系统。

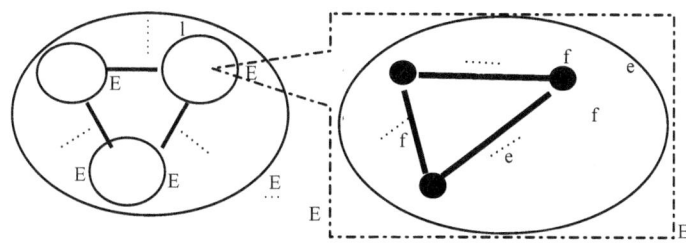

图4 经济系统的产业结构

至此，经济系统模型的构建全部完成。这个包含两个层级的经济模型可以用如下组合来表示，即

$$ES=(\{E_k\}, \{F_{ij}\}) \tag{8}$$

$$E_k=(\{e_{ki}\}, \{f_{ij}\}) \tag{9}$$

$$F_{ij} \in \{(E_i, E_j)|i, j=1, 2, \cdots, m\} \tag{10}$$

$$f_{ij} \in \{(e_{ki}, e_{kj})|i, j=1, 2, \cdots, n\} \tag{11}$$

式中，e_{ki} 代表产业 E_k 中的第 i 个厂商；n 代表产业 E_k 中厂商 e_{ki} 的个数；m 代表经济系统 ES 中产业 E_k 的个数；f_{ij} 代表 E_k 中厂商 e_{ki} 和厂商 e_{kj} 之间的经济关系；$\{f_{ij}\}$ 代表 E_k 中的产业组织；F_{ij} 代表产业 E_i 和产业 E_j 之间的经济关系；$\{F_{ij}\}$ 代表经济系统 ES 中的产业结构。

在这个经济系统模型中，产业经济学中关于产业发展和产业结构高度化合理化的讨论均可以被方便地引入和刻画。

2. 文化产业发展与产业结构演化的 ES 模型

将 ES 模型用于文化产业发展的相关分析，首先确定模型中的产业分类方法。根据文化产业的定义，我们将所有生产文化产品和相关产品的厂商 e_i 划入文化产业厂商集合，并用下标 c 对这些厂商重新标号，得到厂商集合 $\{e_{ci}\}$。则文化产业 E_c 可以表示为 $E_c=(\{e_{ci}\}, \{f_{ij}\})$，其中 $f_{ij} \in \{(e_{ki}, e_{kj})|i, j=1, 2, \cdots, n\}$，$n$ 是文化产业厂商的数量。接着根据相应的产业定义将 ES 划分为文化产业、农业、制造业和服务业，分别用 E_c、E_a、E_m 和 E_s 来表示。最后将经济系统 ES 用这几个产业和它们之间的关系来表示，即 ES=$(\{E_k|k=c, a, m, s\}, \{F_{ij}|i, j=c, a, m, s\})$。那么包含文化产业的经济系统 ES 可以表示为下面这些表达式的组合：

$$ES=(\{E_k|k=c, a, m, s\}, \{F_{ij\lambda}|i, j=c, a, m, s; \lambda \in \Lambda_F\}) \tag{12}$$

$$E_k=(\{e_{ki}|k=c, a, m, s\}, \{f_{ijw}|ij=1, 2, \cdots, k; w \in W_f\}) \tag{13}$$

$$F_{ij\lambda} \in \{(E_i, E_j, \lambda)|i, j=c, a, m, s; \lambda \in \Lambda_F\} \tag{14}$$

$$f_{ijw} \in \{(e_{ki}, e_{kj}, w)|i, j=1, 2, \cdots, k; w \in W_f\} \tag{15}$$

式中，e_{ki} 代表产业 E_k 中的第 i 个厂商；k 代表产业 E_k 中厂商 e_{ki} 的数量[①]；f_{ij} 代表 E_k 中厂商 e_{ki} 和厂商 e_{kj} 之间的特定经济关系；w 代表 f_{ijw} 的权重，用来表示 f 的关系类型；W_f 代表企业关系 f 的权重集，是 f 的所有类型 w 的集合；$\{f_{ijw}\}$ 代表产业 E_k 的产业组织；$F_{ij\lambda}$ 代表产业 E_i 和产业 E_j 之间的特定经济关系，λ 是 $F_{ij\lambda}$ 的权重，用来表示 F 的关系类型；Λ_F 代表企业关系 F 的权重集，是 F 的所有类型 w 的集合；$\{F_{ij\lambda}\}$ 代表经济系统 ES 中的产业结构。

3. 基于 ES 模型的文化产业发展与产业结构演化的互动机制分析

根据产业结构理论对于产业结构演化规律的讨论，下面在 ES 模型中分别考察创新发生和需求结构变动时，文化产业发展与产业转型升级之间的互动机制。

首先考察创新发生时的情况。文化产品和相关产品的生产活动有其特殊性，即文化

[①] 这里为了符号使用的简洁，将 c、a、m、s 均看作是数字，且分别等于文化产业、农业、制造业和服务业中所有厂商的数量

产品的生产、交换和分配过程本质上是创意内容以信息的形式进行传播的过程。因此，文化企业所进行的生产活动对于信息处理和传输技术的创新高度敏感。信息技术的每一次更新换代都会带来文化企业的生产函数的不连续变革。尤芬和胡惠林将文化产业的发展周期与相关技术长波联系在一起，根据熊彼特和冯·丹因的长波理论对出版业、音像业、电视业、电影业、网络文化产业等发展过程中相关产品产生的时间脉络进行了回顾和梳理[9]。他们将据此得出的文化产业发展周期波形图与冯·丹因的经济长波进行对应比较，提出技术的不断更新与突破决定着文化产业的历史进程。文化产业发展受到技术创新影响的现实案例比比皆是。电影技术的不断创新推动电影由无声默片升级到有声电影、到彩色有声电影、到数字电影、再到刚刚兴起的 3D 电影，可以说每一次技术升级都是电影产业在其他文化艺术形式层出不穷的历史中持续发展的直接推动力。出版业、电视业、音像业等其他传统文化产业的发展也与此类似。

这些技术创新不断地孕育着音像制品、电影、广播节目、电视节目、多媒体文件、网站、手机短信等新的文化产品形式和留声机、录音机、walkman、CD 机、电影放映机、收音机、电视机、电脑、手机、平板电脑等新的媒体终端设备，并且特定文化产品形式同包含相应终端设备在内的专用传输平台互为互补品。各式各样的媒体行业陆续出现。很长一段时间以来，这些技术创新对于文化产业 E_c 的直接影响就是文化产业的划分 $\{e_{ci}\}/\theta_c$ 中元素越来越多①，并且各自分立，各自趋向纵向一体化。在 ES 模型中表示，即产业组织当中行业内部各企业之间关系 f_{ijw}(i, j 满足 $(e_{ci}, e_{cj}) \in \theta_c$) 在数量和质量上都很高；同时分属不同行业的厂商之间关系 f_{ijw}(i, j 满足 $(e_{ci}, e_{cj}) \notin \theta_c$) 较行业内厂商间关系而言无论数量上还是质量上都低很多。新产品的不断出现维持着文化产业的高收益水平，吸引着越来越多的厂商进入，同时也吸引了越来越多的要素资源流入，最终文化产业通过自身产业的扩张部分地改变产业结构。这一影响的不断作用将持续增强文化产业这一高附加值、知识密集产业的经济地位，推动产业结构高度化。

由于大部分媒体行业所生产的文化产品和对应媒体终端设备之间存在互补性，如电视节目如果离开电视节目制播设备和电视机等视频播放设备就无法被生产或接收。这类基于媒体终端设备的文化行业将需要大量制造业零部件用于终端设备制造，将在一定时期内改变中间产品需求结构，推动制造业发展，实现产业间协调发展，推动产业结构合理化。同时，文化产品本身存在间接正外部性。具有间接正外部性的行业中存在一定的消费者规模经济，即消费特定文化产品的消费者越多，厂商就越有动机去改善产品质量。再加上媒介类文化厂商吸引的消费者注意力越多，就能够在广告时段市场上进行的二次售卖中获得更高收益，因而行业还存在着较大的规模经济。两种类型的规模经济往往重叠导致行业内最终出现强厂商越强、弱厂商越弱的正反馈现象，将行业带入自然垄断的格局。若政府部门未能建立合适的规制体系，以鼓励文化产品的多样性和保护媒体内容制作尤其是新闻采编过程的独立性，消费者将"用脚投票"，转而消费其他媒介行业的产品或者少消费媒介产品。很快正反馈作用会将不良的态势迅速放大。这一态势一旦出

---

① 表达式 $\{e_{ci}\}/\theta_c$ 中，θ_c 可以理解为文化产业的分类方法，是 $\{e_{ci}\}$ 上的所有等价关系的集合，设 $\{e_{ci}\}$ 中仅有四个元素，θ_c 的形式如 $\{(e_{c1}, e_{c3})(e_{c2}, e_{c2})(e_{c4}, e_{c4})\}$。$\{e_{ci}\}/\theta_c$ 这个表达式的经济含义就是用分类方法 θ_c 对文化产业所有厂商的集合进行划分，得到的是一个厂商子集合组，形式如 $\{\{e_{c1}, e_{c3}\}, \{e_{c2}\}, \{e_{c4}\}\}$。其中，每个集合表示文化产业的一个行业，这个集合组中元素的数量就是文化产业中行业的数量

现,政治局势也将受到影响,消费者文化需求难以满足,最终会影响产业结构的合理化。

文化产业发展历史上,肇始于20世纪90年代的现代信息技术革命与一般的信息技术革新有着完全不同的作用机制。在这次革命中,以数字化和互联网技术为代表的现代信息技术在文化产业中引发了产业的信息化进程。过去分立的电信、广播电视和出版三大行业,在信息化进程中发生产业边界的模糊,三大行业逐步走向产业融合[10]。这一过程直到今天仍在进行当中。这次技术创新产生的数字化技术把音频、视频和纸质文本这些原本完全不同的信息形式转化为统一的"比特"格式,同时计算技术和网络技术共同走向互联网通信,使得数字化信息的传送更为广泛和普及[11]。因此信息化进程带来的技术革命本质上是原行业之间相互独立的信息传输技术在技术创新之后走向融合,这使得新技术普及后,原本用以划分三大行业(分属两大产业)的技术边界变得模糊,产品边界、市场边界甚至政策边界也随之模糊。

产业融合导致的产业边界模糊在ES模型中表现为行业分类方法θ_c由等价关系集合转化成相容关系集合。由等价关系进行的划分是等价分类,分类所得的集合两两不相交,在模型中表现为任何一个厂商,一旦被划入一个行业,就不可能又被划入另一个行业。而用相容关系对文化产业进行的划分是相容分类,允许出现一个厂商同时属于多个行业的情况,而同时属于多个行业的这个厂商可以看作是处在多个行业相交的模糊边界上。产业融合后形成的横向市场结构形成的新的价值链,重新塑造了交叉竞争、竞争合作格局,某种程度上是对原有稀少薄弱的行业关联的深化和广化,使得分属不同行业的企业之间的关系$f_{ijw}(i,j$满足$(e_{ci},e_{cj}) \notin \theta_c)$大大增加和强化。进而产业融合塑造了一种全新的产业形态和产业结构形态,并最终推进产业结构的合理化。这一过程中,要将信息化带来的产业融合态势持续推向深入,全新的产业规制体系的建立是关键。国内产业融合进程缓慢的一个重要原因就是产业边界模糊后原有产业规制体系无法适应实践。

创新对产业结构演化的确有着巨大影响,但这种影响力唯有与需求结构的变化相匹配时才可能最大限度地发挥作用。近年来,随着我国居民收入水平的不断提高,人们对于文化产品和高文化附加值产品的需求大幅增加。需求结构的这一变化使得信息技术革命对于文化产业发展和产业结构演化的影响得以逐步显现。然而这一影响的最终实现还需要得到几个关键环节的传导。对于文化产业来说,消费者最终需求结构逐渐转向以文化产品为主要消费品时,文化产业通过不加改动和创造地增加文化产品产量难获更高收益。这是由文化内容产品边际效益迅速大幅递减的特性所决定的。这与产业融合出现后,技术获得突破而内容产品供给相对不足的情况一样。毕竟内容和创意才是文化产品的核心竞争力。因此,要将文化内容产品的最终需求增长转化为文化产业的发展和产业结构的演化,必须注意文化产业内容产品行业同相应的端设备行业协同发展。中间文化产品需求的转化也同样需要关注。随着产业结构的高度化合理化,农业、制造业、服务业和信息产业等其他产业将各自迎来发展瓶颈。根据产业结构高度化的发展趋势,经济优势地位总是由产品附加值高、知识密集型的产业占据。当前国内各产业要提升产品附加值、增加生产过程中知识要素投入的比重,除了苦苦等待新技术成熟之外,唯有引入文化创意设计成果,将文化创意元素嵌入产品生产过程。这些产业遭遇产品附加值提升无门的发展瓶颈之后,对于面向其他产品形态的创意,设计中间产品的需求已经潜在地生成。文化产业若要利用这批中间需求实现自身发展、进一步推动产业结构高度化合理化,需要有人才、市场体制和规制体系等方面的协同作用。

三、政策建议

根据上文对于文化产业发展促进产业结构演化的分析，建议政府相关部门从创新和需求两大方面促进文化产业发展，进而实现文化产业发展对于产业转型升级促进作用的最大化。

首先，传统文化产业改造与新兴文化产业发展协同进行，提高传统文化产品科技含量，提升新兴文化产品文化附加值。信息技术创新是推动文化产业发展和产业结构高度化合理化的关键因素。目前，我国文化企业在运用新科技方面存在两个极端。一方面传统文化企业在高科技投入方面显得不足，文化产品的科技含量较低，附加值不高，原创能力欠缺，能够影响国内甚至是世界的文化产品稀缺；另一方面是新兴业态传输平台利用高科技发展迅猛，但其中文化产品的文化附加值不高，导致文化产业产品的附加值普遍不高。对于传统文化产业来说，利用新兴文化产业传输技术和平台开发传统内容产品的新形态，有利于产品在提高其科技含量的同时保持原有的文化附加值；而对于新兴文化产业来说，无论是引入传统内容产品的高科技形态，还是利用传统文化产业成熟的创作与传输平台对自身产品进行再加工，都可提升自身产品的文化附加值。鼓励传统文化产业与新兴文化产业协同发展，利于加速改变文化产业内部信息化水平不平衡的现状，共享高科技信息生产、传输平台和高文化附加值的内容资源，在短期内实现传统产业与新兴产业的协调发展，以及文化产品附加值的整体提升。

其次，研究居民文化消费需求结构变化规律，探索潜在中间需求的显化和转化机制，针对需求结构引导文化产业发展，推动产业转型升级。2010年我国文化及相关产业（简称文化产业）法人单位增加值达到11 052亿元，占国内生产总值的2.75%，较2009年上升0.25个百分点。文化产业增加值占国内生产总值的比重距离5%的支柱产业最低标准仍有较大差距。根据本文对影响文化产业发展和产业结构因素及其作用机制的分析可知，文化需求结构是文化产业发展的基石。因此，政府相关部门和研究机构应当对居民文化消费需求结构进行跟踪研究，同时对潜在中间需求的显化和转化机制进行探索，并针对现有需求结构及其变动趋势及时把握产业发展时机，及时调整产业发展的重点领域，避免文化生产的结构性过剩与短缺。这样才有可能在抓住现有消费需求的同时把握未来中间需求释放的时机，进而在文化产业发展过程中通过持续消化需求空间保证产业持续健康发展。尤其要重视对潜在中间需求的显化和转化机制的探索。由于潜在中间需求较为隐蔽，产业生产对创意设计和艺术设计产品的需求往往被大多数文化企业忽视。这使得国内文化产业与其他产业之间的关联远不如美国、日本等文化产业强国那么紧密，关键中介环节缺失，文化产业的产业链延伸困难。对于中间需求显化和转化机制的探索，关键在于搭建产业链延伸缺失的关键环节，以畅通中间需求通过影响产业发展推进产业结构提升的机制链条，实现文化产业在产业结构高度化合理化的倒逼中持续发展。

参考文献

[1] 昝廷全.系统经济学的对象、内容与意义[J].经济学动态，1996(10):18-22.
[2] 杨公朴，夏大慰主编.现代产业经济学[M].上海：上海财经大学出版社.1999.3，17-19.
[3] 苏东水.产业经济学[M].北京：高等教育出版社，2000.280-281.
[4] [美]约瑟夫·熊彼特著，何畏等译.经济发展理论——对于利润、资本、信贷、利息和经济周期的考察[M].北京：商务印书馆，1991.290-291，296.
[5] [英]约翰·伊特韦尔，默里·米盖尔特，彼得·纽曼 编.新帕尔格雷夫大辞典 第四卷，584.
[6] 尤芬，胡惠林.论技术长波理论与文化产业成长周期[J].上海交通大学学报(哲学社会科学版).2007(4):66-73.
[7] 周振华.产业融合：新产业革命的历史性标志[J].产业经济研究，2003(1):1-10.

系统需求理论初探*

摘要： 本文通过对传统需求理论的回顾与反思，提出了系统需求理论，具体包括个人基本需求定律、个人需求的层次定律、个人需求的系统定律和系统需求定律。系统需求理论的本质就是经济系统（包括个人）的需求由维持其耗散结构所需要的负熵流内在地决定；需求在系统中产生，也只能在其相应的系统中满足和实现。

关键词： 经济系统；耗散结构；系统需求；定律

Preliminary Study on the Theories of Systematic Demands

Abstract: Based on the review of the traditional theories of demands, this article proposed the Theory of Systematic Demands, which include the Law of Personal Basic Demands, the Hierarchical Law of Personal Demands, the Systematic Law of Personal Demands and the Law of Systematic Demands. The main idea of the theories of systematic demands is that the demand of the economic system (including individuals) is internally decided by the negative entropy flow which just maintaining the dissipative structure of the system; Demands are created in the system and just can be satisfied in the system.

Keywords: system economics; dissipative structure; systematic demands; laws

一、引　言

供给和需求是经济学的两个最基本的概念，以致有人提出，"只要学会了供给和需求，鹦鹉也能成为经济学家"。关于供给的研究，经济学中专门有生产理论打开"供给"的黑箱。但是，"需求黑箱"一直没有被打开。在经济学研究中，基本上都是把需求作为一个基本概念，或者说把需求作为一个整体性概念，至于如何解剖需求、讨论需求是由什么决定的问题很少见诸研究。经济学中论及需求决定的部分就是"显示偏好理论"（revealed preference theory），根据消费者的"显示偏好"反索需求。但是，这只能算作是关于需求的唯象理论，并没有真正地打开"需求黑箱"。经济学中的理性预期学派已经在宏观层次上触及需求的决定因素，但是，由于研究的目的不同，最终没能对需求的内在决定因素给予充分的重视。

由于经济学从来没有真正打开"需求黑箱"，因此，也就没有形成什么是"客观需求"，或称为"正当需求/合理需求/理性需求"等的概念以及相应的测度方法。我们知道，经济学中有两种效用理论，一种是基数效用理论(the cardinal utility)，另一种是序数效用理论(the ordinal utility)。在序数效用理论的框架内，效用的绝对值没有意义，重要的是不同效用数值之间的相对大小。因此，只要找到了某个消费者的一个效用函数，则这

---

*作者：昝廷全、昝小娜，原载《中国传媒大学学报(自然科学版)》2014年第2期

个函数的任何单调变换所得到的函数都可以作为这个消费者的效用函数。也就是说，任何消费者的效用函数不唯一。这种情况总让人觉得"不踏实"。在数学领域，"解"的存在性和唯一性是两个最为基本的问题。实际上，在经济学中最早出现的效用概念是基数效用，后来，经济学家之所以放弃基数效用改用序数效用主要是因为没有找到度量基数效用的"内在尺度"。我们认为，要想找到度量效用的内在尺度，就必须打开"需求黑箱"。

本文拟在系统经济学的框架内，根据经济系统的结构探讨需求的决定因素，进而探讨需求的客观性和相应的测度方法，并将这一研究方向称为系统需求理论。

二、关于需求理论的文献综述

已有的需求理论主要集中在经济学、心理学和哲学三个学科，下面我们逐一介绍和反思。

1. 经济学层面上的需求理论

我们从微观经济和宏观经济两个层面概述经济学中的需求理论。

(1)微观经济层面上的需求理论

微观经济层面上的需求理论主要是指新古典经济学的需求理论，即常说的西方微观经济学需求理论。微观经济层面上的需求理论主要研究消费者的行为选择问题，它对需求的定义是，在一定时期内，在一定的价格条件下，消费者所愿意购买的某种商品的数量。微观经济学认为，需求由价格、消费者收入、消费者偏好、替代品价格、消费者预期、人口、气候等因素决定，并通过需求弹性理论将需求与上述因素的关系进行量化分析。同时，新古典需求理论认为，各个消费者在进行消费行为时是相互独立的。在这个假设下，通过把每个消费者的个人需求曲线水平相加可以求得市场需求曲线。微观经济学需求理论主要从消费者的角度分析了影响需求的主观因素(消费者偏好、消费者预期)和客观因素(价格、消费者收入、代替品价格、人口、气候等)，它肯定了消费者需求与消费者的心理及其所处的环境存在关系，并通过弹性理论将这些因素之间的关系进行量化，是用联系的观点和系统的思想来分析需求问题。但该理论仅从消费者层面分析需求问题，层次单一，适用范围有限。而且，该理论把消费者的消费行为看作是彼此孤立的，认为把每个消费者的个人需求曲线水平相加便可求得市场需求曲线，没有把消费者之间的相互影响纳入其消费需求理论。因此，这是新古典经济学消费需求理论的一大缺陷。

针对新古典消费需求理论的上述缺陷，经济学家哈维·莱宾斯坦在1950年发表的《消费需求理论中的跟潮效应、逆潮效应和凡勃伦效应》一文中提出了消费需求的跟潮效应、逆潮效应和凡勃伦效应等外部效应。他根据消费需求的动机，将需求分为功能性需求和非功能性需求。功能性需求是指商品的内在品质给消费者带来的需求，而非功能性需求则指由商品内在品质以外的因素所产生的那部分需求，包括预期需求、非理性需求和外部消费行为所引起的需求。其中，由外部消费行为所引起的需求分为跟潮效应、逆潮效应和凡勃伦效应三种效应。跟潮效应是指消费者对商品的需求程度因其他人消费同样的商品而增加；逆潮效应则指消费者对商品的需求程度因其他人消费同样的商品或增加了对同一种商品的消费而降低。这两种效应都是其他人消费的函数，而凡勃伦效应则是价格的函数，凡勃伦效应是指消费者对一种商品的需求程度因其价高而不是价低而增加。莱宾斯坦认为，这三种非功能性需求是消费者之间相互影响而产生的需求。但是，消费者之间相互影响会造成个人需求曲线不确定，就无法确定一条市场需求曲线。为此，莱宾斯坦提出了边际外部消费效应递减原理，即其他消费者对一种商品的需求对某个消费者需求的影响会逐步递减，到某个程度时，将不再对该消费者的需求产生影响。此时，该消费者的个人需求曲线是确定的，将确定的个人需求曲线相加，便可得出市场需求曲线。莱宾斯坦首次将消费需求的外部效应纳入需求理论当中，侧重分析了处于同一系统层次的消费者需求之间的关系，其实质是强调系统环境对需求主体需求的影响，是对传统消费需求理论缺陷的一次弥补，但同样，该需求理论也只适用于单一的消费者层面的需求分析。

(2) 宏观经济层面上的需求理论

传统的古典经济学认为供给会自动创造需求，自由市场经济是天然和谐的。然而，发生在20世纪30年代的经济大萧条，彻底地打破了古典学派的"天然和谐论"。凯恩斯否定了古典学派的供给会自动创造需求的假设，首次区分了微观经济学和宏观经济学，开创了宏观经济分析的先河。凯恩斯于1936年在其著作《就业、利息和货币通论》中提出了有效需求理论，从宏观的角度分析需求。有效需求是指商品的总供给价格和总需求价格达到均衡状态时的社会总需求。凯恩斯把有效需求分为消费需求和投资需求两部分，并认为它们取决于三个心理因素：即"心理上的消费倾向，心理上的流动偏好，以及心理上对资产未来收益的预期"。在上述三个心理因素的作用下，总需求通常小于总供给，造成有效需求不足，从而导致失业，以致经济萧条。因此，凯恩斯认为，能否实现有效需求，关键在于实际就业量和人们的购买能力。所以，他的基本政策主张是通过扩张性的财政政策，拉动就业，增加有效需求，从而解决经济失衡问题。

从需求的层次进行分析，凯恩斯的有效需求理论主要论述了个人需求和社会总需求之间的关系，认为个人需求不足会导致企业需求得不到满足，从而使得社会总需求得不到满足。总的来说，这样需求层次分析具有合理性。但凯恩斯的有效需求理论完全用主观心理因素来解释有效需求不足，显然是有缺陷的。

需求理论也是马克思劳动价值论体系中一个不可分割的子系统。马克思需求理论的一个很大特点是在价值的基础上来分析需求关系。马克思认为，需求是指"有支付能力的、实现交换价值的需求"。这一定义有两层含义，一是需求是有支付能力的需求，受消费者货币购买力的限制；二是需求是社会能够按市场价值支付的商品量。马克思强调了价值跟需求的关系。不仅如此，马克思还提出了需求的阶级性，他认为，一方面，"供求以价值转化为市场价值为前提"；另一方面，"供求还以不同的阶级和阶层的存在为前提，这些阶级和阶层在自己中间分配社会的总收入，把它当做收入来消费，因此产生那种由收入形成的需求。"因此，马克思认为，需求由两个因素决定，"第一是由全部剩余价值和工资的比率决定的；第二是由剩余价值所分成不同部分的比率决定的。"马克思认为，从本质上来说，需求是价值在不同阶级和阶层之间的分配，不同阶层的需求是根本不同的。马克思关于需求的阶级性分析，是与马克思称之为庸俗经济学的西方经济学的需求理论的根本性区别。

综上,马克思政治经济学的需求理论有两个独特的视角,一是从商品的价值和使用价值来分析需求,相比其他需求理论,更加宏观和抽象。但这一视角忽视了人作为需求主体的个体主观性,单从商品价值的角度来分析人的需求有失偏颇。二是强调了需求的阶级性。从某种意义上说,这个角度分析了人的需求与所处社会阶层之间的关系,具有科学合理性,也符合社会发展规律。但过度强调阶级性,使得该需求理论较难具有普适性。

2. 心理学层面上的需求理论

从心理学角度研究需求的最广为人知的理论当属马兹洛（Mazlos）的需求层次理论。马斯洛在《动机与人格》一书中指出,人的"基本需求"是一种"类本能",他认为,"从某种意义上说,基本需求在某种可以察觉到的程度上是由体质或遗传决定的。"他将人的基本需求分为五个层次,即生理需求、安全需求、归属和爱的需求、自尊的需求、自我实现的需求。一般说来,当一个层次的需求被满足后,才会产生另一个层次的需求。但马兹洛认为,这个层次集团并不是一个固定的等级集团,五种需求的产生没有严格的先后次序。在所有的基本需求中,对人的行为具有最大支配力的需求就是"优势需求",优势需求一经满足,相对弱势的需求才会产生。

马兹洛从人的行为动机角度描述了人的需求的层次性,具有一定的合理性。但总的来说,他的需求层次理论具有相当的模糊性,属于唯象理论。其模糊性主要体现在以下两个方面：一是该理论并未精确指出低一层的需求究竟要满足多少,高一层的需求才会产生,也未阐述需求为多大时可以定义为"优势需求","优势需求"由什么因素决定,由此导致各需求层次之间的界限不够清晰,量化度和精确度均显不足。二是该理论模糊了人的需求与社会需求之间的关系,未将人的需求与变动的、多层次的社会需求联系起来,过于强调人作为个体的主观需求,忽视了人作为社会系统中的一员所受的社会需求的影响,显得较为孤立和片面。面对当前社会的系统化和复杂性,用该理论解答显得有些软弱无力。

3. 哲学层面上的需求理论

不同于马兹洛从人的行为动机角度研究需求,马克思主义哲学是从人类的发展动因层面上提出人的需求理论。马克思从哲学高度对人的需求进行了定义,认为"他们的需求即他们的本性"。也就是说,人的需求是人的内在本质体现,它是人从事一切生产活动的原始动因,它的实现是人类得以存在的前提。需求通过社会关系,在现实生活中表现为人的物质利益。物质利益需求是唯物史观的重要研究内容,马克思唯物史观的创立正是从人的基本需求,即物质需求层面上揭示出人类社会的发生和发展的奥妙。人的需求具有无限性,人们为了创造满足自己需求的物品,不断提高社会生产力,生产中产生新的需求,新的需求的提出又进一步促进生产的发展,人的需求更新和社会生产力的发展互为动因。因此,人的需求不断满足的过程就是人类社会不断发展的过程。马克思认为,制约需求的因素有经济条件、政治条件、文化条件和个体条件,并将人的需要划分为生存需要、享受需要和发展需要三大层级,三者密切联系,构成了人性的实质内容。

马克思主义哲学的需求理论,从人类发展动因的高度概括了人的需求的本质和意义,强调了人的需求对社会生产力发展的促进作用。但该理论未将人的需求与社会发展的需求区别开来,且将二者视为互为因果的关系,以致将原本不应属于一个层次的需求混为一个层次。同时,该理论同马斯洛的需求层次理论一样,忽视了社会环境对人需求的影响,只强调需求由人的本性决定,亦属于较为片面的需求决定论。

哲学家马尔库塞在《单向度的人》一书中,将人的需求分为真实需求和虚假需求。他认为,"真实需求"是指人本身存在和发展所必需的那些需求,"只有那些无条件地要求满足的需求,才是生命攸关的需求——即在可达到的物质水平上的衣、食、住。"而除生物需求外,那些"为了特定的社会利益而从外部强加给个人身上的需求,使艰辛、侵略、痛苦和非正义永恒化的需求",都是"虚假需求"。马尔库塞认为,"真实需求"由生物性决定,而"虚假需求"则是由社会制度或生产方式通过各种手段制造出来的,是特殊社会利益强加给个人的需求,并由外部舆论引导使得需求主体自认为需要而实际上并不需要的需求。马尔库塞认为,被资本主义制度不合理利用的技术是造成这种虚假需求的罪魁祸首,因为技术的进步不断制出为实现统治目的和利益的"虚假需求",使个人陷入被物支配和控制的状态,成为商品世界的奴隶,进而使个人需求与社会需求达成一致,促使人们发自内心地认同这个社会,对现存的社会秩序保持维护态度,马尔库塞称之为"一体化"。

与马克思主义哲学相同的是,马尔库塞同样是强调需求的个体主观性,但与马克思强调个人需求与社会需求"一体化"不同,马尔库塞极力排斥这种"一体化"。如果说马克思将人的需求与社会需求过度地混为一体,那么马尔库塞则是过度地割断了人的需求与社会需求之间的联系。他不能全面系统地看待人与社会之间相互依存的关系,同时,否定技术进步所带来的新需求的积极意义,过度强调技术和社会制度对人的需求的异化作用,对人的"真实需求"的定义过于狭隘。

4. 对已有需求理论的总结和反思

综观这三个学科的需求理论不难发现,虽然都存在理论上的缺陷,它们在本学科领域内却都具有一定的合理性和科学性,一直为后人所用。但同时也可以看到,这三个学科的需求理论的适用范围仅限于其学科之内。即使是从哲学角度研究需求问题,马克思和马尔库塞的需求理论研究的视角还是偏于狭隘,不具有普适性。

在系统经济时代,能否有一种具有普适性的、适应系统时代特征的需求理论呢?昝廷全1997年提出了"目前已经或者正在进入系统时代"的基本观点,并提出了经济系统的层次性、资源位理论以及资源位的层级结构理论,为系统需求理论及需求的系统层次理论的形成奠定了理论基础。

三、系统需求理论

人类社会已经进入系统时代,系统时代的特征是具有连通性,小到个人、家庭、企业,大到区域、国家、世界甚至宇宙,都是息息相关的。虽然它们的系统层次不一,但从某种更高的层面上来说,它们都处于一个大的系统当中,所以它们的需求之间也是息息相关的。系统需求理论正是在这样一个时代背景下提出。

在系统经济学中,按照组织水平的不同,我们把经济系统划分为以下八个不同的层次：个人经济系统、家庭经济系统、企业经济系统、产业经济系统、区域经济系统、国家经济系统、全球经济系统和星际经济系统。不同层次的经济系统具有不同的变化规律。不同层次的经济系统在某种意义上都可以作为独立的需求主体，因此，都有相应的需求问题。现代经济学把需求划分为消费需求和投资需求的原因就在此。显然，消费需求对应于个人层次，也是最重要的需求。我们知道，所有的社会生产活动最终都是为了满足人的需求。但是，从经济研究的角度来讲，把个人以上所有经济系统的需求都笼统地归结为投资需求显然不利于研究的深入。我们在本文中也把需求划分为两类：一类是个人需求；另一类是个人层次以上不同经济系统的需求。但是，我们将分别打开"需求黑箱"，并最终寻找统一的需求规律。

1. 个人基本需求定律

本文首先探讨个人需求的决定因素及其所遵从的规律。在经济研究中，我们把人作为一个整体和最基本的组织单元，即不再对人的构成进行解剖。对人的组织结构进行解剖属于生物学范畴。也就是说，个人是经济学研究的起点，个人是所有经济系统的基本单元。

根据著名物理学家薛定谔的观点，人必须"吃进"负熵才能生存。根据诺贝尔奖得主普里高津的耗散结构理论，人体是一个典型的耗散结构。系统为了维持耗散结构，就必须不断地和外界交换物质、能量和信息。在这一点上，普里高津和薛定谔的观点一致，即人体要维持耗散结构就必须从外界"吃进"负熵。下面根据耗散结构理论给出具体的描述，并据此给出需求的内在标准和定量测度方法。

根据热力学第二定律，一个孤立系统的熵一定随时间增大，最后熵达到极大值，系统达到最无序的平衡态。人体为了避免达到最无序的平衡态，必须是一个开放系统，以便从外界"吃进"负熵。人体作为一个开放系统，其熵变 dS 由人内部的熵产生 d_iS 和与外部的熵流 d_eS 两部分构成，即

$$dS = d_iS + d_eS \tag{1}$$

根据热力学第二定律，人内部的熵产生 d_iS 非负，即 $d_iS \geq 0$。然而，对于外部环境与人体之间的熵流没有特定的要求，d_eS 可以大于、等于也可以小于零。在 $d_eS < 0$ 的情况下，只要这个负熵流足够强，就可以抵消人体内部的熵产生 d_iS，使人体总的熵变 dS 不增加甚至减少，从而维持人体有序的耗散结构状态。当然，严格来讲，要维持人体的耗散结构状态，还必须具备许多其他条件，如远离平衡、内部存在非线性相互作用和正反馈等。但是，如前所述，在经济学研究中，我们把人体作为一个整体和基本单元，并不打开人体黑箱。因此，这里我们只考虑人体作为一个整体必须是开放系统这一个条件对于本文的研究就足够了。

我们将式(1)进行变形即可得到为了维持人体耗散结构必须满足的条件。令 $dS = d_iS + d_eS = 0$ 我们得到

$$d_eS = -d_iS \tag{2}$$

此即为了维持人体耗散结构必须"吃进"的负熵流。这里有一个隐含的假设，在人体已经处于耗散结构的情况下，为了维持人体处于这个耗散结构状态，必须"吃进"这么多负熵流。据此我们提出如下个人基本需求定律。

个人基本需求定律：在人体已经处于耗散结构的条件下，我们把绝对值等于内部熵

产生的负熵流称为个人基本需求。

根据个人基本需求定律,个人基本需求的大小等于个人处于耗散结构时的内部熵,因此,其完全取决于个人的内在因素,因而具有某种意义上的客观规定性,任何大于这个数值的需求(负熵流)都是不必要的。这就是个人合理需求的一个内在尺度,相当于一个"极"。

2. 个人需求的层次定律

如前所述,个人为了维持稳定有序的耗散结构,必须不断地从外界"吃进"负熵,这就从根本上要求每个人都必须是一个开放系统。人体作为一个整体的这种开放性是人的系统化和社会化的客观基础。

(1)个人的不同系统化水平:不同层次的自我

个人的成长过程也是一个不断社会化和系统化的过程,由此形成了不同层次的自我。假设用 $Egos_0$ 表示外界没有任何联系的自我,当然这是一种极端情况,相当于心理学中的本我。用 $Egos_n$($n=1,2,\cdots$)表示不同系统化水平的自我,心理学的超我、大我等概念均在此列。不同层次或不同系统化水平的自我之间具有某种递进关系,即

$$(Egos_n \leftrightarrow E_n) \rightarrow Egos_{n+1} \tag{3}$$

式中,E_n 代表与 $Egos_n$ 对应的环境,"$\leftrightarrow$"代表 $Egos_n$ 与 E_n 之间的相互作用,即 $Egos_n$ 与 E_n 之间的系统化。这个"$\leftrightarrow$"的内涵包括 $Egos_n$ 与 E_n 之间相互作用或系统化的方式、方法、途径或中介系统。实际上,我们通常所说的人或自我都是经过社会宏观环境塑造过的,都不是严格意义上的本我,甚至可以说高层次的自我 $Egos_m$ 对低层次的自我 $Egos_n$($m>n$)具有塑造作用,由此可以展开丰富的心理学讨论和研究。

严格来说,这种通过和环境相互作用与系统化产生的不同层次的自我对应于系统广化。类似地,系统深化自然导致自我的内分层。本文以研究需求问题为主,暂不考虑自我的内分层。

(2)个人需求的层次定律

心理学家马兹洛(Mazlos)曾经提出需求的层次理论,把个人的需求分为五个层次:生理需要、安全需要、感情需要、尊重的需要、自我实现的需要。根据上述关于不同层次自我的讨论,马兹洛这里的生理需求基本上对应于本我,这里的安全需要、感情需要、尊重的需要、自我实现的需要都和个人的系统化有关。也就是说,所有这些需求都是个人系统化水平的函数。

在心理学界,一直都存在关于马兹洛需求层次划分的争议,有人认为马兹洛首先把需求划分为五个层次,随后又把需求划分为六个层次。我们认为,马兹洛到底把需求划分为五个层次还是六个层次没有本质区别。因此,关于这个问题的争论从本质上讲没有任何的学术价值。根据前面关于个人的不同系统化水平和不同层次自我的讨论,我们提出如下关于个人需求的层次定律。

个人需求的层次定律:随着个人系统化水平的不同自然导致不同层次的自我,每一层次的自我都有某种特定的需求。用 D_n 表示第 n 层次的自我 $Egos_n$ 所对应的需求,则 $Egos_n$ 和 D_n 之间存在一一对应的关系,有多少层次的自我就有多少层次的需求。

根据上述个人需求的层次定律,马兹洛对于需求研究的贡献不在于提出需求的五个或六个层次,其主要贡献在于首次提出需求的层次性。不难看出,我们这里提出的个人

需求的层次定律自然推广了马兹洛的需求理论，而且将其置于更加扎实的基础之上。我们这里提出的个人需求的层次定律和马兹洛需求理论之间的关系正好符合科学发展的一般规律，即新理论不仅包含旧理论，而且旧理论作为新理论的极限或特款而继续存在。

3. 个人需求的系统定律

在上述个人需求的基本定律和层次定律的基础上，我们进一步提出如下个人需求的系统定律。

个人需求的系统定律：个人需求在系统中产生，也只能在系统中满足。

除了系统化水平为零的本我以外，所有的个人需求都是在与环境系统化的过程中产生的，同时，也只能在相应的系统中才能得到满足和实现。例如，马兹洛提出的被尊重的需求只能在相应的社会环境和组织中实现，无法在纯粹个人的层面上满足。

4. 系统需求定律

1997年昝廷全曾经在《经济学动态》第2期发表了"经济系统的认识和描述：认识相对性原理"一文。文章拓展了认识论关于主体和客体的概念。按照传统的认识论观点，只有人才能作为认识的主体，该文把以人为中心、由此通过和环境的系统化形成的各种经济系统都视作认识主体。本文延续这种观点，把上述关于个人层次的需求定律推广到作为广义认识主体的所有经济系统，进而提出如下系统需求定律。

系统需求定律：对任何经济系统而言，维持其耗散结构所需要输入的负熵流内在地决定了该经济系统的基本需求；因此，其基本需求只能在与其环境的相互联系中才能满足（负熵流本身的含义）。这里，我们把个人视作经济系统的极端情况，即把个人看作组织化水平最低的经济系统。

四、结论性讨论

本文通过对传统需求理论的回顾和反思，提出了系统需求理论。该理论打开了经济学中的"需求黑箱"，其经济学意义不言而喻。特别地，系统需求理论提出了需求的内在决定因素和客观尺度，由此有可能"复活"传统的基数效用理论。另外，系统需求理论有可能起到安顿人们心灵的作用，告诉人们超过维持经济系统（包括个人）耗散结构所需要的负熵流之外的任何需求都是不必要的，由此可以展开系统需求理论在国家治理中的作用和意义的讨论。

参考文献

[1] Andreu Mas-Colell，Michael D.Whinston Jerry R.Green Microeconomic Theory[M]. Oxford University Press，1995.
[2] Paul A.Samuelson，William D.Nordhaus Economics[M]. 2004.
[3] 昝廷全. 经济系统的认识和描述：认识相对性原理[J]. 经济学动态，1997(2).
[4] 昝廷全. 系统经济学探索[M]. 北京：科学出版社，2004.
[5] 昝廷全. 系统经济学史记：1988—2012[M]. 北京：科学出版社，2014.

关于物体运动速度的科学猜想*

摘要：本文提出了关于物体运动速度的一个科学猜想：自然界物体的运动速度覆盖从 0 到 ∞ 的全部数轴。在此基础上，我们进一步提出，超光速世界的物理规律在物体速度趋于光速时以 Einstein 相对论为极限。提出了超光速测量的新思路，即利用系统经济学的层级战略思想，增加超光速测量的维数：至少增加一个变量同时和光速一起测量，或者考虑增加测量仪器的维数。

关键词：速度；超光速；物理规律；超光速测量

A Scientific Conjecture about the Velocity of the Object

Abstract：This paper presents a scientific conjecture about the velocity of the object: the velocity of the object in nature cover the whole axis from 0 to ∞. On this basis, it is proposed that the laws of physics in the superluminal world take Einstein's theory of relativity as the limit when the velocity of the object tends to the speed of light. The new idea about the superluminal measurement is to increase the number of measuring dimensions, using the idea of Hierarchy Strategy in Systems Economics: add at least one variable used to measure with the speed of light simultaneously, or consider adding the number of dimensions of the measuring instruments.

Key words：the velocity；superluminal；the laws of physics；superluminal measurement

一、关于物体运动速度的猜想

我们从数学结构和现实世界的对应关系出发讨论物体的运动速度问题。回顾数学发展的历史，与其他任何一门学科一样，在学科诞生之初，其所研究的问题都是直接来源于现实问题。但当这个学科发展到一定程度之后，为了学科本身的完备性会从学科内部派生出许多新的研究课题，这些问题并不直接来源于现实世界。这种情况在数学中最为明显。虽然这些问题并非直接来源于生产实践，但我倾向于认为，数学家发明的所有数学工具、数学结构、数学空间在现实生活中都会找到可相对应的具体对象(昝廷全，2012)。即使某些结构及相应的处理工具现在一时还没有找到与之对应的现实对象，但是迟早会在现实中找到用武之地。

更何况，数学家本身就是生活在现实世界里的，数学家所能想到的数学结构从某种程度上来说已经受到了他所处的现实世界的影响。这至少为数学理论系统与现实世界系统的模拟提供了一个沟通的渠道，两个系统在逻辑上完全有可能存在某种模拟关系。

我们知道，《易经》是中国古代劳动人民智慧的结晶。《易经》本来是一本占卜的书。后来，儒家赋予它以宇宙和形而上学的意义，并且从宇宙联系到人生、伦理与社会，这一部分内容被称为"易传"附于《易经》之后。"易传"中有句话叫作"《易》与天

---

*作者：昝廷全，原载《中国传媒大学学报(自然科学版)》2014 年第 3 期

地准"。其意思是说，在宇宙之中存在《易经》符号系统的确切对应物(冯友兰，2012)。这种思想可以被解读为数学结构和现实世界之间存在某种对应关系的思想的原胚。

数学家很早以前就发明了从 0 到∞的概念，并且建立了实数与数轴的点之间的一一对应关系。受上述数学结构与现实世界之间对应关系的启发，我们提出如下物体运动速度的猜想，并称为关于物体运动速度的科学猜想。

关于物体运动速度的科学猜想：自然界物体的运动速度覆盖从 0 到∞的全部数轴。

二、超光速世界物理定律的极限

根据上述关于物体运动速度的科学猜想，自然界物体的运动速度可以是 0 到∞的任何一个数值。根据 Einstein 相对论关于物体运动速度的假设，自然界任何物体的运动速度都不可能超过光速(C)，从而，光速获得了一个非常特殊的地位。而且，根据这个假设所推出的相对论结论得到了实践的检验，这就说明，光速确实是所有物体运动速度的一个"极"。但是，若就此断定，自然界物体运动速度不能超过光速，可能还有商榷的余地。况且，物体运动速度到达光速之后戛然而止，好像也不符合美学中的对称原则。昝廷全(2005)曾经提出，科学和艺术是探索真理的两条不同途径。科学途径的特点是可靠；艺术途径的特点是直接。两者各有各的优势。实际上，历史上很多科学发现都是从艺术或者和艺术比较接近的侧面得到启发的。

如果接受上述关于物体运动速度的猜想，接下来的第一个问题就是，超光速世界的物理规律是什么样子？

为了弄清楚这个问题，我们首先要明白科学发展的一般规律：新理论是旧理论的拓展，旧理论是新理论的"极限情况"。在物理学中，这被称为"对应原理"。按照这种思路，我们猜想：超光速世界物理规律在物体速度逼近光速时，应当以 Einstein 的相对论为极限。或者说，Einstein 相对论是超光速世界物理规律在物体速度趋于光速时的极限情况。

这样，我们就得到了一个物理规律依速度的图谱，如图 1 所示。

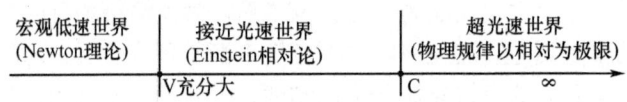

图 1 物理规律依光速的图谱

根据上述图谱，超光速世界物理规律在物体速度接近光速时以 Einstein 相对论为极限；Newton 理论是相对论在宏观低速时的极限。

三、超光速测量的新思路

为了叙述方便，我们把相对论成立的接近光速的世界称为 Einstein 世界。从 Einstein 相对论发表以来，关于超光速的争论一直没有停止。最后，所有的争论和质疑都落在了超光速测量上，关键是要测量到超光速现象。

根据我们的理解，现在所有的测量都是以电磁波为中介。因此，确实不能准确测量到超光速现象。这就像刻度最大只有100的温度计，无论如何都无法准确测出超过100的温度。因此，我们认为，超光速测量必须要有新的思路。

我们提出的超光速测量新思路的基本想法就是遵照系统经济学中层级战略思想（昝廷全，2003）。为了具体起见，我们结合一个例子来说明层级战略的基本思想：如何利用6根火柴棍摆出4个三角形？进行简单的操作将会发现，这个问题在平面上（2维空间）是没有解的。但是，如果在2维空间的基础上加1维，在3维空间中，就可以很容易地摆出4个三角形。一般地讲，许多在低维空间没有解的问题，在高维空间可能就有解了，甚至可以找到最优解。

根据上述层级战略的基本思想，我们可以提出超光速测量的新思路：增加超光速测量的维数（自由度）。这又可以划分两个方面：一是从单独测量速度，转为至少增加一个变量和速度一起测量；二是从测量仪器方面考虑如何升维。

上述这种思路对于解决量子物理学中的"测不准原理"同样有效，至少可以增加一个思维的窗口。

四、讨论与展望

本文提出的观点并没有得到实践的检验，因此，只能称为猜想。但是，确实有文献报道，有人"测到过"超光速。只是因为不能在科学实验的意义上进行重复测量，所以，不能作为支持超光速现象存在的科学证据。我们认为，这种超光速测量之所以不能"重复"，可能是因为他们是在Einstein世界和超光速世界的交叉界面上进行测量的。因此，他们测到的可能是由于超光速世界的"涨落"，即超光速物体的速度偶尔落入光速以下的瞬间的情况。

如果接受本文关于物体运动速度的猜想，可以期望，在超光速世界有着非常丰富的物理现象。这些物理现象遵守既不同于Newton理论，也不同于Einstein相对论的特殊物理规律。我们现在唯一能够预期的就是，超光速世界所遵循的物理规律在物体速度趋于光速时将以Einstein相对论为极限。

参考文献

[1] 冯友兰. 中国哲学史[M]. 上海：华东师范大学出版社，2012.
[2] 昝廷全. 层级战略[J]. 数量经济技术经济研究，2003(4).
[3] 昝廷全. 科学+艺术：探索真理的两条不同途径，《学问之道》[M].北京：北京广播学院出版社，2005.
[4] 昝廷全.数学结构与现实的对应："《易》与天地准"，http://blog.sina.com.cn/zantingquan，2012.
[5] 昝廷全. 系统经济学史记：1985—2012[M].北京：科学出版社，2014.

系统经济学名词解释(I)*

摘要：系统经济学是我们于20世纪80年代提出的一种跨学科新研究，属于系统科学和经济科学的交叉学科。迄今为止，我们已经基本上完成了系统经济学理论体系的哲理框架的构建工作，得到了上百个具有数学形式的新结果，发展了与国际上已有定评的工作具有可比性的7个研究专题：资源位理论、制度边界理论、特征尺度理论、系统产权理论、系统需求理论、基于信息粗交流的博弈模型、经济系统层级过渡理论。为了帮助读者准确快速地了解系统经济学，本文收集了系统经济学的18个基本名词进行集中介绍，它们是：

1) 经济学研究的三个基本层次：哲理、数理与技理
2) 经济学家
3) 系统时代
4) 系统经济学
5) 系统经济
6) 经济系统的形式化定义
7) 经济系统的认知模式
8) 经济系统的认识相对性原理
9) 因果小环境原理
10) 经济系统的价值函数
11) 经济系统的层次性
12) 经济系统的全息性
13) 经济系统的特征时间尺度与特征空间尺度
14) 经济系统的非线性与非平衡
15) 经济系统的机制和自组织
16) 最经济原理
17) 社会福利原理
18) 可持续发展原理

关键词：系统经济学；名词；解释

Term Explanations of Systems Economics (I)

Abstract: Systems Economics is a new study of cross-disciplines which created by us in twentieth Century 80's, it combines system sciences with economic sciences. Thus far, we've basically completed the construction of the philosophical framework of Systems Economics and obtained hundreds of new results with mathematical forms. Seven research topics have been developed which could be comparable with the international recognized works: Resource-niche Theory, Institutional Boundary Theory, Characteristic Scale Theory, System Property-Right Theory, System Demand Theory, Game Models based on Rough Communication, Hierarchical Transition Theory of Economics System. In order to help readers understand Systems Economics quickly and accurately, this paper collected 18 basic terms of Systems Economics to

---

*作者：昝廷全，原载《中国传媒大学学报(自然科学版)》2014年第3期

introduce and explain, including:
1) Three basic levels of economics research: Philosophical, Mathematical, and Technical
2) Economist
3) System Time
4) Systems Economics
5) Systematic Economy
6) A Formal Definition of the Economic System
7) Cognitive Models of the Economic System
8) The Principle of Cognitive Relativity
9) The Principle of Causality Small Environment
10) The Value Function of the Economic System
11) Hierarchy of the Economic System
12) Holographic of Economic Systems
13) Characteristic Time Scale and Characteristic Spatial Scale of the Economic System
14) Nonlinear and non-equilibrium of the System economy
15) Mechanisms and Self-organization of Economic Systems
16) The Most Economical Principle
17) The Principle of Social Welfare
18) The Principle of Sustainable Development.

Keywords: System Economics; terms; explanation

一、经济学研究的三个基本层次：哲理、数理与技理

昝廷全(2001)在系统经济学研究中把所有的经济学研究划分为关于经济系统的哲理、数理与技理三个基本层次的研究。经济学研究的哲理主要是指经济学研究的系统化的世界观，其生命在于创新、普适性、宏观战略性与启迪思维的功能。传统哲学追求普适性，即探讨各种各样的"对所有的 x 而言，满足 $P(x)$"。经济学研究的数理强调模型、定量和确切性，主要追求各种各样的"存在 x，满足 $P(x)$"。我们把经济学的哲理与数理统称为经济理论。经济学研究的技理主要研究经济理论的应用，准确地讲，经济学研究的技理主要研究经济理论的应用方法、技术与具体的应用理法(rationales)。

如果用 P、M、T 分别表示哲理层次、数理层次与技理层次的研究，用 ER 表示经济学研究，则可以把所有的经济学研究"投影"到哲理层次(P)、数理层次(M)、技理层次(T)上，即有

$$ER = P \cup M \cup T$$

为了便于直观理解，我们可以用哲理(P)、数理(M)和技理(T)作为三个坐标轴撑起一个三维笛卡儿坐标系，则任何经济学研究都可以看作是上述三维笛卡儿坐标系中的一个向量，可以表示为

$$ER = ER|_P + ER|_M + ER|_T$$

这里 $ER|_P$、$ER|_M$ 和 $ER|_T$ 分别表示经济学研究 ER 在哲理、数理与技理三个坐标轴上的投影。根据每个经济学家的工作在这三个坐标轴上的投影情况，我们就可以很方便地辨认出每个经济学家属于哪一种类型：是偏重于哲理层次，还是偏重于数理层次，还是偏重于技理层次，或者是跨涉不同层次的"百科全书式"的经济学家。

不仅对整个经济学研究可以划分为三个层次，实际上，对一个具体的经济问题(Q)的经济学研究(ER)也可以划分为哲理、数理与技理三个层次，都可以相对地按照哲理(P)、数理(M)与技理(T)三个层次来展开。

（沈自强　整理）

二、经济学家

根据昝廷全(2001)的系统经济学观点，经济学家，应当在经济学研究的哲理、数理和技理三个层次上，或者至少在其中的某一个层次上具有相对系统的原创性研究。严格来讲，只在其中的某一个层次上具有相对系统的原创性研究只能称得上是经济学专家。可以将这一思想形式化地表示为

$$\text{经济学家} = \text{哲理}(P) \cap \text{数理}(M) \cap \text{技理}(T)$$

$$\text{经济学专家} = \text{哲理}(P) \cup \text{数理}(M) \cup \text{技理}(T)$$

根据这个标准，我们可以很自然地区分出哪些人够得上"经济学家"的称号，哪些人自称或被媒体称为"经济学家"的人其实并不具备经济学家的资格，或者至多算得上是一个"经济学专家"。一般来讲，人们通常把经济学家和经济学专家通称为经济学家。

（沈自强　整理）

三、系统时代

昝廷全于1996年在香港《经济与法律》出版社出版的《系统经济学》（第一卷）的前言中提出人类社会已经进入系统时代的观点，"系统"已经或者正在成为人类的一种基本生存方式和发展途径。人的本质特征之一就是"趋群社会性"，这就从本质上决定着系统是人类生存的一种强化方式。随着现代交通、通信和信息处理技术的发达，小小寰球趋于一村。美国原国务卿基辛格博士曾经指出，世界在经济、信息交流和人类精神方面已经变成相互依赖的了。美国学者Robert O.Keohane和J.S.Nye以更明确和肯定的口吻宣称："我们生活在一个相互依赖的时代"。近年来，随着数字革命和各种网络的普及，有人指出，人类社会已经进入了"网络时代"。我们认为，信息和网络等都是系统的一个要素或一种结构方式，都不能准确地描述现代社会的特征。信息是系统控制的根本，没有信息系统控制就无从谈起。网络是系统的结构特征。因此，我们认为，"系统时代"这个概念更能全面地反映人类社会的时代特征。

中国古典哲理认为：分久必合，合久必分。分析和综合的辩证发展是科学技术发展的一般规律。如果只重视综合而缺乏必要的分析，研究工作就会显得苍白无力；如果只重视分析而不重视综合，研究工作将失去目标，最终也很难深入到较高的层级。系统思想是当代科学综合思潮占主导地位的集中反映。"系统时代"的到来是当代系统思想社会化的必然结果。诺贝尔奖得主普里高津(Prigogine)指出，我们正向着新的综合前进，向着新的自然主义前进。这个新的自然主义将把西方的传统带着对实验的强调和定量的表述，与以自发的自组织世界的观点为中心的中国传统结合起来。

为了准确把握系统时代的特征,我们必须了解系统时代与非系统时代与大工业时代相比具有哪些差异。以下从4个方面进行简要论述。

第一,评价企业价值和企业家能力的标准发生了变化。在大工业时代,评价一个企业的价值高低,主要是看这个企业在所有权意义上拥有多少资产,即主要考察的是它的资源"闭集"。在系统时代,衡量一个企业的价值高低,主要是看它的资源结构是否呈"凹集"状态,更多的是考察它的开放性和与外部的连通性。在大工业时代,"圈地能力"是衡量一个企业家能力高低的主要指标;而在系统时代,企业家整合资源的能力更为重要,更能影响企业的兴衰。广义地讲,在系统时代,对任何组织,包括国家、政党、社团等主要领导人的能力衡量指标都发生了类似的变化,正所谓"系统时代,整合为王",由此决定着企业组织形式、用人制度、竞争观念都将发生变化。"不求所有,但求所用"的用人观念已被广泛接受,合作竞争正在成为一种新的主要竞争方式。

第二,人们的价值观念正在发生变化。系统广化和系统深化是系统化的两个主要方式,这都要求系统必须是开放的。因此,开放性是系统时代的应有之义。也就是说,系统时代的系统都是开放系统。开放系统是不断和外界交换物质、能量和信息的系统。和开放系统对应的有孤立系统和封闭系统。孤立系统不与外界交换任何物质、能量和信息。封闭系统介于开放系统和孤立系统之间。为了表述方便,我们把与开放系统相对应的社会称为开放社会,即系统时代的社会,有时也笼统地用系统时代来指称,同时把与孤立系统和封闭系统相对应的社会称为封建社会。和封建社会相比,系统时代的开放社会更加依赖于和外界的交换关系,并由此决定着系统时代人们价值观念的变化。根据系统科学的研究成果,一个系统或社会一旦封闭,很快便会形成层级结构。因此,在封建社会,下级对上级的忠诚甚至是愚忠被认为是一种美德。而系统时代的本质是交换,交换的前提是平等、互惠和自愿。因此,民主、自由、诚信和契约精神是在系统时代最受推崇的价值观念。通俗地讲,遵守游戏规则应当成为系统时代的基本价值观念,因为只有大家都遵守共同的游戏规则才能使交换的成本最低,才能实现社会福利的最大化。随着系统化水平的不断提高,任何个人在系统发展中的作用都将下降,其决定因素是系统的结构是否合理,制度是否先进。

第三,连通性的作用至关重要。"系统时代,整合为王",要想整合外部资源,前提是必须和外界连通。这里的连通是广义的,只要系统和外界存在交换物质、能量和信息的任何渠道或中介系统,我们就说系统和外界是连通的。按照这种理解,公路、铁路、水路、航空、电网、电话网、电视网、互联网等都可以构成系统和外界的连通渠道。其中,每一个连通渠道的出现都大大改变了人类社会的面貌。特别是互联网的出现,正在使人类社会发生全面深刻的变化。我们认为,对于互联网的巨大影响,人们现在还远远没有认识清楚。但是,有一点是清楚的,那就是连通性在系统时代比在任何时候都更为重要。因此,对互联网怎么重视都不为过,以致有人认为,互联网的出现是区分新经济与旧经济的一个标志。

当然,对连通性的考察除了上述技术层面的问题之外,还有制度层面和经济层面的问题。

第四,从经济学的角度来讲,系统时代的最大特点就是催生了"系统经济"这种新的经济形态。系统经济学就是在这种时代背景的感召下应运而生的一个新的经济学分支。经过 20 多年的认真探索和研究,到目前为止,已经基本上完成了系统经济学哲理框架的构建工作,得到了上百个具有数学形式的新结果,提出了上百个发展系统经济的具体理法,开拓了 7 个与国际上已有定评的工作具有可比性的研究专题。同时,培养了 100 多名系统经济学方向或学位论文与系统经济学直接相关的博士生和硕士生。当然,从学科建设来讲,系统经济学目前还处于草创阶段,还很不成熟,希望得到更多学界同仁的关心、支持、批评与指正,使得这颗学苑新苗能与系统时代一起茁壮成长。

(梁音子 整理)

四、系统经济学

系统经济学(Systems Economics)是我国学者昝廷全于 20 世纪 80 年代提出的一种跨学科的新研究。系统经济学主要研究经济系统的形成和演化规律,及其与人类需求的价值关系。到目前为止,系统经济学已经基本上完成了哲理框架的构建工作,并得到了一批具有数学形式的新结果,形成了与国际上已有定评的工作具有可比性的若干研究专题:层级过渡理论、基于粗交流的博弈论模型、特征尺度理论、系统战略理论(层级战略、临界战略和系统化战略)、资源位理论、系统产权理论,系统需求理论和制度边界理论。

(金蕾蕾 整理)

五、系 统 经 济

昝廷全于 1996 年在香港经济与法律出版社出版的《系统经济学》(第一卷)的前言中提出人类社会已经进入系统时代的观点,系统经济是在系统时代背景下应运而生的一种新的经济形态。

系统经济,我们是指以经济系统方式而进行的经济活动。相对于以非经济系统方式进行的经济活动而言,以经济系统方式进行的经济活动能够产生一定的系统经济效应。系统经济效应,我们是指以经济系统方式而进行的经济活动,更加符合系统经济学的三大基本公理的要求,具体内容包括:

1)广义代价趋于最小可能值(世界最经济原理);
2)社会福利水平趋于最大可能值(社会福利原理);
3)持续发展水平不减(持续发展原理)。

按照系统与环境之间的关系,可以将系统分为三类:孤立系统、封闭系统和开放系统,对于系统经济的分析可以总结为以下两个命题的形式。

命题 1:在封闭系统里,人们崇尚的是等级观念和忠诚;在开放系统里,人们崇尚的是契约精神和游戏规则。

命题 2:在经济系统的系统化水平较低的情况下,经济的发展主要取决于企业领袖和英雄人物的出现;随着经济系统的系统化水平的提高,个人对经济发展的影响和作用逐步下降;在经济系统的系统化水平较高的情况下,经济发展主要取决于经济系统本身是否完整、结构是否合理、制度是否先进。

模块化是系统经济的具体实现形式之一，系统经济是新经济的本质。因此，为了与时俱进地发展新经济，顺利实现经济社会的转型和升级，如何发展系统经济是人们面临的一个重要战略选择。

1）确定目标。任何经济活动都是合目的性和合规律性的统一。一方面，任何经济活动都是为了满足一定的需求，都具有一定的目的和目标；另一方面，任何经济活动都必须符合客观规律。因此，要创建一个经济系统，首先要明白这个经济系统的目标是什么。然后，根据目标反索原理，确定需要什么样的软部和硬部。

2）确定经济元。根据目标反索原理和因果小环境原理确定需要哪些经济元，这些经济元就构成经济系统的硬部。这些经济元也就相当于模块化理论中的模块。必须指出的是，经济元的确定要在系统目标的指导下进行，因此，也是系统性的。

3）建立经济元之间的关系。通过建立经济元之间的关系，使得所有的经济元（模块）相对于系统的目标而言具有整体性。

4）确定管理模式，即系统管理模式。

这是发展系统经济的四个基本步骤，在这基础上还有很多发展空间。例如，可以让硬部不变，软部发生变化；也可以让软部不变，硬部发生变化，以更好地适应市场需求，顺应市场导向；还可以通过软、硬部之间的诱导转化来发展较高层次的系统经济。

（梁音子　整理）

六、经济系统的形式化定义

"经济系统"是系统经济学最为基础的概念，是系统经济学研究的出发点和归宿点。经济系统这一名词目前在经济学术界和理论宣传界得到了广泛的应用。但是，到目前为止还没有形成一个被普遍接受的经济系统的定义。为了便于理论分析，昝廷全在系统经济学的研究中给出了经济系统的一个形式化定义：假设用 S 表示经济系统，则 S 可以形式化地表示为

$$S=(A, B)$$

式中，A 为经济元集合，称为经济系统的硬部；B 为经济元之间的联系与作用，称为经济系统的软部。从本质上讲，经济系统的软部是经济元之间的联系或关系、关系的关系、动态关系、含参量的关系以及关系的高级迭代和多次复合等。它是传统经济结构概念的引申与推广，可以用来描述经济过程与现象，刻画其性质、条件与规律。经济系统的软部对硬部起着某种组织和序化作用。

经济系统的上述形式化定义是一种递归性定义。经济系统的这个递归性定义可以把经济系统概念的外延推得很广，这就使得对经济系统的研究可以兼顾普适性和精确性。

经济系统的软部概念可以合理地概括结构主义经济学中的结构与功能的某些研究。设 S 为某一经济系统，$S_i(i=1, 2, \cdots, m)$ 是 S 的子系统，则 S_i 之间的关系就是 S 的结构。若经济系统 S 与环境系统 E 的子系统有某些联系，S 与 E 的子系统共同构成大系统 S'，则 S' 的软部就是经济系统 S 的功能。简单地说，经济系统 S 的结构就是它的子系

统之间的关系，是经济系统软部的一部分；经济系统 S 的功能，就是经济系统 S 与其环境系统的关系，即经济系统 S 的扩展大系统 S' 的软部。

(金蕾蕾 整理)

七、经济系统的认知模式

昝廷全(1997)在系统经济学中提出了经济系统的六大认知模式，它们分属于以下不同的三种情况。

情况一：经济系统认知模式Ⅰ：以社会化的人作为认知主体。

按照传统认识论的观点，认识主体主要是指社会化的个人。事实上，传统经济学也主要是以社会化的个人作为认识主体来认识和描述经济世界的。目前，所取得的经济学知识大多是以人指向各种经济系统的，各种经济系统是作为不同的认识客体而存在。

由于作为经济系统认识主体的个人是社会化的，由此可以得出两个结论：①人们对经济系统的认识和描述是非个体性的，它是社会相应认识能力和认识水平的反映，同时也受到社会相应认识能力的局限。②由于社会化的人具有社会价值观，因此，对于同一经济系统的观测和认识，不同的认识主体可能得出不同的描述和不同的政策主张。这就使得经济学中必然包含规范研究的成分。从组织水平上讲，人是经济系统的最小经济元。人比所有经济系统的层次都低。因此，以人作为认识主体来观测和描述经济系统只能是间接的，需要一定的中介系统。

情况二：经济系统认知模式Ⅱ：各个层次的经济系统分别作为认知主体。

在系统经济学中，我们把各个层次的经济系统都看作是广义的认识主体。这样，我们就推广了传统认识论关于认识主体的概念。事实上，一个家庭、一个企业、一个区域、一个国家在做出它们的经济决策时都相当于把自己作为一个认识主体，把所有其他的经济系统作为它的认识客体进行观测、描述和预测。

在经济系统的认知模式Ⅱ中包含三种类型的主、客体之间的关系：第一种情况是，作为认识主体的经济系统和作为认识客体的经济系统属于同一层次，称为经济系统的认知模式Ⅲ；第二种情况是，作为认识主体的经济系统和作为认识客体的经济系统属于不同的层次，称为经济系统的认知模式Ⅳ；第三种情况是，作为认识主体的经济系统和作为认识客体的经济系统是同一个经济系统，即经济系统对自身的认识和描述，称为经济系统的认知模式Ⅴ。

情况三：政府作为经济系统的认知主体(经济系统的认知模式Ⅵ)

在系统经济学中，各种以社会化的人所组成的社会集团，包括利益集团都可以被看作是经济系统的认识主体。我们特别指出，系统经济学另一种重要的认识主体就是不同层次的各级政府，称为经济系统的认知模式Ⅵ。事实上正是政府对于各种经济系统的观测和描述决定着一个国家，甚至全球的宏观经济政策。

在经济系统的认知模式Ⅰ中，作为认识主体的个人是游离于作为认识客体的经济世界之外的。也就是说，作为认识主体的个人仅仅是经济世界的"观众"。而经济系统的认识模式Ⅱ～Ⅵ中，作为认识主体的经济系统或政府和作为认识客体的其他经济系统之间存在着各种各样的经济关系，他们共同构成一个更大的经济系统。在这里作为认识主体的经济系统既是经济世界的"观众"，又是经济世界的"演员"。

（金蕾蕾　整理）

八、经济系统的认识相对性原理

根据昝廷全（1997）在系统经济学研究中提出了经济系统的认识相对性原理如下：①各个层次的经济系统既是认识主体也是认识客体；②经济系统的认识既包括同一层次经济系统之间，也包括不同层次经济系统之间的相互认识；③既包括作为认识主体的经济系统指向外部经济世界的认识，也包括指向自身的认识。

根据经济系统的认识相对性原理，经济系统的认识既包括同一层次经济系统之间，也包括不同层次经济系统之间的相互认识。同一层次经济系统之间的认识包括：家庭经济系统对其他家庭经济系统的认识，企业经济系统对其他企业经济系统的认识等，依此类推。如果把经济系统按行业划分，同一层次经济系统之间的认识还包括：一个地区和一个国家的工业经济系统与其他地区和国家的工业经济系统之间的相互认识等。

对同一层次经济系统之间的相互认识来讲，由于它们的特征时空尺度的量级相同，因此，认识活动发生在同一时空尺度中，这种认识可以直接感受为基础。

对于处于不同层次的任何两个经济系统，我们把处于较高层次的经济系统称为宏观经济系统，把处于较低层次的经济系统称为微观经济系统。对三个不同层次的经济系统而言，我们把处于中间层次的经济系统称为中观经济系统。对不同层次的经济系统的相互认识来讲，由于它们之间存在一道无形的屏障，所以它们之间的认识无法像同一层次的经济系统之间的认识那样可以"直接感受"，而只能以"间接感受"为基础。例如，在宏观经济系统作为认识主体、微观经济系统作为认识客体时，由于微观经济系统无法被作为认识主体的宏观经济系统所直接感受，因此，微观经济系统的信息存在一个宏观化的过程。而当微观经济系统的信息转化为宏观现象呈现在宏观经济系统面前时，微观经济世界的原本图景已经发生了变化，而且这种变化的发生正是宏观经济系统的干预所造成的。

在实际中，任何一个层次的经济系统的决策，都涉及认识相对性原理中所有类型的认识问题。除此之外，经济系统还要根据自己的知识、信息、偏好和对未来的预期等进行实际决策。具体的运筹模式就是把自己作为中观经济系统，宏微兼照，中观筹标。例如，全球经济系统是比国家经济系统高一层次的经济系统，也是国家经济系统进行决策的大背景。因此，以国家经济系统作为认识主体，对全球经济系统和与它处于同一层次的其他国家经济系统有一个基本的认识。根据经济系统的层次性特征，国家经济系统是以比它层级低的经济系统为载体的。因此，必须对家庭经济系统、企业经济系统和区域经济系统进行全面正确的认识。这是国家经济系统进行决策的认识论基础。它关系到一个国家宏观经济决策的成败。

（金蕾蕾　整理）

九、因果小环境原理

昝廷全在系统经济学研究中，把按因果关系为近邻的经济环境称为经济系统的因果小环境。

经济系统的因果小环境的运筹意义在于，在宏观粗控下，利用因果小环境有利于经济系统的目标反索、限定评价和问题求解等。这种利用优化经济系统的因果小环境的运筹思想就称为因果小环境原理。在经济系统的因果泛权网络中，有限步的前因和后果就构成它的因果小环境，由前因小环境可以运筹地了解经济系统的潜在内涵及其变化的动力机制，由后果小环境则可以很快地判断和估计经济系统的作用与利弊。

现在，我们给出经济系统的因果小环境原理的一个具体推演模式。设 G 为某经济系统的事件集合，$I=I(G)$ 为 G 中的恒等二元关系，$f\subset G^2$ 为因果元关系，即对于 $(x, y)\in f$，x 为因，y 为果，f 为一组推理规则或广义因果联系。定义

$$r_n(f)=(f\vee I)^{(n)}=I\vee f\vee f^{(2)}\vee\cdots\vee f^{(n)}$$

为 n 步因果算子，这里 I 可以理解为自身到自身，即一步也不推。因此，算子 $r_n(f)$ 的实际意义为：或者一步不推或者推一步或者推二步……或者推 n 步。特别地，$r_1=I\vee f$，表示由 x 推到 y，即一步推理；$r_2=I\vee f\vee f^{(2)}$，表示二步推理。

根据 $r_n(f)$ 的定义，对于经济事件 $x\in G$，$x\circ r_n(f)$ 表示由 x 向后推展的果环境；对于 $y\in G$，$r_n(f)\circ y$，表示向前推展的因环境。同理，有 $r_n(f)\circ x$ 和 $y\circ r_n(f)$ 的相应解释。于是，x 和 y 的因果小环境分别为

$$r_n(f, x)=x\circ r_n(f)\cup r_n(f)\circ x \text{ 和 } r_n(f, y)=y\circ r_n(f)\cup r_n(f)\circ y$$

因果小环境在某种程度上表征经济系统的一种可观测性。因而，有时也称 f 为观测元关系。

在经济系统的分析运筹和观控过程中，可以根据因果小环境原理在"信息海洋"中理出某个 n 步因果小环境，一般只要分析处理或观控不太大的 n 即可达到目的，这就使得有可能以最经济的方式进行经济运筹。

（金蕾蕾 整理）

十、经济系统的价值函数

昝廷全（1998）在系统经济学的研究中定义经济系统的价值函数为

价值函数 f：商品→价值

记 f 为价值函数，D 为商品集合，M 为价值集合，则价值函数可以写为

$$f: D\to M$$

价值函数 f 是一个典型的二元关系，对于每一个商品 $x\in D$，有唯一的价值量 $y\in M$ 与之对应，记为

$$f(D)=\{f(x)\mid x\in D\}\subset M$$

这里 D 即为价值函数 f 的定义域，称为价值函数 f 的"形"，M 为价值函数的值域，称为价值函数 f 的"影"。因此，价值函数就是一种形影关系。

从数学上讲，一般二元关系式多多对应，而函数则是单值对应或多一对应。从经济实践可以知道，商品与价值的关系不可能是多多对应，而只能是单值对应或多一对应。也就是说，一个商品不可能同时对应于多个价值量，但不同的商品有可能对应于同一个价值量。这就从实践上论证了价值函数 f 确实是一个数学意义上的函数。

在实际中，价值函数 $f: D \rightarrow M$ 往往具有一定的参数或权重，记为 W，$W=\{w_1, w_2, \cdots, w_n\}$，这些参数或权重至少包括时间、空间、可替代性等，即

$$W = \{时间，空间，可替代性\cdots\}$$

这样，价值函数 f 就可以写成如下形式：

$$f \subset D \times M \times W$$

为了今后进行数学运算的方便，我们定义复合"。"如下

$$f \circ M = \{x \mid \exists m \in M, (x, m) \in f\} \subset D$$

$$D \circ f = \{m \mid \exists t \in D, (t, m) \in f\} \subset M$$

$f \circ M$ 是知道价值函数之后求出的商品集合，它是对经济系统的一个原本测度。

$D \circ f \subset M$ 是用价值量对经济系统的一种测度。对 $M \circ f$ 的元素进行求和运算可以更清楚地看出这一点，即

$$M' = \sum_{i=1}^{n} m_i, m_i \in M \circ f \, mi, \, mi \in M \circ f$$

对于一个特定的经济系统来说，设 M 为货币，则 M' 即为该经济系统商品的货币总价值，如果该经济系统是一个国家的国民经济系统，则 M' 即为该国家的商品货币总价值。

价值函数完全是一个"经验公式"，它只能通过经济实践用统计方法求得，而不可能通过理论上的推理和分析得到。实际上，正是由于价值函数的"经验公式"性质，决定了它是系统经济学的公式，而不是一般的数学游戏。价值函数的意义就在于为商品交换提供了一个参照标准。在经济系统的"形系统"中，商品的使用价值具有相对性或不可比性，因此，商品交换没有标准。通过价值函数把经济系统从其"形系统"投影到"影系统"，即价值系统中，而在价值系统中就具有了可比性，因此，商品可以按照等价交换的原则进行交换。

（金蕾蕾　整理）

十一、经济系统的层次性

经济系统的层次性是昝廷全(1996)提出的系统经济学的重要概念之一。在经济系统中，根据组织水平的不同可以把它划分为家庭经济系统、企业经济系统、区域经济系统、国家经济系统、全球经济系统五个层次，全球经济系统是经济系统的最大一级组合。

区域经济系统相对于企业经济系统而言处于高一级的层次上。在区域经济系统水平上出现了企业经济系统所没有的新特征，它开始有了空间经济结构，区域经济的整体发展、产业结构、劳动力的质量和分布，资源的丰富贫乏，传统习俗和价值观念，市场容

量的大小等新特征,与之相对应的就是区域经济学,对这些问题的研究就构成了区域经济学的主要内容。它的主要研究方法是经济区划方法和经济区位分析。

国家经济系统是比区域经济系统更高级的经济系统,与之相对应的是国家经济学,即宏观经济学。它的主要特征是政府的经济作用、货币的供给和需求、财政和货币政策、就业水平、通货膨胀、通货收缩、收入分配和社会福利以及持续发展等。对上述这些问题的研究就构成了国家经济学即宏观经济学的主要内容。

全球经济系统是以每个国家为经济元的经济系统,与之相对应的是全球经济学。它主要研究全球经济发展的大趋势,合理而公平的全球经济秩序,国家与国家之间发展经济合作与分工的基本规范,全球经济重心的转移、整个人类的生存与发展等。因此,它与人类学、生态学、环境学、资源学、科学技术、伦理学、社会学、国际关系学和国际政治学等密切相关。

由上面的论述不难看出,每个层次的经济系统都有自己独有的特征和规律。一般来说,高层次经济系统是以低层次经济系统为其载体的。高层次经济系统的功能通过低层次经济系统来体现。低层次经济系统是高层次经济系统的子系统或经济元,高层次经济系统制约和支配着低层次经济系统的状态和行为,也就是说,低层次经济系统的发展和变化是以高层经济系统作为其背景来展开的。高层次经济系统的任何微小变化,都可能引起低层次经济系统的结构性反应。高层次经济系统对低层次经济学系统的这种约束和支配作用对低层次而言就是现代广义的制度。由此可以对制度经济学有新的认识并发现新的突破口。

(沈自强 整理)

十二、经济系统的全息性

昝廷全(1996)提出,与经济系统的层次性相对偶的是它的全息性。经济系统的全息性偏重于各层次经济系统的软部之间的相似性。经济系统的非线性非平衡研究表明,各层次、各类经济系统在一定的条件下都呈现出类似地镶嵌结构,以及同态和同构结构。所有这些都是经济系统全息性的表现。用哲学的语言来讲,层次性强调各经济系统的个性,全息性强调各经济系统的共性。各层次经济系统都与相应的学科相对应,与全息性相对应的是全息经济学。

经济系统的层次性与全息性分别偏重于经济系统的相异性和相似性。前者指根据某个或某些指标可以把经济系统划分为若干层次的经济系统,它们各自具有自己的特点和规律;后者指不同层次的经济系统或者同一经济系统在不同的演化阶段具有某些相似的性质和规律。

(沈自强 整理)

十三、经济系统的特征时间尺度与特征空间尺度

经济系统的特征时间尺度与特征空间尺度是昝廷全(1996)提出的系统经济学的重

要基础概念。中国有句俗话：日久见人心，路遥知马力。我们把能够"见人心"的最短时间跨度叫作特征时间尺度，我们把能够"知马力"的最短空间距离叫作特征空间尺度。一般来讲，我们把经济系统发生"本质变化"的最短时间跨度叫作经济系统的特征时间尺度；类似地，我们把经济系统发生"本质变化"的最短空间距离叫作经济系统的特征空间尺度。经济系统的特征时间尺度与特征空间尺度合称为经济系统的特征时空尺度。从特征时空尺度的定义不难看出，经济系统只有在大于或等于其特征时空尺度的量级上才能发生真正意义上的变化。

经济系统的特征时空尺度是经济系统本身固有的属性。它并不因任何外界环境的变化而变化。根据经济系统的层次性特征，每一个层次的经济系统都有自己的特征时空尺度。关于经济系统的特征时空的测度还有待于进一步研究。但是，一般来讲，高层次经济系统的特征时空尺度大于低层次经济系统的特征时空尺度，宏观经济系统的特征时空尺度大于微观经济系统的特征时空尺度。

经济系统特征时空概念的提出还为经济系统的适度规模研究提供了一条新的思路。诺贝尔经济奖得主科斯从交易费用和管理费用的观点研究了企业的起源和合适规模，特征时空概念有助于理解任何经济系统的起源和规模，我们提出如下观点：任何经济系统的层次和类型决定了其所具有的特征时间尺度和特征空间尺度；只有当它的实际规模等于它的特征时空尺度时才能符合最经济原理，此时效率最高，即取得了规模效益。

从技术创新的角度来讲，任何一项技术创新都需要一定的时间。有些技术创新需要的时间长，有些技术创新需要的时间短。系统经济学认为，经济系统所从事的技术创新项目与它的特征时间尺度有关。一般来讲，技术创新需要时间长的项目主要发生在特征时间长的经济系统，技术创新需要时间短的项目主要发生在特征时间短的经济系统。也就是说，技术创新所需要的时间与经济系统的特征时间具有匹配关系。这一研究拓展了著名的熊彼得关于技术创新主要发生在具有垄断性的大型企业的假设。

（沈自强　整理）

十四、经济系统的非线性与非平衡

经济系统的非线性与非平衡是昝廷全（1996）提出的系统经济学的重要基础性概念。非平衡是相对于平衡而言的，非线性是指经济系统各经济元之间相互作用的数量特征。平衡的概念最早出现于物理学。对于一个孤立的热力学系统，它最终必将达到熵最大的热力学平衡态。这个平衡态具有两个特征：状态变量不随时间变化；系统与环境没有物质和能量的交流。

经济系统的平衡态是指与环境没有任何广义资源交换的定态。因此，在平衡态，经济系统既与环境没有任何交流，状态变量也不随时间发生变化。因此，经济系统的平衡态是一种缺乏效率、没有生机的死结构。实际上，由于相对效率的差异、成本递减和偏好的不同等原因，现实中的经济系统都是与环境不断交换资本、要素、产品和信息的开放系统。从另外一个角度来讲，经济系统与环境之间的广义交流也是对经济系统的一种约束。这种约束使得经济系统偏离平衡态。任何偏离平衡态的状态都称为经济系统的非平衡态。因此，经济系统与环境之间的交换也称为经济系统的非平衡约束。

与经济系统的平衡态相对应的是非平衡定态。经济系统的非平衡定态是指经济系统在有非平衡约束条件下的定态。因此，在非平衡定态，经济系统的状态变量不随时间发生变化，同时，经济系统与环境之间存在着广义资源的交换。

根据经济系统各经济元相互作用的数量特征可以把经济系统划分为线性经济系统和非线性经济系统两类。线性经济系统，是指各经济元的共同作用等于各经济元单独作用的机械叠加。用数学的语言来讲就是满足叠加原理。否则，称为非线性经济系统。

对于线性经济系统，它的每一个特定的相互作用组合，都对应一个且仅对应一个状态。我们可以通过确定经济系统的两个状态在状态空间中画出一条直线。据此，可以追踪经济系统的过去，也可以预测其将来。因此，这类经济系统从本质上讲是十足简单的，其特性类似于经济系统的平衡态。

从机制上分析，在经济系统的平衡态，细致平衡引入了进一步的条件，限制乃至单值地决定了经济系统的状态变量，并且单值性通过连续性扩展到邻近平衡态的区域，即线性非平衡区域。在远离非平衡的定态，由于没有细致平衡条件，经济系统演化方程中的非线性发挥作用，使得演化方程可能具有多重解，从而产生分岔和混沌现象。因此，非平衡展现了隐藏于非线性之中的潜力，而它在平衡态或邻近平衡态(线性非平衡态)时却只保持"潜伏"状态。这一思路为研究激励机制、如何发挥人的潜能和积极性等提供了新的途径。

(沈自强　整理)

十五、经济系统的机制和自组织

经济系统的机制与自组织是昝廷全(1996)提出的系统经济学的重要基础概念。经济系统的机制，是指它的结构与功能之间的关系。经济系统的结构指经济元之间的各种经济关系，即经济系统的软部。经济系统的功能，指经济系统与环境之间的关系。假设有某一经济系统(S)，它的功能就是指S与它的环境(E)之间的关系，也可以看成是S与E构成的扩展经济系统(S')的软部，S'可以表示为$S' = (\{S, E\}, \{S与E之间的关系\})$。则经济系统$S$的功能即为$S'$的软部。

从原则上讲，经济系统的结构是实现某种功能的前提和保证，而功能是经济系统内部结构的外在表现，或者说，经济系统的功能表现于外部关系中。某一特定经济系统的机制，即它的结构与功能之间的关系，取决于特定经济系统的具体情况。通过改变经济系统的结构，达到实现完善功能的目的。中国目前实行的经济改革就是要改变现有的经济结构，以改善中国经济的运行功能。反过来说，一定的功能又有利于建造出新的经济结构。

经济系统机制的最重要表现形式之一就是自组织。经济系统的自组织，是指当发生扰动或涨落时，其自动调节内部结构的能力。经济系统自组织的外在表现就是经济系统的稳定性。知道了经济系统的稳定性自然就知道了它的不稳定性以及发生演化的条件等。

(沈自强　整理)

十六、最经济原理

世界最经济原理是昝廷全(1996)提出的系统经济学的三大基本公理之一，它与社会福利原理和可持续发展原理一起共同构成系统经济学的公理系统。世界最经济原理是指，自然过程和社会过程的广义代价趋于最小可能值。设 M 表示自然过程和社会过程的广义代价，则世界最经济原理可以表述为：$M \rightarrow \mathrm{Min}(M)$，这里广义代价 M 是指所"耗费"的广义资源。请注意这里"耗费"和"完全消耗"的区别。例如，采用粗暴的方式进行矿产资源开发，虽然矿产资源的利用率极低，没有完全利用，但却可能导致无法再对该矿产资源开发利用或者费用昂贵。

为了更加便于表述，我们把自然过程和社会过程统称为世界过程，则世界最经济原理可以表述为

世界过程的广义代价(M)趋于最小可能值，即 $M \rightarrow \mathrm{Min}(M)$

根据经济学诺贝尔奖获得者科斯的研究，人类社会之所以会出现企业主要是为了减少交易费用(transaction cost)。如果把交易费用(T_c)看作是广义代价，即令：$M=T_c$，则根据世界最经济原理 $M \rightarrow \mathrm{Min}(M)$ 可以很自然地推出 $T_c \rightarrow \mathrm{Min}(T_c)$，即经济过程的交易费用($T_c$)趋于尽可能小的数值。因此，从世界最经济原理可以非常自然地得出企业的起源及其原因。显然，交易费用仅仅是经济过程的广义代价的一部分，因此，交易费用理论仅仅是世界最经济原理的一个特例。

世界最经济原理是支配自然过程和社会过程的统一规律。将它应用于经济学或者说它在经济学中的投影或表现形式称为系统经济学的最经济原理，可以表述为：经济过程的广义代价(M)趋于最小可能值，即 $M \rightarrow \mathrm{Min}(M)$。这里，广义代价 M 是指所耗费的广义资源。

(沈自强 整理)

十七、社会福利原理

社会福利原理是昝廷全(1996)提出的系统经济学的三大基本公理之一。它与世界最经济原理和可持续发展原理一起构成整个系统经济学的公理系统。社会福利原理表述如下：社会经济活动应以提高全社会的福利水平为目标，内容包括创造尽可能多的社会财富，按照供求关系的优惠性或按对社会系统的观控权对人群进行分类，制定合理的规范，将财富在不同类型的人群(阶层)之间进行分配，以保证社会福利的不断提高。

从真善美的层次上讲，西方的传统哲理思维倾向于对真的探讨，中国的传统哲理思维偏重于对善的追求。社会福利更多地与善联系在一起，真和美在这里是通过善来表现的。因此，它涉及社会伦理规范、价值观念、评价标准和社会生克关系等，需要进行规范性研究或者与实证性分析结合起来进行研究。

社会福利水平的本质是指社会资源在全社会各需求主体之间的分配规范和分配方式。社会福利的基础是广义的供求关系，包括生理、心理、物质、精神、关系等方面的供求关系。可以具体总结为三大范畴：资源、人口与竞分规范。因此，创造和生产更多

的广义资源，保持合理数量的人口，制定合理的竞争和分配规范，杜绝个别人或部分人具有非分的优惠权是社会福利的基础。

社会是由人组成的，人是世界的缩影。人有三个层次的属性：生物学层次的本能属性，后天条件反射形成的属性，在社会化过程中升华了的属性。相应地，人也应有这几个层次的需求。社会化使"人"在生物本能活动的基础上发展和升华了。而这种社会化的"人"又反过来律定社会，使人和社会都不属于原始的基态，从而使人和社会经历着不断的演化过程。在这里本能也被赋予了新的社会含义而非本能化。各种政策、法律、风俗习惯、伦理道德以致所有制乃至政治制度本质上都是广义供求关系中的广义竞分规范。

总之，社会财富的分配，如果过分优惠了一部分人，或者为了满足个别人或个别阶层的非分需求，而忽视或损害了其他人的正常需求，势必会影响社会的稳定与发展。财富的分配是任何国家和社会都必须认真研究和加以解决的重大问题。

（沈自强　整理）

十八、可持续发展原理

可持续原理是昝廷全(1996)提出的系统经济学的三大基本公理之一。随着冷战的结束，经济竞争正日益成为世界性的主旋律，而可持续发展(sustainable development)更将日益成为人们关注的焦点。为反映这种时代背景，经济学目前正面临着拓展研究范围和发展新研究方法的双重革命。为了在经济理论内核中包容可持续发展的内容，而不只是把生态环境等问题作为经济理论的外在约束，昝廷全(1996)提出统率整个系统经济学的可持续发展原理，它与世界最经济原理和社会福利原理一起构成整个系统经济学的公理系统。

持续发展原理（表述之一）：经济活动和经济过程要以不降低经济系统的可持续发展水平和不损害人类的生存环境为前提。

持续发展原理（表述之二）：社会经济的发展应以不降低持续发展指标(I_s)和耦合度指标(L_o)的数值为前提，并逐步建立和完善资源的配置和利用规范，努力做到定性分析与定量研究相结合，使之具有一定的可操作性。

资源配置包括宏观层次和微观层次两个方面的内容。宏观层次的资源配置是指资源如何分配于不同的经济元，其合理性反映在如何保证社会经济的持续协调发展和如何使每一种资源有效地配置于最有效的使用方面。微观层次的资源配置是指在宏观层次的资源配置为既定的前提下，经济元如何使用这些资源，其合理性反映在如何有效地利用它们，使之发挥尽可能大的作用，同时又不破坏生态环境。

宏观层次的资源配置的合理性可以用持续发展指标(I_s)来衡量；微观层次的资源配置的合理性可以用经济过程与生态过程的耦合度(L_o)来测度。

（沈自强　整理）

参考文献

[1] 昝廷全．系统经济学的对象、内容与意义[J]．经济学动态，1996(10)．
[2] 昝廷全．经济学研究的三个基本层次：哲理、数理与技理——兼论经济学家的标准与分类[J]．数量经济技术经济研究，2001(12)．
[3] 昝廷全.走向系统时代[J].经济学家茶座，2008(4)．
[4] 昝廷全 黄德鸿，系统时代：从"规模经济"走向"系统经济"[J].暨南学报(哲学社会科学)，1998(2)．
[5] 昝廷全．系统经济学研究：经济系统的定义与类型[J].兰州大学学报.1997(1)．
[6] 昝廷全．系统经济:新经济的本质——兼论模块化理论[J].中国工业经济，2003(9)．
[7] 昝廷全．经济系统的泛权场网模型与运筹方法[J].系统工程，1991(5)．
[8] 昝廷全．经济系统的认识和描述：认识相对性原理[J].经济学动态，1997(2)．
[9] 昝廷全．系统经济学研究：价值函数与等价交换原理[J].兰州大学学报.1998(1)．
[10] 昝廷全．系统经济学研究：经济系统的基本特征[J]．经济学动态，1996(11)．
[11] 昝廷全．系统经济学探索[M]．北京：科学出版社，2004．
[12] 昝廷全．系统经济学史记：1988—2012[M]．北京：科学出版社，2014．

系统经济学名词解释(Ⅱ)*

摘要：系统经济学是我们于20世纪80年代提创的一种跨学科新研究，属于系统科学和经济科学的交叉学科。迄今为止，我们已经基本上完成了系统经济学理论体系的哲理框架的构建工作，得到了上百个具有数学形式的新结果，发展了与国际上已有定评的工作具有可比性的7个研究专题：资源位理论、制度边界理论、特征尺度理论、系统产权理论、系统需求理论、基于信息粗交流的博弈模型、经济系统层级过渡理论。为了帮助读者准确快速地了解系统经济学，本文收集了系统经济学的18个基本名词进行集中介绍，它们是：

19) 广义资源与广义资源空间
20) 资源位
21) 资源位理论
22) 资源位第一定律
23) 资源位第二定律
24) 资源位第三定律
25) 资源位的层级结构
26) 不同层次资源位之间的关系
27) 同一层次资源位之间的差异
28) 制度的形式化定义
29) 制度的拓扑学定义
30) 制度设计的必要条件
31) 制度边界
32) 制度设计的基本准则
33) 制度的拓扑模型
34) 产权安排的最低层次原理
35) 特征尺度
36) 可持续性发展的测度

关键词：系统经济学；名词；解释

Term Explanations of Systems Economics(Ⅱ)

Abstract: Systems Economics is a new study of cross-disciplines which created by Tingquan Zan in the twentieth Century 80's, it combines system sciences with economic sciences. Thus far, we've basically completed the construction of the philosophical framework of Systems Economics and obtained hundreds of new results with mathematical forms. Seven research topics have been developed which could be comparable with the international recognized works: Resource-niche Theory, Institutional Boundary Theory, Characteristic Scale Theory, System Property-Right Theory, System Demand Theory, Game Models based on Rough Communication, Hierarchical Transition Theory of Economics System. In order to help readers understand Systems

---

*作者：昝廷全，原载《中国传媒大学学报(自然科学版)》2014年第4期

Economics quickly and accurately, this paper collected 18 basic terms of Systems Economics to introduce and explain, including:

19) Generalized resources and the Space of Generalized resources
20) The concept of Resource-niche
21) Resource-niche Theory
22) The First Law of Resource-niche
23) The Second Law of Resource-niche
24) The Third Law of Resource-niche
25) Hierarchy of Resource-niche
26) The Relationship Between Different Level Resource-niches
27) Differences in Resource-niche at the Same Level
28) A Formal Definition of Institution
29) The Topological Definition of Institution
30) The Necessary Condition of Institutional Design
31) Institutional Boundary
32) The Basic Principles of Institution Design
33) Topological Model of Institution
34) The Principle of the Lowest Level of Property Rights Arrangement
35) Characteristic Scale
36) The Measure of Sustainable Development.

Keywords: System Economics; terms; explanation

十九、广义资源与广义资源空间

广义资源与广义资源空间是昝廷全(1988，2002)提出的系统经济学的基础性概念。

广义资源是自然资源概念的引申与推广，包括自然资源、人力资源、信息资源、科技资源、时间(机会)与空间资源等。从形态上划分，广义资源可以划分为硬资源、软资源两部分，即

广义资源=({硬资源，软资源}，{软、硬资源之间的关系})

这里，硬资源是指客观存在的，在一定的技术、经济和社会条件下能被用来维持生态平衡、从事生产和社会活动并能形成产品和服务的有形物质，还包括不需要加工就可被人类直接利用的客观物质，如空气等。显而易见，自然资源、能源等都属于硬资源的范畴。软资源包括知识资源、科技资源、信息资源等以人类的智能为基础的资源。软资源对硬资源的开发利用具有决定性的作用，这个作用的结果又反馈于整个广义资源系统。从某些方面来讲，硬资源是被动的，软资源是主动的，硬资源的作用需要软资源来"启动"。这也正是正确和全面理解"知识经济"真正内涵的关键所在。

广义资源空间，是以广义资源因子为坐标所撑起的高维抽象空间。在经济学研究中，一般取广义资源空间为 n 维笛卡儿空间。资源是相对于主体而言的，我们把广义资源所对应的主体称为竞分元。根据竞分元这一定义，在不同的情况下，它可以是指参与广义资源竞争分享或配置的个人、家庭、企业、产业、地区、国家甚至整个人类，也可以是植物群落和生态系统等自然界的对象。

(梁音子　整理)

二十、资　源　位

(1) 资源位的概念

资源位是昝廷全(1991)提出的系统经济学的重要概念之一。从投入产出的角度来讲，传统经济学通过效用最大化对经济系统的产出进行了较为详细的研究，而对经济系统的广义资源投入并没有进行深入细致的分析。在传统经济学中，人们是从产出的角度，根据不同的投入和不同的投入水平的产出的差异来研究广义资源投入的，并没有对经济系统的广义资源本身进行认真研究，这是由传统经济学中经济过程的局限性所造成的。在系统经济学中，昝廷全把经济过程从传统的只包含"生产→分配→交换→消费"四个环节的非闭路循环扩展为包括"资源→生产→分配→交换→消费→环境→资源"六个环节的这样一个闭路循环。这样，我们就可以把可持续发展问题内在经济理论的"内核"中，而不是将其作为经济理论的外在约束。著名系统哲学家拉兹洛早在20世纪80年代就曾指出，人类社会目前面临三大问题：一是全球化问题，尤其是金融全球化；二是和平与发展问题，南北半球主要面临发展问题，东西半球主要面临战争与和平问题；三是可持续性发展问题，主要是指人类在地球上生存与发展的可支持性条件。因此，可持续发展是经济学研究所必须面临的一个时代性课题。通过引进资源位概念，我们将经济学与可持续发展建立起联系。

为了论述的方便，我们通常把由多种广义资源因子所撑起的高维空间称为广义资源空间。在系统经济学研究中，一般取广义资源空间为 n 维笛卡儿空间。

现在，我们给出经济系统资源位的一个一般性定义：在广义资源空间中，能够被某经济系统实际和潜在占据、利用或适应的部分，称为该经济系统的资源位。设 $G=\{g_i|i=1,2,\cdots,m\}$ 为不同经济系统的集合，$R=\prod R_i$ 为广义资源空间，即由广义资源因子所撑起的高维空间，经济关系 $f \subset R \times G$，则对于经济系统 g_i 来讲，$f \circ g_i$ 即为它的资源位数学模型。在广义资源空间的其余部分，即不能被该经济系统实际和潜在占据、利用或适应的部分，称为该经济系统的非资源位。

(2) 资源位的分类系统

根据不同的标准，可得到不同的产业资源位分类系统(表1)。

表1　产业资源位分类系统

分类标准		资源位类型
资源种类	类型	劳动资源位
		技术资源位
		信息资源位
		资本资源位
	维数	一维资源位
		二维资源位
		三维资源位
		多维资源位
	数学性质	离散资源位
		连续资源位

续表

分类标准		资源位类型
经济系统	组织水平	个人资源位
		家庭资源位
		企业资源位
		产业资源位
		区域资源位
		国家资源位
		全球资源位
行为		生产资源位
		存在资源位
		发展资源位
竞争者存在与否		基础资源位
		实现资源位
资源的来源		自产资源位
		非自产资源位
资源的功能		优化资源位
		次优化资源位
资源的存在与利用状况		存在资源位
		实际资源位
		α-实际资源位、β-实际资源位
		潜在资源位
		α-潜在资源位、β-潜在资源位
		非存在资源位

根据资源的种类,可以把资源位划分为一维资源位、二维资源维和多维资源位等。每一种资源对应着一种或一维特定的资源位,如与劳动相对应的是劳动资源位;与时间因子相对应的是时间资源位。一维资源形成一种资源构成[图1(a)中的粗线部分];二维资源位是两种资源因子所形成的平面中的一部分[图1(b)];三维资源位是三种资源因子所形成的三维资源空间的一部分[图1(c)];四维或四维以上的资源位是四种或四种以上的资源因子所形成的超空间的一部分,即多维资源位或超体积资源位。

根据资源位的连续性,可以把资源位划分为连续资源位和离散资源位。前者指与连续变化的资源因子(如劳动)相对应的资源位,后者是与离散资源因子(如资源种类等)相对应的资源位。

根据经济系统的层次性,相应地有不同层次的资源位概念:个人资源位、家庭资源位、企业资源位、产业资源位、区域资源位、国家资源位、全球资源位和人类资源位等。其中,产业资源位还可划分为第一产业资源位、第二产业资源位、第三产业资源位。

根据竞争存在与否,资源位可划分为基础资源位(fundamental niche)(竞争前的资源位)和实现资源位(realized niche)(竞争后的资源位),且前者包含后者。

资源位由经济系统自身生产而形成的,叫作自产资源位(self-produced niche)。企业自己的 R&D 中心所开发的新技术即属此类。由其他经济系统产生或自然存在、发生的资源位叫作非自产资源位(non-self-produced niche)。例如,新技术的国际间转移。

按照资源位功能的情况,资源位可划分为优化资源位、次优化资源位、理想资源位等。

根据资源位的存在与非存在形式,以及资源位的实际和潜在被利用状态,可将资源

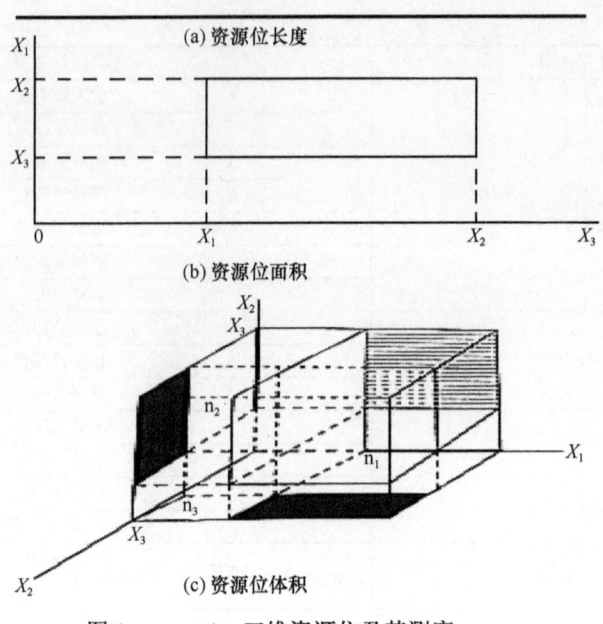

图 1　一、二、三维资源位及其测度

位划分为存在资源位(包括实际资源位和潜在资源位)和非存在资源位。这是产业资源位的核心内容之一。

资源位的存在和被利用是具有时空特征的。对于某一经济系统 X，存在于一定空间(S)和时间(T)内的资源位称为存在资源位。实际资源位是指被经济系统 X 实际利用或占据的存在资源位。存在资源位如果只被经济系统 X 所利用，叫作经济系统 X 的 α-实际资源位。若存在资源位被经济系统 X 同时也被其他经济系统所利用，称为经济系统 X 的 β-实际资源位。在存在资源位中，那些没有被经济系统 X 所利用的部分叫作经济系统 X 的潜在资源位，其中，既没有被经济系统 X 也没有被其他经济系统所利用的，称为经济系统 X 的 α-潜在资源位，没有被经济系统 X 但被其他经济系统所利用的部分，叫作经济系统 X 的 β-潜在资源位。在空间(S)和时间(T)内不存在的资源位，称为经济系统 X 的非存在资源位。资源位的组成及其相互关系可由图 2 来描述。

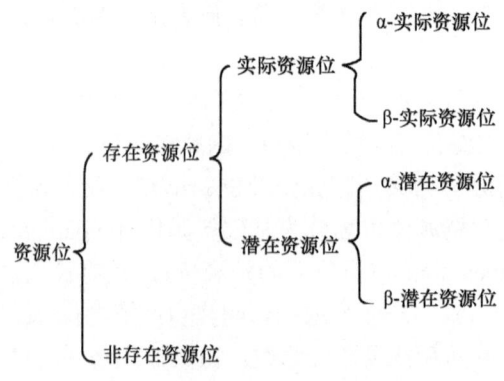

图 2　资源位的组成及相互关系

(梁音子　整理)

二十一、资源位理论

资源位理论是昝廷全在系统经济学研究中发展的重要研究专题之一,其核心思想是"系统时代,整合为王"。其主要内容包括资源位第一定律、资源位第二定律和资源位第三定律。

二十二、资源位第一定律

资源位第一定律是昝廷全(2005)系统经济学研究中资源位理论的重要内容之一,昝廷全(2004)从经济系统资源位拓扑结构的角度,提出了经济系统为了进行资源整合必须把它的资源位结构打造成凹集的观点。经济系统所能整合的最少的外部资源在某种意义上决定了经济系统的发展潜力,值不值得努力去进行资源整合,以及对经济发展可能的贡献大小。经过认真的分析和研究,我们发现,可以用经济系统资源位的闭包的测度定量描述经济系统所能整合的最少外部资源。设经济系统的资源位可以用集合 G 表示,其测度的大小用 $m(G)$ 表示,同时用 $co(G)$ 表示资源位集合 G 的闭包,$co(G)$ 的测度用 $m\{co(G)\}$ 表示,则资源位为集合 G 的经济系统所能整合的最少外部资源的多寡可以用经济系统资源位集合的闭包的测度减去资源位集合的测度来表征。设经济系统所能整合的最少外部资源强度为 g,则有

$$g=m\{co(G)\}-m(G) \tag{1}$$

我们将这个结论称为资源位第一定律。

资源位第一定律的含义就是,资源位集合为 G 的经济系统所能整合的最少外部资源的强度等于经济系统资源位集合闭包的测度减去该经济系统资源位集合的测度。简单的数学分析可以发现,经济系统资源位集合 G 的凸包 $co(G)$ 就是包含这个集合的最小凸集,也就是包含 G 的所有凸集的交集,或者是集合 G 的所有凸组合构成的集合。设 C 是包含 G 的任意凸集,则有

$$co(G) = \bigcap_{C(B) \supset G} C = \left\{ \sum_{i=1}^{m} \lambda_i x_i \Big| x_i \in G, \lambda_i \in [0,1], \sum_{i=1}^{m} \lambda_i = 1 \right\} \tag{2}$$

显然,凸集的凸包等于凸集本身。由此,我们又导出了昝廷全(2004)的结论,经济系统能够整合外部资源的必要条件是它的资源位结构为凹集。在它的资源位拓扑结构已呈凸集的情况下,经济系统所能整合的最少外部资源为零,这是因为凸集的凸包等于凸集本身,根据公式 $g=m\{co(G)\}-m(G)$,g 等于 0。

应用资源位第一定律的关键是如何求得资源位集合的测度。准确地讲,是如何求得资源位集合的勒贝格(Lebesque)测度。求解集合测度的基本思想就是用简单集合的测度去逼近开集和闭集的测度,然后再用开集和闭集的测度去逼近复杂集合的测度,具体做法就是用开集从外部逼近,用闭集从内部逼近,即外缩内涨。具体步骤如下:

(1) 设经济系统的资源位集合 G 为非空开集,且有结构表达式:

$$G = \bigcup_k (\alpha_k, \beta_k) \tag{3}$$

规定 G 的测度为

$$mG = \sum_k (\beta_k, \alpha_k) \tag{4}$$

这里，(α_k, β_k) $(k=1, 2\cdots)$ 为 G 的构成区间。

(2) 设有界闭集 $F \in (a, b)$，则 $G=(a, b)-F$ 为有界开集，规定闭集合的测度为

$$mF = b - a - mG \tag{5}$$

这里 mG 可以根据式(4)求出，因此，式(5)中的 mF 是可以准确计算的。

(3) 设 E 为有界点集，G 为包含 E 的任一开集，F 为含于 E 内的任一闭集，E 的外测度 m^*E 与内测度 m_*E 分别定义为

$$m^*E = \inf_{G \supset E} mG \tag{6}$$

$$m^*E = \inf_{F \supset E} mF \tag{7}$$

(4) 若 E 的外测度等于内测度，即 $m^*E = m_*E$，则称 E 为勒贝格可测集，其测度记为 $m\{E\}$。

稍为细心地观察将会发现，资源位第一定理暗含了这样的假定，我们可以用经济系统资源位集合的测度来描述资源位的高低大小及其对经济发展的作用与贡献。根据测度理论，资源位集合的测度具有两个极限，一个是无穷大，另一个是零。无穷大分为实无穷和潜无穷。随着人们认识世界和改造世界的能力的不断增强，可以有条件地认为经济系统的资源位是潜无穷的。但是，在一定的历史时期内，经济系统的资源位至多是实无穷。人们可以对实无穷进行操作，而潜无穷是一个过程。经济系统资源位测度的另外一个极端就是测度的最小值为零。其实，"零"这个概念可以包含非常丰富的内容，并不像初看上去那么简单。广义地讲，我们可以把所能到达的最小值定义为广义零值。一个集合的测度为零，但这个集合不一定是空集。例如，整个数轴上的有理数有无穷多个，有理数集显然不是空集。但是，全部有理数的测度却为零。这是因为，有理数在整个数轴上的分布是离散的，没有"连成一片"。用系统经济学的观点来说，就是不能形成系统势力。当经济系统的资源位表现为广义资源空间中的"离散点"，或者说是由广义资源空间中的"离散点"构成的集合时，在这种情况下，我们就说经济系统的资源位没有系统势力。在经济系统的资源位的测度大于零时，即经济系统的资源位在广义资源空间中"连成一片"时，我们就说经济系统的资源位具有"系统势力"。

从系统势力的定义可以看出，上述关于系统势力的定义具有非常确切的内涵。从某种意义上讲，系统势力是一个严格的数学化的概念。也就是说，经济系统要想拥有系统势力，其资源位的测度必须大于零，而测度的概念具有非常严格的数学定义。

从本质上讲，系统势力和资源整合的思想在深层意义上是一致的。即使一个经济系统拥有很多离散的资源点，如果这些资源点不能"连成一片"，其也无法拥有系统势力，其对经济系统发展的贡献将是非常有限的。从这个意义上讲，即使不考虑整合外部资源，仅对经济系统自身的资源位的合理利用和配置来讲，资源整合也具有非常重要的意义。这自然也是"系统时代，整合为王"思想的题内之意。根据这种思路，可以把资源整合划分为两种类型：第一种是经济系统自身资源的合理利用，主要表现为自身资源的优化组合；第二种是如何通过把自身的资源位结构打造成凹集来整合不属于自己的外部资源。由此，自然诱导出"系统制胜"的应用理法，这是系统经济学在技理层次的直接应用。

其实，在经济、社会和政治领域，很早就已经潜在地意识到了这种思想，只是没有上升到理论高度。例如，区域经济合作、各种利益集团和政党的形成在深层意义上都可以看作是"系统制胜"思想的直接应用。

(梁音子　整理)

二十三、资源位第二定律

资源位第二定律是昝廷全(2005)在系统经济学研究中提出的资源位理论的重要内容之一，资源位第一定律描述的是经济系统仅仅依靠自身的资源位拓扑结构最少所能整合的外部资源的多少，现在，我们进一步要问，在经济系统资源位拓扑结构已呈凸集的情况下，还能不能整合外部资源？或者说，可以通过什么样的途径去整合外部资源？这正是资源位第二定律所要回答的问题。

需要指出的是，在经济系统资源位拓扑结构已呈凸集的情况下当然可能继续整合外部资源，只是整合外部资源的途径和仅仅依靠自身资源位拓扑结构进行资源整合的机制有所不同而已。也就是说，资源位第一定律指出了经济系统整合外部资源的可能下限，但并没有说明上限是多少。实际上，用动态的观点看，经济系统在长期内所能整合的外部资源为无穷大。也就是说，经济系统所能整合的外部资源为开集。但在一定的时期内，经济系统所能整合的外部资源又是一定的，所能整合的外部资源集合为闭集。从哲理层次上讲，开集具有想象空间，闭集没有想象空间。可以用生活中的一个例子来说明开集和闭集的区别。关于旅游，我们经常听说的一句话就是：看景不如听景。听景是开集，在你没有亲自到过景点之前，仅凭听景，你可以对景点有任何美好的想象。但是，一旦你亲自到了景点之后，你对景点就不存在任何的想象空间了，它的漂亮程度就是你所看到的真实水平，此时的景点就从听景时的开集变成了看景的闭集，关于景点所拥有的任何想象空间都不复存在了。还有，我们大家都有这样的体会，看小说比看电视更有想象空间，其中的道理也是如此。

虽然从理论上讲，经济系统在长期内所能整合的外部资源可以是无穷大，但是在它的资源位拓扑结构已呈凸集的情况下应当采取什么途径去整合外部资源呢？或者说，此时其整合外部资源的可能途径是什么？对于一个企业来讲，其内部潜力挖掘到极限之后它会怎么办呢？它显然会转向外部寻找，最容易整合的资源就是属于它的闭包内的资源，然后就要想办法整合属于闭包之外的资源。对于一个朋友圈也是如此，如果朋友圈内部资源相互取长补短、优势互补达到极限之后，再想发展也只能转向该朋友圈外部寻找，必须结识该朋友圈外部的新朋友。有时，结识一位关键性的新朋友可能带来一个全新的发展空间，特别是当他结识的新朋友属于原来朋友圈的闭包之外的朋友时情况更是如此。

将上述思想进行扬弃，利用拓扑学工具给出一个严格的数学描述，我们称其为资源位第二定律，具体表述为：在经济系统资源位集合的拓扑结构已呈凸集的情况下，可以通过引进资源位集合外部的某一"资源点"的途径来整合外部资源；该资源点和经济系统自身的资源位凸集构成一个凸锥，此时经济系统整合的外部资源的强度等于该凸锥的测度减去经济系统自身资源位凸集的测度。如图 3 所示。

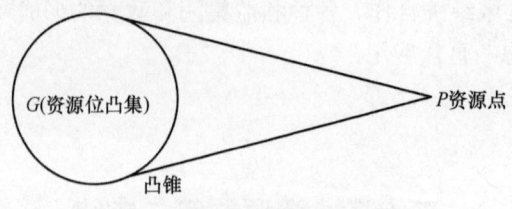

图 3　资源位第二定律示意图

设经济系统的资源位凸集为 G，它和外部资源点 P 形成的凸锥为 D，mG 和 mD 分别表示集合 G 和 D 的测度，则在资源位第二定律的条件下，经济系统所能整合的外部资源强度 g 为：$g=mD-mG$。资源位第二定律成立的必要条件就是，经济系统资源位凸集和外部资源点形成的凸锥内部的资源点之间要满足传递性。这里，我们简单说明一下传递性的概念。例如，如果可以从甲大于乙，乙大于丙，推导出甲大于丙，我们就说"大于"关系具有传递性。又如，朋友关系一般不具有传递性，如果甲是乙的朋友，同时，乙是丙的朋友，但这并不能保证甲是丙的朋友。从数学上讲，传递性隐含了某种序关系。如果不同的资源点之间存在一定的序关系，我们就可以采取抽子列的方法按照序关系抽取资源点的链，进而考虑这种资源链的测度，用资源链的测度减去采用传统经济学方法比较容易测量的硬资源的测度就可以得到软资源(包括系统资源)的测度。

用拓扑学的语言来讲就是，资源位第二定律要求整合外部资源所形成的凸锥至少要是 T_1 空间(T_1 空间包括 T_0 空间)。假设 x, y 是属于该凸锥的任何两个不同的资源点，如果该凸锥是 T_0 空间，则存在 x 的邻域不含 y 或者存在 y 的邻域不包含 x；如果该凸锥是 T_1 空间，则存在 x 的邻域不含 y，同时存在 y 的邻域不包含 x。但是，两个不同资源点的邻域是相交的，或者说，该凸锥中的开集是相交的，你包含我的邻域，我包含你的邻域。这刚好和资源整合机理相一致。

（梁音子　整理）

二十四、资源位第三定律

资源位第三定律是昝廷全（2013）在系统经济学研究中提出的资源位理论的重要内容之一，主要从连通性角度对经济现象进行重新思考。互联网只是一个具体形态，而连通性更为一般化，更加重要。互联网时代的到来，使得人们对连通性更加关注。互联网不仅有利于知识、信息传播和资源整合，更提高了整个社会的资源位水平。互联网的本质问题是连通性。昝廷全(2006)提出，信息传播渠道就是一种数学映射。根据这种观点，我们把沟通理解为拓扑连通性。将这种观点与资源整合结合起来，我们提出资源整合的拓扑学定律，即连通性是资源整合的必要条件。我们把连通性对经济发展的重要性总结成资源位第三定律，也称为资源整合的拓扑学定律。

资源位第三定律(资源整合的拓扑学定律):不同资源点之间存在拓扑连通性是资源整合的必要条件。

什么叫作连通？两个经济系统之间存在物质、能量、信息的交换，就称这两个经济系统是连通的，或说这两个经济系统之间存在连通渠道。渠道是指传递物质、能量、信息的一切中介系统。铁路运输、航空运输、公路运输都属于广义连通范围。互联网能够提供更加广泛的连通，当然应当成为重要的国家基础设施。

根据资源位第三定律，可以对互联网的功能有新的理解。互联网的一个重要作用就是增强世界的连通性。用系统经济学的语言来说，就是互联网促进了系统广化和系统深化。系统广化是指互联网把全球各地联系了起来；系统深化是指互联网把每一个上网的个人"深入的"联系了起来。互联网的这种连通功能之强大是空前的。因此，互联网的资源整合功能也是空前的。也许这才是人们把互联网的出现作为新经济的起点的真正原因。

以互联网为例，假设互联网节点集合为 V，x_v 为 V 上的特征函数，则 x_v 在 V 上的积分 $\int x_v \mathrm{d}v = \sum_{v \in V} m(\{v\})$，作为互联网整合资源的定量描述，这里 $m(\{v\})$ 为节点 V 的资源强度的测度。当 $m(\{v\})$ 具有可加性时，$\int x_v \mathrm{d}v = m(V)$；当 $m(\{v\})$ 不具有可加性时，$\int x_v \mathrm{d}v = \sum_{v \in V} m(\{v\}) = m(V)$，或者更准确地说，在不连通的情况下，$\int x_v \mathrm{d}v = \sum_{v \in V} m(\{v\}) = N \square m(V)$ 在完全连通的情况下，$\int x_v \mathrm{d}v = \sum_{v \in V} m(\{v\}) = N \square m(v)$，这里 N 为互联网节点数。现实情况结论是：$m(V) \leqslant \int x_v \mathrm{d}v \leqslant N \cdot m(V)$，$N \cdot m(V) - m(V)$，这个差值就是由于连通性导致的系统效应。实际上，还会有知识融合效应，知识融合还会导致知识创新，导致实际值比这个更大。

（梁音子　整理）

二十五、资源位的层级结构

众所周知，资源是相对于主体而言的。根据定义，资源位所对应的主体就是经济系统。根据系统经济学的研究成果（昝廷全，1995），经济系统具有层次性，按照组织水平的不同,可以把经济系统划分为个人（最基本的经济元）、家庭经济系统、企业经济系统、产业经济系统、区域经济系统、国家经济系统和全球经济系统等。于是，我们自然得出资源位的层级结构：个

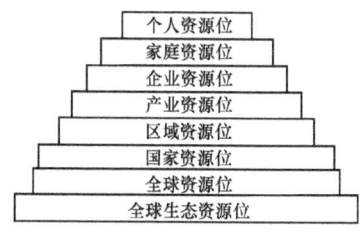

图4　资源位层级结构示意图

人资源位、家庭资源位、企业资源位、产业资源位、区域资源位、国家资源位和全球资源位，甚至还可得出支撑人类在地球上长期可居住的全球生态资源位等。为了简明易见，可以将资源位的层级结构表示如图4的形式。

（1）个人资源位

个人资源位是指，在广义资源空间中，个人所能实际和潜在利用、占据或适应的部分。一个人资源位的高低与国家、地区、企业、家庭、技术进步、制度创新以及他所处的社会地位、声望（信誉）和所掌握的权力大小等因素有关，或者说，个人资源位是国家、

地区、企业、家庭、技术、制度、地位、声望、信誉、权力等的函数，即

个人资源位=$f_{个人}$（国家、地区、企业、家庭、技术、制度、地位、声望、信誉、权力……）

(2) 家庭资源位

根据美国经济学家、经济学诺贝尔奖获得者贝克的观点，家庭也是经济分析的独立单元，家庭层次也有其独特的经济问题。从本质上讲，也就是说每个家庭也都有资源位的问题。家庭资源位是指家庭作为一个独立的经济系统所能实际和潜在利用、占据或适应的广义资源。

家庭资源位是其所处的国家、地区、企业、社会阶层、信誉和形象等的函数，即

家庭资源位=$f_{家庭}$（国家、地区、企业、社会阶层、信誉、形象……）

(3) 企业资源位

企业资源位是指，在广义资源空间中，企业作为一个经济系统能够实际和潜在利用、占据和适应的广义资源。

企业资源位是国家、地区、管理水平、各种能力，制度环境等因素的函数，即

企业资源位=$f_{企业}$（国家、地区、管理水平、各种能力、制度环境……）

(4) 区域和国家资源位

区域资源位首先取决于它所在的国家，这是区域资源位的宏观背景。可以形式化地表示如下：

区域资源位=$f_{区域}$（国家、自然禀赋、制度安排、制度创新……）

国家资源位是指一个国家能够实际和潜在利用、占据或适应的广义资源。国家资源位是自然禀赋、技术创新、国际分工、改革开放等因素的函数，即

国家资源位=$f_{国家}$（自然禀赋、技术创新、国际分工、改革开放……）

(5) 全球资源位

全球资源位是指全球经济系统作为一个整体所能实际和潜在利用、占据或适应的各种资源的总和。因此，全球资源位又称为人类资源位。它首先取决于全球的自然禀赋；其次取决于整个人类所拥有的科技知识总量及其在全球的分布；同时还与全球经济系统的制度创新和制度安排有关。

从本质上讲，全球资源位水平的高低从客观上决定了全球经济发展的水平，全球资源位的变化决定着人类经济社会的可持续发展能力。自然界支持人类在地球上长期可居住的各种自然因子和条件都属于全球资源位的范畴。因此，全球资源位与人类生态学、资源经济学和生态经济学研究密切相关。利用资源位可以更好地表述系统经济学三大基本公理之一的可持续发展原理（昝廷全，1997）。

综上所述，全球资源位是自然禀赋、科技资源总量、科技资源分布、制度创新、制度安排等的函数，即

全球资源位=$f_{全球}$（自然禀赋、科技资源总量、科技资源分布、制度安排、制度创新……）

(梁音子 整理)

二十六、不同层次资源位之间的关系

根据系统经济学的研究成果(昝廷全,1995),按照组织水平的不同,可以把经济系统划分为个人经济系统、家庭经济系统、企业经济系统、产业经济系统、区域经济系统、国家经济系统和全球经济系统等。其中,个人经济系统是最基本的经济元,全球经济系统是迄今为止最大一级的经济系统组合。从不同层次经济系统的相互关系上来讲,低层次经济系统的形成、发展和演化要以高层次经济系统为背景和框架来展开。换句话说,高层次经济系统对低层次经济系统施加一定的约束和观控作用,或者说提供了一个基本的制度环境。反过来讲,高层次经济系统又以低层次经济系统为载体,高层次经济系统的许多行为要靠低层次经济系统来体现。

根据不同层次经济系统之间的相互关系,我们自然可以得出不同层次资源位之间的相互关系:

$$f_{个人} = F_1(f_{家庭}、f_{企业}、f_{区域}、f_{国家}、f_{全球}) \tag{8}$$

$$f_{家庭} = F_2(f_{企业}、f_{区域}、f_{国家}、f_{全球}) \tag{9}$$

$$f_{企业} = F_3(f_{区域}、f_{国家}、f_{全球}) \tag{10}$$

$$f_{区域} = F_4(f_{国家}、f_{全球}) \tag{11}$$

$$f_{国家} = F_5(f_{全球}) \tag{12}$$

从式(8)不难解释本文开头所提出的问题。个人资源位($f_{个人}$)不仅与个人情况有关,还与他所在的家庭、企业(单位)、地区和国家有关。因此,即使是同样一个人,由于他所处的国家、行业或单位(大学)的变化,其个人资源位都将发生变化,因此,其所能创造的财富和个人收入也将发生相应的变化。

(梁音子 整理)

二十七、同一层次资源位之间的差异

同一层次,不同经济系统的资源位差异等于自身因素差异加上所有高层次资源位差异的总和,即

$$\Delta f_{个人} = O_{个人} + \Delta f_{家庭} + \Delta f_{企业} + \Delta f_{区域} + \Delta f_{国家} \tag{13}$$

$$\Delta f_{家庭} = O_{家庭} + \Delta f_{企业} + \Delta f_{区域} + \Delta f_{国家} \tag{14}$$

$$\Delta f_{企业} = O_{企业} + \Delta f_{区域} + \Delta f_{国家} \tag{15}$$

$$\Delta f_{区域} = O_{区域} + \Delta f_{国家} \tag{16}$$

式中,$\Delta f_{个人}$、$\Delta f_{家庭}$、$\Delta f_{企业}$、$\Delta f_{区域}$和$\Delta f_{国家}$分别表示不同个人、不同家庭、不同企业、不同区域和不同国家之间的资源位差异;$O_{个人}$、$O_{家庭}$、$O_{企业}$、$O_{区域}$分别表示由于个人、家庭、企业、区域等自身因素所造成的资源位差异。

由式(13)~式(16)不难看出,即使不计自身因素差异,由于出身于不同的家庭、供职于不同的单位或国家都会导致个人资源位的差异。对于不同的企业来讲也是如此,即使两个企业的自身因素完全相同,如果这两个企业位于不同的区域和国家,则它们的企

业资源位也可能差异极大。这主要取决于不同区域和不同国家的资源位差异。

(梁音子　整理)

二十八、制度的形式化定义

到目前为止，经济学家还没有形成对制度概念公认一致的定义。一些比较有影响的定义如下。

道格拉斯·诺斯(Doglass C.North，1990)的定义：制度是一个社会中的游戏规则，或者更正式的说，制度是人类设计出来调节人类相互关系的一些约束条件。

舒尔兹(Schultz，1968)的定义：制度是一组行为规则的集合，这些行为规则与社会、政治及经济活动有关，支配和制约社会各阶层的行为。

康芒斯(Commons，1981)的定义：制度是集体行为对个体行为的控制。

昝廷全(1996，1997，2001)根据系统经济学的研究，提出了制度的一个一般性定义：制度，是指经济系统对其经济元及其子系统的各种约束和影响，以及这些不同的约束和影响之间的关系所构成的有机整体，可以形式化地表示为

制度=({经济系统对其经济元及其子系统的约束和影响}，{不同的约束和影响之间的关系})

在制度的这个定义中，制度本身是一个系统。它由两部分构成：一部分是经济系统对其经济元及其子系统的约束和影响，称为制度要素集合；另一部分是这些制度要素之间的关系构成的集合。通常，我们把各种制度要素构成的集合称为制度的硬部，而把不同要素之间的关系构成的集合称为制度的软部，则制度可形式化地表示为

制度=({制度要素}，{不同制度要素之间的关系})=(硬部，软部)

通过简单的对比分析不难看出，基于系统经济学给出的制度定义涵盖了上述所有关于制度的定义。诺斯的"制度是人类设计出调节人类相互关系的一些约束条件"的观点，舒尔兹的"制度是一组行为规则的集合"的观点，其核心内容都是强调制度是一些对人类行为的约束条件，但比较笼统，没有层次性，不便于深入研究和细化，同时更没有明确把这些不同的约束条件和规则之间的关系作为制度的一个重要内容来研究，康芒斯的"制度是集体兴起对个体行为的控制"的观点，比较接近我们的定义。集体和个体相比，集体就相当于一个经济系统，个体就相当于经济系统的经济元和子系统。因此，康芒斯的定义属于我们定义的前一部分。

总结起来，根据昝廷全的相关研究，制度可以形式化地表示为

制度=({经济系统对其经济元及其子系统的约束和影响}，{不同的约束和影响之间的关系})

=({制度要素}；{不同制度要素之间的关系})=(硬部，软部)

(周新超　整理)

二十九、制度的拓扑学定义

根据昝廷全在系统经济学中的研究,制度研究应当包括哲理、数理和技理三个层次,即制度研究的哲学基础和定性分析框架、数学模型和定量研究、制度的应用研究和制度设计。根据关于制度的哲理层次的讨论,制度的功能在于区分出行为的可行集和不可行集。根据这种思路,我们提出制度描述的一个数学模型,给出了制度的拓扑学定义。

设 X 为行为集的全集,其意思是指全部可能行为所构成的集合,或称为行为的可能性空间,可以用二维平面中的一个矩形来示意,如图5所示。则制度可以用 X 中的一条封闭曲线(Γ)来描述,如图6所示。封闭曲线(Γ)的内部(记为 X_I)表示制度所允许的行为集,封闭曲线(Γ)的外部(X_{II})表示制度所禁止的行为集,则有

$$X = X_I \cup X_{II} \tag{17}$$

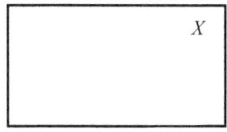
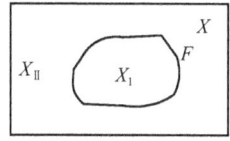

图5 经济系统行为集示意图　　　图6 制度的数学描述

上述构建出制度描述的一个数学模型,基于制度的作用在于区分行为的可行集与不可行集,给出了制度的拓扑学定义:制度是行为集中的一条封闭曲线。

(周新超　整理)

三十、制度设计的必要条件

制度设计的必要条件是昝廷全通过系统经济学的研究所提出,根据关于制度的哲理层次的讨论,制度的功能在于区分出行为的可行集和不可行集。根据这种思路,我们提出制度描述的一个数学模型。设 X 为行为集的全集,其意思是指全部可能行为所构成的集合,或称为行为的可能性空间,可以用二维平面中的一个矩形来示意,如图5所示。则制度可以用 X 中的一条封闭曲线(Γ)来描述,如图6所示。封闭曲线(Γ)的内部(记为 X_I)表示制度所允许的行为集,封闭曲线(Γ)的外部(X_{II})表示制度所禁止的行为集,则有

$$X = X_I \cup X_{II} \tag{18}$$

上述制度数学描述的核心是曲线 Γ 一定要是封闭曲线,一定要能清晰地区分出制度的内部(X_I)和外部(X_{II}),我们把这一结论称为制度设计的必要条件。

命题1:制度设计的必要条件为制度应当能够在行为集(X)中区分出可行集(X_I)和不可行集(X_{II})。

上述命题是制度数学描述的一种定性解释,如果图6中(Γ)曲线不封闭,X_I 和 X_{II} 连通,则人们无法区分出哪些行为是允许的,哪些行为是不允许的,则这种制度很难在现实中有效地实施。这也从反面说明了描述制度的曲线一定是封闭的。

(周新超　整理)

三十一、制 度 边 界

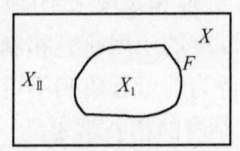

图7 制度的拓扑字学定义

制度边界是昝廷全通过系统经济学的研究所提出的概念。根据制度设计的必要条件，制度应当能够在行为集(X)中区分出可行集(X_I)和不可行集(X_{II})，如图7所示。

在图7中，X为行为集的全集，其意思是指全部可能行为所构成的集合，或称为行为的可能性空间，封闭曲线(Γ)的内部(记为 X_I) 表示制度所允许的行为集，封闭曲线(Γ)的外部(X_{II})表示制度所禁止的行为集，有

$$X = X_I \cup X_{II} \tag{19}$$

但是在现实中，式(19)一般不成立，而是满足公式(20)：

$$X_I \cup X_{II} \subset X \tag{20}$$

因此便把：

$$B = X - X_I \cup X_{II} \tag{21}$$

称为制度边界，如图8所示。

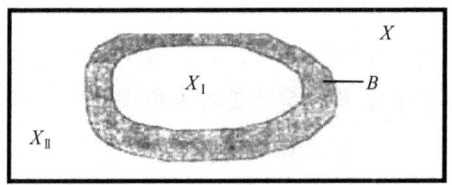

图8 制度边界示意图

则有

$$X = X_I \cup X_{II} \cup B \tag{22}$$

当制度边界B为空集时，式(19)成立。

在制度边界B上或者B内所包含的行为集兼有制度内部X_I和制度外部X_{II}的品格，可以被认为既是可行集，也是不可行集。这也正是制度边界的真正涵义。数学上可以证明，在一般条件下，制度边界B均为非空集，也就是说，任何制度都存在制度边界。

以对待制度边界的态度为标准，可以把经济系统分为保守型和积极型两种经济类型。保守型经济系统的行为集等于制度的内部 X_I，即：$X_{保守}=X_I$，也就是说，制度允许什么就做什么。积极型经济系统的行为集等于制度的内部X_I加上制度边界B，即：$X_{积极}=X_I\cup B$，也就是说，积极型经济系统的行为集是在所有可能的行为集X中除去制度禁止的那部分行为集(X_{II})之后全部的行为集集合。

(周新超　整理)

三十二、制度设计的基本准则

制度设计的基本准则是昝廷全通过系统经济学的研究所提出的制度设计和制度安

排应满足的原则。根据制度的一般定义，昝廷全建立了制度描述的一个数学模型，即制度可以用行为集中的一条封闭曲线来描述，在此基础上，论述了制度边界的存在及其数学描述，并且根据对待制度边界的态度，将经济系统划分为积极型和保守型两种经济类型。

在图8中，X 为行为集的全集，其意思是指全部可能行为所构成的集合，或称为行为的可能性空间，封闭曲线的内部（记为 X_I）表示制度所允许的行为集，封闭曲线的外部（X_{II}）表示制度所禁止的行为集，B 为制度边界。则有如下命题。

命题 2（制度设计的必要条件）：制度应当能够在行为集（X）中区分出可行集（X_I）和不可行集（X_{II}）。

命题 3（积极型和保守型经济系统的划分标准）：划分积极型和保守型经济系统的标准在于是否利用制度边界。保守型经济系统的行为集公式为 $X_{保守}=X_I$，积极型经济系统的行为集公式为 $X_{积极}=X_I \cup B$。

通过以上研究和探讨，昝廷全提出了制度设计的基本准则，即

命题 4（制度设计的基本原则）：制度设计和制度安排应当满足以下两条基本准则：

1）制度应当在行为集 X 中明确区分出制度内部和制度外部，即区分出可行集和不可行集。

2）制度设计和制度安排应当尽量减小制度边界 B，使之趋于空集。

（周新超　整理）

三十三、制度的拓扑模型

昝廷全通过对系统经济学的研究，构建出制度描述的数学模型，从拓扑学的角度对制度作了解释，并进一步构建出制度的拓扑学模型。

制度的本质是对行为的约束和观控。为了建立制度的拓扑模型，首先必须从哲理层次上理清楚基本思路，在此基础上才有可能建立其有价值的数学模型。根据制度是行为空间中封闭曲线的思想，我们首先要对行为空间进行认真的分析和研究。行为空间，就是经济主体各种可能的行为共同构成的抽象数学空间。行为空间中的每一个点就代表一种可能的行为。各种经济主体的具体行为不计其数，从制度设计的角度来看，人们不可能针对每个具体的行为都设计出一种具体的制度，只能把每一类行为作为制度设计的基本对象单元。从数学上讲，与制度设计所对应的空间不是引入拓扑结构的欧几里得空间 R^n，解决问题的关键是要对欧氏拓扑空间进行转化，即必须从 R^n 上的常用拓扑空间转向它的准商拓扑空间。而 R^n 的常用拓扑空间到 R^n 上的准商空间带来了行为从无限到有限的转化、从微观到宏观的转化、从不可操作到可操作的转化。最终表现为从形系统到影系统的转化，这里形系统表示现实存在的所有行为，影系统表示划分出来的行为商空间，即

行为商空间$=(B/d(f, \theta, D), f \subset (B/d(f, \theta, D)))^2$

这里 B 表示现实存在的各种具体行为构成的空间，$B/d(f, \theta, D)$ 表示用分类相对性准则 (f, θ, D) 进行商化所得到的行为商系统，$B/d(f, \theta, D)=\{B_1, B_2, \cdots\}$，$B_1, B_2, \cdots$ 表示不同类型的行为，f' 表示不同类型行为之间的关系。实际上，这个形式化表示也

显示出了原型行为空间与模型行为空间之间的关系,这种关系又称为形影关系。

制度可以用行为空间中的一条封闭曲线来表示,我们也将该曲线称为制度曲线。

将行为空间商化之后可以将其用栅格空间来描述,因此,我们可以用栅格空间中的封闭曲线来描述制度,如图 9 所示。

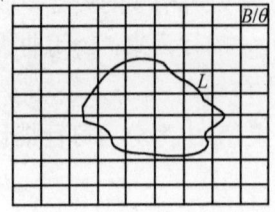 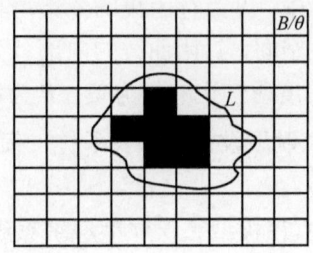

图 9　用栅格空间 B/θ 中的封闭曲线描述制度　　图 10　制度内部(制度内近似):Institutionin$(\theta)L=L\cdot\theta$

制度曲线必须是封闭曲线,其意义在于它能够清晰地区分出制度内部和制度外部。在行为空间中,制度内部的行为被认为是制度所允许的,制度外部的行为被认为是制度所不允许的。在制度内部和制度外部之间往往存在一个制度边界,制度边界是对科斯提出的"制度灰色地带"的形象刻画。在图 9 中,每一个小方格就相当于一个基本的行为类型,对特定的制度 L 来讲,一个小方格中的所有行为被认为是等价的,即要么全是制度 L 允许的行为,要么全是制度 L 不允许的行为。在栅格空间 B/θ 中,全部包含在制度曲线 L 内的小方格的全体就构成了制度内部(见图 10),是制度明确允许的行为集合。

在栅格空间 B/θ 中,制度曲线 L 外部与制度曲线 L 完全不相交的小方格的全体就是制度外部(图 11),是制度 L 明确不允许的行为。

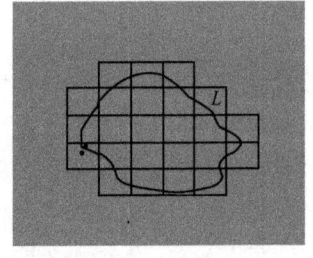

图 11　制度外部:Institutionex$(\theta)L=B/\theta-L\cdot\theta$　　图 12　制度外近似:Institutionex$(\theta)=L\cdot\theta$

制度外部等于栅格空间 B/θ 减去 $L\cdot\theta$,$L\cdot\theta$ 也称为制度的外近似(图 13),与之相对应,我们也称制度内部为制度的内近似。

显然,制度边界 Bnd$(\theta)L$ 等于制度外近似减去制度内近似(内部),如图 11 所示。随着相移加细,制度边界变小(图 5)。

常用的栅格空间中的格子都是大小相同的正方形。在这个条件下,正方形的边长就成为区分栅格空间的量度。栅格空间的格子是由 R^2 上的某个相容关系 θ 对 R^2 商化后得到的,这样,对行为的分类准则确定了,栅格空间 θ 就唯一确定了。

(周新超　整理)

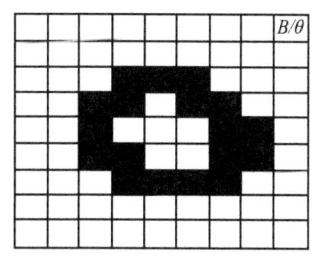
图13 制度边界
Bnd$(\theta)L$=Institutionex$(\theta)L$–Institution$(\theta)L$

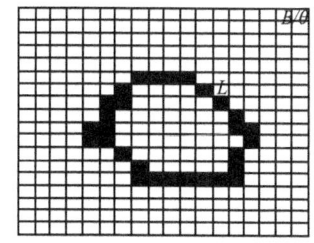
图14 制度边界变小的方法：栅格加细

三十四、产权安排的最低层次原理

产权安排的最低层次原理是昝廷全根据系统经济学的观点和资源位理论的基本思想，在提出产权的层级结构与详细论述了不同产权之间的相互关系及其测度公式之后所提出的产权安排原则，其对于我国国有企业的所有制改革和农村土地产权制度改革具有重要的现实指导意义。

昝廷全(2001)根据经济系统的层次性和资源位理论提出了资源位的层级结构。根据产权和资源位之间的对应关系以及资源位的层级结构可以自然地推导出产权的层级结构：个人产权、家庭产权、企业产权、区域产权、国家产权和全球产权（人类产权）等。产权层级结构包含两层含义：第一层含义是，产权是多层次的，在现实中客观存在着不同层次的产权，典型的产权形式包括上述6种类型。第二层含义是，各个不同层次的产权之间存在一定的"序关系"。到目前为止，关于不同产权之间的"序关系"研究几乎为空白。但是，我们认为，关于不同产权之间的"序关系"研究，对于全面和深刻理解产权概念具有非常重要的理论和现实意义。

根据产权层级结构的思想，可以澄清我国学术界和理论界关于产权问题的模糊认识。昝廷全进一步提出了经济运行的效率低下和没有活力有着多方面的原因，从产权方面来讲，不是产权不清晰，而是清晰得不合理，一是产权安排的层次不合理，二是企业产权不具有完备性，并将科斯"明确的财产私有权之间并不是一种无摩擦的制度安排，这种制度安排也能导致资源配置的低效率或无效率。"这一观点扩展为如下命题。

命题5：资源配置效率是产权安排与产权完备性的函数，其核心就是产权层级结构的合理性。

命题6：资源配置效率是社会选择集、经济主体价值偏好和产权安排的函数。

通过对产权间关系的研究，可以发现，统率相同层次和不同层次产权之间关系的基本原则是排斥性原理或称为不相容原理，其可表示为：不同的产权主体不可以同时完全拥有同一产权对象的产权；不同产权主体同时拥有同一产权对象的产权比例满足归一化条件，即各不同产权主体同时拥有同一产权对象的产权比例之和为1。根据经济系统的层次性特征、产权与资源位的对应关系，可以得出经济系统、资源位与产权的层级结构之间的对应关系（图16）。

从图中不难看出，产权之间的关系包括相同层次产权之间的关系和不同层次产权之

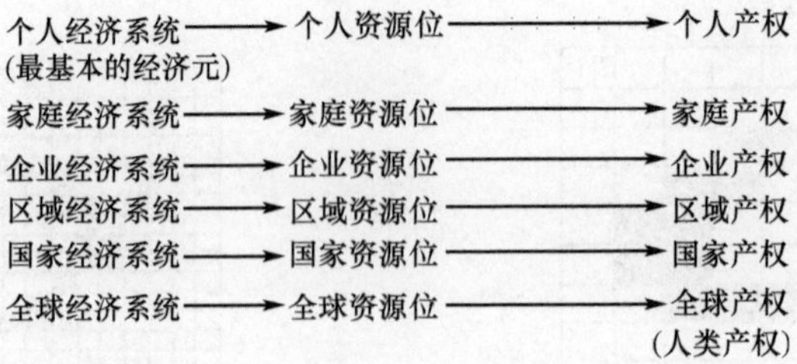

```
个人经济系统 ——→ 个人资源位 ————————→ 个人产权
(最基本的经济元)
家庭经济系统 ——→ 家庭资源位 ————————→ 家庭产权
企业经济系统 ——→ 企业资源位 ————————→ 企业产权
区域经济系统 ——→ 区域资源位 ————————→ 区域产权
国家经济系统 ——→ 国家资源位 ————————→ 国家产权
全球经济系统 ——→ 全球资源位 ————————→ 全球产权
                                            (人类产权)
```

图 15 经济系统、资源位与产权的层效结构及其对应关系示意图

间的关系。不同层次产权之间的关系源自经济系统的层次性和资源位的层级结构(昝廷全,1995,1997a,2000a,2001),相同层次产权之间的关系,首先满足产权安排的排斥性原理,对于同一产权对象来讲,其分布于各种产权主体的比例总和为1;从动态来讲,不论是产权稀释还是产权收缩都应满足归一条件。其次,从数量角度来讲,同一层次不同产权之间的关系为

$$\Delta g_{国家} = \Delta O_{国家} + \Delta g_{区域} + \Delta g_{企业} + \Delta g_{家庭} + \Delta g_{个人}$$

$$\Delta g_{区域} = \Delta O_{区域} + \Delta g_{企业} + \Delta g_{家庭} + \Delta g_{个人}$$

$$\Delta g_{企业} = \Delta O_{企业} + \Delta g_{家庭} + \Delta g_{个人}$$

$$\Delta g_{家庭} = \Delta O_{家庭} + \Delta g_{个人}$$

根据系统经济学的研究成果(昝廷全,1995,1997a)和不同层次产权之间的"序关系",我们提出产权安排的如下基本原则:个人是构成经济系统的最小基本单元,只有当个人的有效产权需求被满足之后,才能考虑将产权向家庭经济系统层次安排;在家庭经济系统的产权需求被满足之后再向高一层次的企业经济系统安排(在个人和家庭经济系统的产权需求合一的情况下,在个人产权需求被满足之后可考虑直接将产权向企业经济系统安排);在企业经济系统的产权需求被满足之后再将产权向较高层次的区域经济系统和国家经济系统安排,其他层次的产权安排准则,依此类推。我们将这一思想整理成一个命题,称为产权安排的最低层次原理。

命题 7: 产权安排应当从层次尽可能低的产权主体(经济系统)开始,当低层次经济系统的产权需求被满足之后,再将产权安排给高一层次的经济系统。

严格的理论分析可以证明,最低层次原理与系统经济学三大基本公理之一的世界最经济原理相吻合(昝廷全,1997b)。这刚好证明了系统经济学的理论体系是"自洽"的,具有内在的逻辑一致性。

(周新超 整理)

三十五、特 征 尺 度

根据昝廷全(2002)系统经济学研究,经济系统是经济学的基本研究对象,特征尺度是经济系统的一个基本特征。俗话说"路遥知马力,日久见人心",事实上,这里的路有多"遥"才能知"马力",日有多"久"才能见"人心",都是由"特征尺度"决定的。

特征尺度的概念起初是针对一般系统而言的。时间和空间是研究系统变化的基本时空框架,无论是有限或是无限的系统都有其一定的时间延拓和空间展开,空间和时间通

过一定的过程联系在一起，正如亚里士多德所说的"时间是通过过程来赋型的"。不同运动过程的时间尺度不同，各个过程之间的差别甚大。例如，地质时代就是一个相当漫长的时间跨度，而某种生命过程的时间跨度也许只有几分钟，甚至稍纵即逝。我们把能够体现系统过程特征的最小时间跨度叫作特征时间尺度。系统每一变化过程的特征时间尺度从客观上决定了我们研究它所需要的资料系列的最短长度和研究周期。特征时间尺度越长，涉及的空间范围越广，我们把与特征时间尺度相对应的空间范围称为系统的特征空间尺度，特征时间尺度和特征空间尺度合称为特征时空尺度，简称为特征尺度。

在特征尺度的定义中关键就是"本质变化"，那么什么是"本质"呢？"本质"就是一个经济系统区别于其他经济系统的标志，越接近事物的"根部"，就越靠近事物的本质。

根据系统经济学观点，层次性是经济系统的另一个重要基本特征。按照组织水平的不同，可以把经济系统划分为如下7个基本层次：个人经济系统(最小经济元)、家庭经济系统、企业经济系统、产业经济系统、区域经济系统、国家经济系统和全球经济系统。一般说来，经济系统的层次越高其特征尺度就越长(图16)。即：

$$L_{个人} < L_{家庭} < L_{企业} < L_{产业} < L_{区域} < L_{国家} < L_{全球}$$

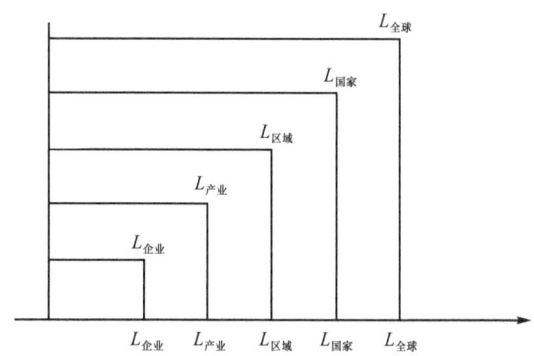

图16 特征 R 度层级结构示意图

上述不同层次经济系统特征尺度之间的关系成立的条件是：低层次经济系统是构成高层次经济系统的经济元。例如，国家经济系统和构成它的任何区域经济系统、产业经济系统、企业经济系统等相比，其特征尺度之间一定满足上述关系。但是，如果低层次经济系统不是构成高层次经济系统的经济元，上述关系就不一定成立。例如，美国的IBM是一个全球性的大企业，不是构成小国家的经济元，它的特征尺度可能比小国家的特征尺度还要长，即 $L_{IBM} > L_{小国家}$。

值得注意的是，经济全球化会使得每个国家的特征尺度加长。美国经济在克林顿时代出现120多个月的持续高速增长，打破了传统经济学的经济周期理论。一种观点认为是由于知识经济的出现使得传统"效用递减"原理失效，产生了"效用递增"现象。根据特征尺度理论，我们认为，美国之所以出现了这种比以往任何周期都长得多的持续高速增长，是因为经济全球化增加了美国的特征时间尺度 L。但是 L 还有一个区间范围，超出这个范围就会出现经济周期，这又自然解释了为何美国经济近年来不景气。由此我们可以得出这样一个命题，即经济周期的长度取决于经济系统的特征尺度。

(潘 苗 整理)

三十六、可持续性发展的测度

可持续发展和全球化是目前人类社会所面临的两大基本问题。可持续发展问题的核心是时间概念。为了科学地测度可持续发展,首先要确定测度可持续发展的基本时间测量单位。国内外学术界对可持续发展问题进行了大量研究,但是关于什么是可持续发展的基本时间测量单位这个基本问题的研究尚未见报道。昝廷全(2002)根据系统经济学观点提出:经济系统的特征时间尺度是测度经济系统可持续发展的基本时间测量单位。

由于经济系统具有层级结构,每个层次的经济系统都存在可持续发展问题,其基本时间测量单位就是该层次经济系统的特征尺度。

设 $\overline{X}t$ ($i=1, 2, \cdots, 8$) 分别为个人、家庭,$\cdots$,全球经济系统的状态变量,t 表示时间,则其演化方程可以统一表示为

$$\frac{\partial \overline{X}t}{\partial \left(\dfrac{t}{t_i}\right)} = F_i\left(\overline{X}t, \frac{t}{L_i}, \alpha_t\right) \quad (i=1, 2, \cdots, 8)$$

这里 α_t 为参数,($i=1, 2, \cdots, 8$)分别表示个人,家庭,$\cdots$,全球经济系统,对每个层次经济系统的演化而言,其时间变量为 $\left(\dfrac{t}{L_i}\right)$,从数学上讲,这等于用特征尺度 L_i 对时间 t 进行商化处理,类似于物理学中的"量子化"。

在小于特征尺度 L_i 的时间跨度内,是无法体现出可持续发展问题的,只有在大于特征尺度的时间范围内才存在可持续发展问题。从战略学的角度来讲,也只有在大于特征尺度的时间范围内,战略的作用才能体现出来。由此可以看出,战略和可持续发展在时间维度上是一致的,或者说,可持续发展问题也是一个战略问题,可持续发展的管理属于战略管理的范畴。

(潘　苗　整理)

参考文献

[1] 昝廷全 朱立新.自然资源的运筹分析及其泛权场网模型[J].应用数学和力学,1988(8).
[2] 昝廷全.企业可持续发展的资源位对策[J].数量经济技术经济研究,2002(2).
[3] 昝廷全.系统经济学探索:概念与原理[J].大自然探索,1991(2).
[4] 昝廷全.资源位定律及其应用[J].中国工业经济,2005(11).
[5] 昝廷全.经济系统的资源位凹集模型及其政策含义[J].中国工业经济,2004(12).
[6] 昝廷全. 资源位第三定律: 连通性的经济学[J].中国传媒大学学报自然科学版,2013(3).
[7] 昝廷全.系统经济学的三大公理系统[J].管理世界,1997(5).
[8] 昝廷全. 资源位的层级结构及其政策启示[J].中国工业经济,2001(6).
[9] 昝廷全. 系统经济学研究: 经济系统的基本特征[J]经济学动态,1996(11).
[10] 昝廷全. 系统经济学(第二卷: 理论与模型)[M].北京: 中国经济出版社,1997.
[11] Schultz, T.W. Institutions and Rising Economic Value of Man, American Journal of Agricultural Economics,50(1968), 1113-1122.

[12] North, D. Institution, Institutional Change and Economic Performance, Cambridge, London, 1990.
[13] 康芒斯.制度经济学, 中译本[M]. 北京: 商务印书馆, 1981.
[14] 昝廷全. 制度的数学模型与制度设计的两个基本准则[J].中国工业经济, 2002(2).
[15] 昝廷全. 制度的拓扑模型[J].数量经济技术经济研究, 2003(8).
[16] 昝廷全. 产权安排的最低层次原理及其应用[J].中国工业经济, 2001(10).
[17] 昝廷全. 特征尺度理论与企业发展战略的层级结构[J]. 中国工业经济, 2002(5): 86-90.
[18] 昝廷全. 特征尺度理论: 经济学中的短期、长期与可持续发展[J]. 数量经济技术经济研究, 2002(6): 64-67.
[19] 昝廷全. 系统经济学探索[M]. 北京: 科学出版社, 2004.
[20] 昝廷全. 系统经济学史记: 1985—2012[M]. 北京: 科学出版社, 2014.

系统经济学名词解释(Ⅲ)*

摘要：系统经济学是我们于20世纪80年代提创的一种跨学科新研究，属于系统科学和经济科学的交叉学科。迄今为止，我们已经基本上完成了系统经济学理论体系的哲理框架的构建工作，得到了上百个具有数学形式的新结果，发展了与国际上已有定评的工作具有可比性的7个研究专题：资源位理论、制度边界理论、特征尺度理论、系统产权理论、系统需求理论、基于信息粗交流的博弈模型、经济系统层级过渡理论。为了帮助读者准确快速地了解系统经济学，本文收集了系统经济学的13个基本名词进行集中介绍，它们是：

37) 短期与长期
38) 经营管理(战术)与战略
39) 企业发展战略及其层级结构
40) 规模经济的一般定义
41) 规模经济的层次性
42) 临界战略
43) 层级战略
44) 竞争力的系统经济学定义
45) 竞争相对性定律
46) 系统经济效应
47) 容忍度
48) 系统营销的三个基本原理
49) 产业分类的(f, θ, D)相对性准则

关键词：系统经济学；名词；解释

Term Explanations of Systems Economics(Ⅲ)

Abstract: Systems Economics is a new study of cross-disciplines which created by us in twentieth Century 80's, it combines system sciences with economic sciences. Thus far, we've basically completed the construction of the philosophical framework of Systems Economics and obtained hundreds of new results with mathematical forms. Seven research topics have been developed which could be comparable with the international recognized works: Resource-niche Theory, Institutional Boundary Theory, Characteristic Scale Theory, System Property-Right Theory, System Demand Theory, Game Models based on Rough Communication, Hierarchical Transition Theory of Economics System. In order to help readers understand Systems Economics quickly and accurately, this paper collected 18 basic terms of Systems Economics to introduce and explain, including:

37) Short term and long term
38) Management (tactical) and strategies.
39) Enterprise development strategy and its hierarchical structure
40) The general definition of economies of scale

---

*作者：昝廷全，原载《中国传媒大学学报(自然科学版)》2014年第5期

41) The hierarchy of economy of scale
42) The critical strategy
43) Hierarchical strategy
44) The definition of competition in the System Economics
45) The Law of Relativity in Competition
46) The effect of System Economic
47) The degree of tolerance
48) The three basic principles of marketing
49) The principle of relativity of industrial classification (f, θ, D)

Keywords: System Economics; terms; explanation

三十七、短期与长期

昝廷全(2002)根据系统经济学中的特征尺度概念给出区分经济学中的长期与短期的一个客观标准。短期，是指小于特征尺度的时间范围；长期，是指大于特征尺度的时间范围。经济学中首先区分长期和短期概念的是经济学大师马歇尔。马歇尔将是否更换固定资产(设备)和生产要素作为区分长期和短期的标志。从本质上讲，马歇尔这样所定义的长期和短期并非时间概念，而是指企业的一种状态，企业不更换设备，一般意味着企业的特征尺度不变(对应于马歇尔短期)，更换设备往往会导致企业的特征尺度发生变化(对应于马歇尔长期)。但是，无论是否更换设备，在小于特征尺度的范围内，实际上都属于短期的范围，只有在大于特征尺度的范围内才能称得上是长期。根据昝廷全的特征尺度理论，我们可以将经济学中的长期和短期定义如下：

短期，是指小于经济系统特征尺度的时间范围；长期，是指大于经济系统特征尺度的时间范围。短期和长期是相对的，相对于国家经济系统的短期，对企业经济系统而言可能就属于长期的范畴，其判识标准就是特征尺度。由于特征尺度是由经济系统的本质属性决定的，因此特征尺度的概念给出了经济学中的长期与短期的一个客观标准。

与此相关的一个重要问题就是短期规划和长期规划问题。其实，所有的规划都只有在大于特征尺度的时间范围内才有意义。我国借鉴原苏联的模式，每5年制定一个五年计划，同时还制定十年发展规划。根据昝廷全(2002)的研究，不难看出这两种规划的应用范围。五年计划适用于特征尺度小于5年的经济系统活动，十年规划适用于特征尺度小于10年的经济系统活动。例如，核电产业的特征尺度至少为15年，因此，为了制定核电产业的发展规划，至少应放在大于15年的时间范围内来考虑国家对电力的供需预测。再如，对于三峡工程来讲，其所对应的特征尺度更长，因此，三峡工程的论证应当放在更大的时空框架内来讨论。

这也提示我们，国家除了认真做好"五年计划"和"十年规划"外，同时还应制定跨度时间更长的发展战略规划，如20年或30年的战略规划等，以满足国家层次上可持续发展的需要。

(潘 苗 整理)

三十八、经营管理(战术)与战略

昝廷全(2002)根据系统经济学研究从时间的角度来论述经营管理(战术)与战略之间的关系。为了阐述特征尺度与经营管理(战术)和战略之间的关系,我们首先区分宏观经济系统与微观经济系统的概念:宏观经济系统和微观经济系统是相对的,对于不同层次的经济系统来讲,高层次的经济系统相对于低层次的经济系统而言,称为宏观经济系统,低层次的经济系统称为微观经济系统。对于企业经济系统和产业经济系统来讲,企业经济系统是微观经济系统,产业经济系统是宏观经济系统;对于产业经济系统和国家经济系统来讲,产业经济系统属于微观经济系统,国家经济系统属于宏观经济系统;对于国家经济系统和全球经济系统来讲,国家经济系统属于微观经济系统,全球经济系统属于宏观经济系统。设微观经济系统的特征尺度为 L_1,宏观经济系统的特征尺度为 L_2,如图1所示,则有如下三种基本情况。

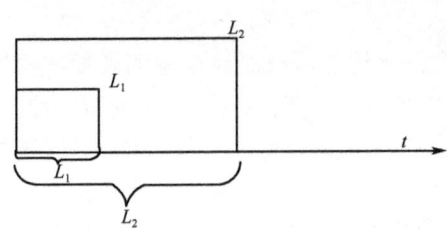

图1 特征尺度与战术和战略之间的关系

情况一:当 $t<L_1$ 时,微观经济系统的绩效主要取决于它的经营管理与战术,以及它所处的宏观经济环境状况。如果这里的微观经济系统为企业,宏观经济系统为国家经济系统,则其绩效主要取决于企业经营决策与管理和其所处的宏观经济环境。影响企业绩效的主导因素是企业经营管理,其所涉及的经济学分支为微观经济学。

情况二:当 $L_1<t<L_2$ 时,时间大于微观经济系统的特征尺度 L_1,小于宏观经济系统的特征尺度 L_2。微观经济系统的战略决策开始发挥主要作用,其绩效主要取决于微观战略和宏观经济环境。与 $t<L_1$ 时的不同之处在于这时微观经济系统的战略决策对企业绩效来讲是决定因素,而 $t<L_1$ 时经营决策(战术)是决定因素。

情况三:当 $t>L_2$ 时,不仅微观经济系统的战略发挥作用,同时,宏观经济系统的战略也开始起作用。微观经济系统的绩效不仅主要取决于其自身战略,同时还取决于宏观经济系统的战略决策和变化。在一定条件下,宏观经济系统的变化对微观经济系统的绩效具有决定作用。如果取微观经济系统和宏观经济系统分别为企业和国家,则在大于国家特征尺度的时间范围内,企业的绩效不仅取决于企业战略,在一定条件下,更取决于国家战略和国家变化。

可以将这三种情况统一表示为

$$\begin{cases} t<L_1:战术、经营管理、宏观环境 \\ L_1<t<L_2:微观战略、宏观环境 \\ t>L_2:微观战略、宏观环境变化、宏观规划与战略 \end{cases}$$

(潘 苗 整理)

三十九、企业发展战略及其层级结构

从时间维度上讲,企业发展战略是一种长期的规划。如果用 $L_{企业}$ 表示企业经济系统的特征尺度，我们可以对企业的长期和短期给出如下定义。

定义（长期和短期）：相对于企业经济系统来讲，当 $t>L_{企业}$ 时，称为企业经济系统的长期；当 $t<L_{企业}$ 时，称为企业经济系统的短期。

企业战略具有全局性和长期性。严格讲来，企业战略是对于 $t>L_{企业}$ 的时间范围而言的。当 $t<L_{企业}$（对企业来说是短期），企业的绩效主要取决于企业自身的经营管理，其所对应的经济学分支主要为企业经济学和微观经济学，以及比企业经济系统层次更低的经济系统理论，主要是家庭经济学和个人经济分析（包括经济人假设）。根据时间跨度划分可以得出企业发展战略的层级结构，如图 2 所示。

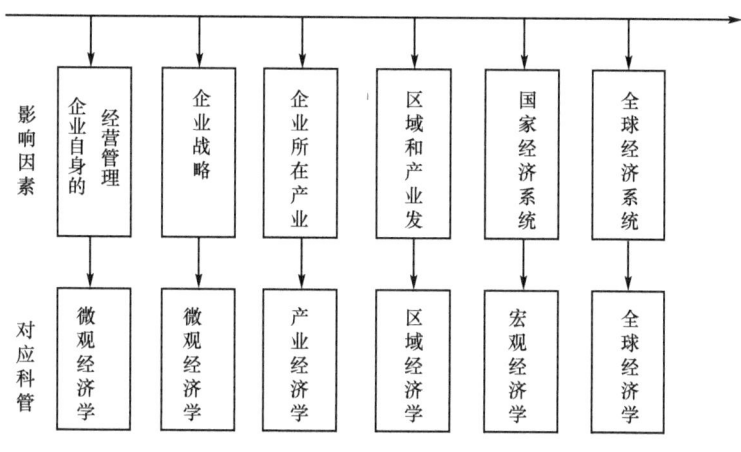

图 2　企业发展战略层级结构及其与学科对应关系示意图

（潘　苗　整理）

四十、规模经济的一般定义

昝廷全(1998)根据系统经济学方法给出规模经济的一般定义：从本质上讲，规模经济是"系统经济效应"，或称为经济系统的"系统效应"的一种典型表现形式或实现方式。"系统经济效应"，是指以经济系统方式而进行的经济活动，它符合系统经济学的三大基本公理的要求，具体内容包括：①经济活动的广义代价趋于最小可能值（世界最经济原理）；②经济系统的社会福利水平趋于最大可能值（社会福利原理）；③经济系统的持续发展指标和祸合度指标不减（持续发展原理）。

传统经济学中规模经济的核心是为了节约生产成本，从系统经济学观点来看，其本质是为了满足世界最经济原理，这也会带来经济系统社会福利水平的提高，但与经济系统的持续发展没有固定的联系。根据经济系统的层次性特征，企业是一种特殊层次上的经济系统。在系统经济学中，我们把传统经济学关于规模经济的定义推广至所有经济系统，即任何经济系统都存在一个规模经济问题。我们给出规模经济的一般性定义如下：经济系统的规模经济，是指经济系统在制度环境、制度安排和投入要素质量不变的情况下，仅仅增加投入要素数量的过程中，产出增加的比例超过投入增加的比例，单位产品的平均成本随产量的增加而降低。这个定义不仅适用于企业，而且适用于任何其他经济系统，如区域经济系统、国家经济系统、农业经济系统和工业经济系统等，由此不难看出，企业规模经济是我们关于规模经济的一般定义的一个特例。

在上述规模经济的定义中，"制度环境、制度安排和各投入要素质量不变"是一个重要的前提条件。如果这些前提条件不满足，如制度环境有了改善，或者制度安排有了变化，或者发生了技术创新，在这种情况下，不仅随着投入的增加产出增加的比例会超过投入增加的比例，即使投入不增加，产出也可能大幅度增加。在相反的情况下，如果经济系统的制度环境恶化、管理水平下降，在投入增加的过程中，即使经济系统的产出增加的比例没有超过投入增加的比例，规模经济在其中也可能发挥作用，只不过规模经济的效应被制度环境的恶化和管理水平的下降所抵消了。

（潘 苗 整理）

四十一、规模经济的层次性

根据昝廷全(1998)系统经济学观点，层次性是经济系统的一个基本特征，企业是一个特殊层次上的经济系统。根据昝廷全对规模经济的一般定义，经济系统的层次性内在地包含了规模经济的层次性。

经济系统层次划分的一般方法是分类相对性准则：(f, θ, D)准则。这里f为经济系统的经济元之间的关系，θ为分类准则，D为经济关系f的权重水平。(f, θ, D)准则中任何一个发生变化都会导致不同经济系统的层次划分，因而也会得出规模经济的不同层次划分。如果把分类准则θ取为经济系统的组织水平，则可以把经济系统划分为家庭经济系统、企业经济系统、区域经济系统、国家经济系统和全球经济系统。因而，也就导致规模经济的五个层次：家庭规模经济、企业规模经济、区域规模经济、国家规模经济和全球规模经济，这五个层次的规模经济也是在实际中最重要的五种规模经济。

现在，我们转而讨论不同层次的规模经济之间的关系。从本质上讲，它取决于不同层次经济系统之间的关系。我们从规模尺度和功能两个方面来论述它们之间的关系。

首先从规模尺度的角度论述不同层次规模经济之间的关系。前面已经指出，经济系统的特征尺度客观地决定了经济系统实现规模经济效益的临界规模。对不同层次的经济系统而言，高层次经济系统的特征尺度大于低层次经济系统的特征尺度。设$L_i(i=1,2,\cdots,5)$分别表示家庭、企业、区域、国家和全球经济系统的特征尺度，则有

$$L_i < L_{i+1} (i=1, 2, \cdots, 4)$$

假设用$L_{0,i}(i=1, 2, \cdots, 5)$分别表示家庭、企业、区域、国家和全球经济系统取得规模经济效益的临界规模，则有

$$L_{0,i} < L_{0,i+1} (i=1, 2, \cdots, 4)$$

也就是说，高层次经济系统取得规模经济效益的临界规模大于低层次经济系统取得规模经济效益的临界规模，这就是不同层次经济系统的规模经济之间的规模尺度关系。

其次是不同层次规模经济之间的功能关系。根据不同层次经济系统之间的关系我们知道，一方面高层次经济系统对低层次经济系统的行为具有一定的约束和影响，其构成了低层次经济系统的制度环境，也是高层次经济系统本身的制度安排，另一方面，高层次经济系统的功能要靠低层次经济系统作为载体。不同层次经济系统之间的这种关系也

适合于不同层次规模经济之间的关系，也就是说，低层次规模经济是高层次规模经济的载体，高层次的规模经济对低层次的规模经济具有一定的约束和影响。例如，为了实现区域规模经济就要求区域内的经济系统要实现行业规模经济和企业规模经济等。

(潘 苗 整理)

四十二、临 界 战 略

(1)临界战略的概念

根据昝廷全(2002)系统经济学观点，经济系统具有非线性和非平衡特征，其中最为突出的就是存在临界点和分岔。根据经济系统的非线性和非平衡特征，当控制参数达到某一阈值 λ_0 时，经济系统将发生分岔。在临界点 λ_0 上的经济系统面临多种选择途径。其典型结构为，在分岔点上，经济系统面临三种可能的分支：原分支、机会(分支1)和危机(分支2)，如图3所示。在经济实践中，经济系统在分岔点上所面临的选择可能很多，但总体上可以划分为上述三种类型。经济系统在分岔点上具体选择哪一个分支取决于经济系统所掌握的知识、信息、偏好和对未来的预期。我们把经济系统在分岔点上的选择称为临界战略。

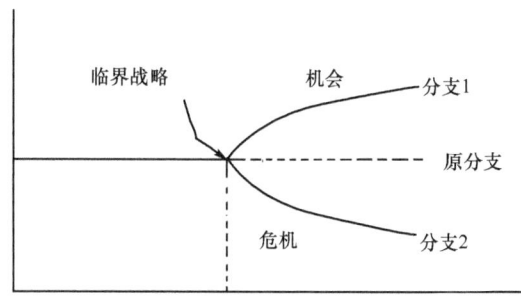

图3 经济系统的分岔与临界战略的典型机构

根据上面的论述，我们可以把经济系统的战略分为两种类型：临界战略和非临界战略(常规战略)。临界战略是指经济系统在临界点或分岔点上的道路选择；常规战略适用于经济系统在每两个分岔点之间的范围。因此，在企业管理中，首先要对企业所处的状态进行宏观评判，判断它是否处于临界状态。如果处于临界状态就必须采用临界战略而不能使用一般的企业管理模式。

(2)临界状态的特点

在经济系统的非线性和非平衡区域，随着环境和控制参数的变化可以把经济系统驱动到处于分岔点上的临界状态。在分岔点和临界状态上，经济系统具有三个典型的特点。

1)在临界状态，很多传统的经济学规律都不再成立。

在临界状态，经济系统遵守非线性动力学规律，这时，传统的经济学规律不再发挥作用。一个典型的例子就是股票市场的暴涨与暴跌，对股市的这种现象，利用传统的经济学词汇显然是无法准确刻画的，它是非线性系统的一种初始敏感现象，即初始条件的一个微小变化可以导致用其幅值无法衡量的结果。再如，萨伊定律在临界点上不起作用，消费者是否购买一种新产品并不完全取决于价格。

2)经济系统在分岔点上的选择没有普遍遵循的规律,主要取决于经济系统所掌握的知识、信息、偏好和对未来的预期。

对于企业来说,正是这种分岔点上的选择体现着企业家才能、智慧和眼光,这也是企业家和一般员工的区别之一。在企业的经营过程中,随着环境的变化会存在很多分岔点,这种分岔点上的选择从宏观上决定了企业的命运,日本公司和美国公司比较优势的交替变化正好说明了这一点。对于个人来讲,这种分岔点上的选择就从总体上决定了人生的整体价值。

3)分岔点和临界状态的出现与更替,对特定的经济系统来讲,主要取决于环境的变化。

一个经济系统是否存在分岔点和临界状态,首先要求经济系统是一个非线性经济系统。因为对于线性经济系统来讲,它的每一个特定的相互作用组合都对应一个且仅对应于一个状态。我们可以通过确定经济系统的两个状态在状态空间中画出一条直线。据此,可以追踪经济系统的过去,也可以预测其将来。因此,这类经济系统从本质上讲是简单的。只有非线性经济系统在非平衡区域内,随着环境的变化才有可能被驱动到一个具有多种可能途径的分岔点和临界状态。从数学上讲,就是随着参数的变化,经济系统的演化方程出现多重解。在这里,环境的变化,即参数的变化,是一个十分重要的约束条件。例如,中国加入WTO使得中国企业的经营环境发生重大变化,这就有可能把中国的很多企业驱动到一个具有多重选择的分岔点和临界状态。目前中国的企业面临的正是这种状况,这就要求中国企业必须做出临界战略选择,而不是常规性战略选择。

在经济实践中,如何判断一个经济系统或一个企业是否处于临界状态具有十分重要的意义。从数学上讲,判断一个经济系统是否处于临界状态十分简单,关键是看原来的解是否稳定、有没有开始出现多重解。从实际操作上讲,当一个企业发展到一定阶段,聚集了大量资本的同时却找不到下一步的发展方向,在这种状况下企业往往处于重要的分岔点和临界状态。

(潘 苗 整理)

四十三、层级战略

昝廷全(2003)运用系统经济学的基本理论与研究方法,针对新制度环境的基本特征,把系统分析引入不完全信息和有限理性的经济学研究,从而提出经济系统可持续发展的层级战略思想。

(1)层级战略的定义

层级战略的提出源于经济系统所具有的层次性。经济系统的层次性是系统经济学的重要概念之一。在经济系统中,根据组织水平的不同,可以把它划分为家庭经济系统、企业经济系统、产业经济系统、区域经济系统、国家经济系统、全球经济系统6个层次,如图4所示。

不同层次的经济系统和学科的对应关系如图5所示。

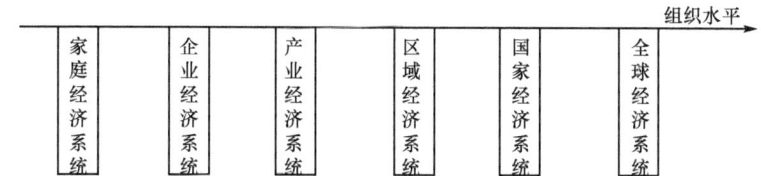

图 4 不同组织水平的经济系统

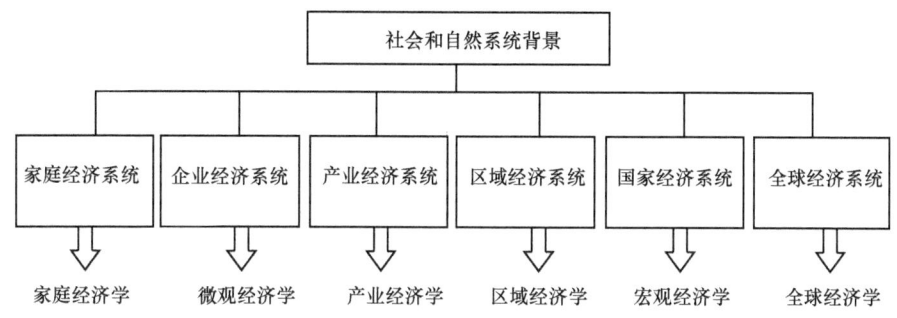

图 5 经济系统层次性和学科对应关系

战略问题是我国社会主义市场经济制度建设过程中，各层次经济系统谋求长期可持续发展必然面对的一个关键性问题。根据经济系统的层次性及其与经济学科之间的对应关系，可以自然地诱导出战略的层级结构：家庭战略、企业战略、产业战略、区域战略、国家战略、全球战略，如图6所示。

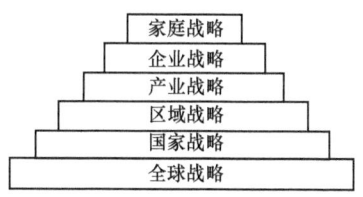

图 6 战略的层级结构

战略的层级结构包含两层含义。第一层含义是，战略是多层次的，在现实中存在不同层次的战略，典型的战略形式包括上述6种类型。第二层含义是，各个不同层次的战略之间存在一定的关系。一般来讲，高层次经济系统的战略对低层次经济系统的战略安排具有决定性作用。它为低层次经济系统的战略安排规定了一个基本范围，或者说设置了一个基本框架，在这个框架范围内，低层次经济系统可以自由地选择和安排经济战略，但不能超出这个框架，更不能与其相抵触，这就是不同层次战略之间的一般关系。

从时间和空间尺度上讲，高层次经济系统的战略所涉及的时间尺度和空间范围要比低层次经济系统的战略所涉及的时间尺度和空间范围更大。这是由高层次经济系统的特征时空尺度大于低层次经济系统的特征时空尺度这一客观属性所决定的。相对于企业战略来讲，国家战略要稳定得多。一个企业的战略可以根据情况随时修改，这样可以增加企业的竞争力，有利于企业的发展，但是一个国家的战略就需要保持相对的稳定性。

(2)层级战略基本思想

层级战略思想是在系统经济学特征尺度的有关理论基础上提出的，其基本依据是"宏观少变，微观多变"的科学规律。具体来说，层级战略是从新制度经济学的不完全信息和有限理性等基本假设出发，将系统经济理论引入经济学分析当中，通过粗粒化和宏观化的处理方法，将某一层次的经济系统放置在更高层次上进行观控的经济学思想和分析方法。

不完全信息和有限理性是新制度经济学在进行理论分析时的基本假设。越来越多的实证研究表明，这一假设更为合理和切合实际，它是展开经济学分析的理论背景和内在前提。

粗粒化和宏观化是处理不同层次经济系统问题的重要方法，也是层级战略思想的核心部分。简单地说，它是一种忽略局部复杂性、将局部事物进行宏观化处理的分析研究方法。

将低层次经济系统放置在更高层次上进行观控是层级战略思想的关键所在。由经济系统的有关论述中不难看出，每个层次的经济系统都有自己独有的特征和规律。一般来说，高层次经济系统是以低层次经济系统为其载体的。高层次经济系统的功能通过低层次经济系统来体现。低层次的经济系统是高层次经济系统的子系统或经济元，高层次的经济系统制约和支配着低层次经济系统的状态和行为，也就是说，低层次经济系统的发展和变化是以高层次的经济系统作为其背景来展开的。

从研究程序上讲，每个层次的经济系统可以单独研究，也可以同时进行研究，没有哪一个层次的经济系统更为优越。但是，当研究某一特定层次的经济系统的动态机制时，就必须深入到相对较低层次经济系统。这一方法在低层次经济系统存在大量信息不完备、有限理性和不确定性条件下尤为适用。

（潘　苗　整理）

四十四、竞争力的系统经济学定义

昝廷全(1991)根据系统经济学观点，将竞争力的概念一般性地定义如下：一个经济系统的竞争力是指它与其他经济系统竞分相同广义资源的能力。根据这一定义，竞争力只有在系统与环境的关系中才能表现出来。从这个意义上讲，竞争力是一个相对的概念。

竞争力与以下三个方面有关。

1) 一个行为主体(a_i)的竞争力(F_{ai})不仅与自身有关，还与参与资源竞争的其他行为主体(a_j, $j \neq i$, $j=1, 2, \cdots, m$)有关，包括其他行为主体的数量、类型、特征和能力等有关。例如，对于一个企业的产品竞争力来讲，如果生产同种产品的其他企业的数量较少，市场营销能力较差，则该企业的产品竞争力就较高，反之则反。

2) 竞分规范。从上面的定义可以看出，竞争力是一个与博弈论有关的概念。任何竞争行为都是在一定的竞分规范(游戏规则)下进行的。竞争力可以分为相同竞分规范下的竞争力和不同竞分规范下的竞争力两种情况。

第一种情况：相同竞分规范下的竞争力。假设在某种竞分规范(g)下，竞分者a_1, $a_2, \cdots, a_m$的竞争力的大小分布为$F_{ai} > F_{ai+1}$($i=1, 2, \cdots, m-1$)，则在另一种竞分规模(假设为g')下，其竞争力大小分布一般来说会发生变化而不再满足$F_{ai} > F_{ai+1}$，甚至刚好倒置，即满足$F_{ai} < F_{ai+1}$($i=1, 2, \cdots, m-1$)，一般情况下也许变得不再满足这种简单的表达式。因此，竞争规范的变化可以导致竞争力大小分布的变化。

第二种情况：不同竞分规范下的竞争力。公平的竞争应当是同一规范下的竞争。但是，现实经济生活中大量存在不同竞争规范下的竞争。特别是目前我国处于转制时期，不同竞分规范下的竞争尤为突出,双轨制问题和二元经济问题等都是这类现象的典型表现形式。我们在讨论企业兼并问题时论述了"容忍度"的概念。在探讨不同竞分规范下的竞争力问题时,这里的"不同规范"之间也存在一个容忍度问题。容忍度的最大值决定了"双轨制"的最大区间范围。

3) 广义资源。竞争力的大小分布与行为主体所竞分的资源有关。假设一组竞分者 $(a_1, a_2, \cdots, a_m)$ 在竞争某种资源 R_i 时竞争力分布为正态分布;但同样一组竞争者在竞分另外一种资源 $R_j(j \neq i)$ 时,其竞争力分布一般来讲会发生变化,也许会变成泊松分布或其他形式的分布。例如,一个企业在电子产品市场上竞争力可能不强,但在劳动密集型产品市场上其竞争力就可能大为增强,这也就是所谓的"比较优势"。

(林怡君　整理)

四十五、竞争相对性定律

昝廷全(1999)在系统经济学研究中提出了竞争的相对性定律:
1) 竞争是相对于两个以上的经济系统而言的;
2) 两个经济系统在一种意义上竞争,在另一种意义上不一定也竞争,甚至协同;
3) 竞争是相对于某一价值观而言的。

一般来讲,当两个经济系统所需要的广义资源相同时,竞争就出现了。例如,在两个人同时竞争一个行政职位时;在两个企业同时追求同一个市场时;在两个地区同时争取国家的有限资源时;在两个国家同时争夺对世界的控制权时,等等。

两个人,两个企业,两个产业,两个区域,两个国家在一种意义上相克和竞争,在另一种意义上不一定也相克和竞争,甚至相生和协同。

事实上,竞争行为是两个经济系统为了达到各自的目标而竞争广义资源所发生的相克现象。也就是说,竞争是和目标密切相关的。由于人的目标是随着时间而变化的,因此,从本质上讲,竞争具有动态特性。所有的目标都受价值观的支配和影响,因此,我们说竞争是相对于某一价值观而言的。这正是"没有永恒的敌人,没有永恒的朋友,只有永恒的国家利益"。

(林怡君　整理)

四十六、系统经济效应

昝廷全(1998)在系统经济学研究中指出,从企业的角度来讲,企业兼并的目的是为了实现系统经济效应。系统经济效应,是指企业以经济系统的方式进行经济活动更加符合系统经济学的三大基本公理。这三大基本公理是:①世界最经济原理,经济活动的广义代价趋于最小可能值;②社会福利原理,经济系统的社会福利水平趋于最大可能值;③持续发展原理,经济系统的持续发展指标和耦合度指标不减。

根据世界最经济原理,兼并企业应当发生"成本节约"(cost saving),即兼并企业的总成本要小于兼并前每个企业的成本之和。从效益的角度来讲,就是亚里士多德所说的"整体大于部分之和"。设兼并企业的效益为 S，兼并前每个企业的效益为 $S_i(i=1, 2, \cdots, n)$，则根据世界最经济原理应有：$S > \sum S_i$。如果用 Δ 表示由于兼并所产生的系统经济效应，则有 $\Delta = S - \sum S_i$。

为了使不同层次和不同类型的经济系统的系统经济效应具有可比性，我们引进"系统经济效应水平"的概念，将其定义为系统经济效应与经济系统的总效益的百分比，用 ρ 表示，则有 $\rho = \Delta/S \times 100\%$。

从这个意义上讲，兼并企业的系统效应水平越高越好，但不论如何，不能为负。也就是说，$\rho > 0$ 是进行企业兼并的基本条件。

企业兼并如果满足了世界最经济原理，也就自动地满足了社会福利原理的部分要求。兼并企业的效益的提高有利于其社会福利水平的提高。当然，社会福利水平的提高不仅与兼并企业的效益有关，还与其收入分配有关。设 S_w 表示社会福利水平，则社会福利原理对企业兼并的约束为 $S_{w\text{兼并后}} - S_{w\text{兼并前}} > 0$。

兼并企业的持续发展主要包括两个内容：其一是持续发展问题，主要包括资源的代际配置和积累与消费的比例（即最优积累率）问题；其二是耦合度问题，即兼并企业的经济过程与生态过程的耦合程度问题。对耦合度问题来讲，有以下三种情况：一是兼并企业的经济过程与生态过程完全没有重叠，即耦合度为 0，这是人们最不希望看到的情况。二是兼并企业的经济过程与生态过程完全重叠，即耦合度为 1。在这种情况下，兼并企业的生产与生物链循环完全重叠，是一种没有"废料"的生产。这是一种理想情况，在现实中一般很难实现。三是兼并企业的经济过程与生态过程部分重叠，即耦合度大于 0 小于 1。在现实经济生活中所发生的基本上都是这种情况。兼并企业为了实现系统经济效应就要尽量提高其耦合度指标。设 I_s 和 I_o 分别表示持续发展指标和耦合度指标，则持续发展原理对企业兼并所提供的约束为 $I_{s\text{兼并后}} - I_{s\text{兼并前}} > 0$，$I_{o\text{兼并后}} - I_{o\text{兼并前}} > 0$。

（林怡君　整理）

四十七、容　忍　度

"容忍度"是昝廷全（1998）在讨论对策论和跨文化管理问题时所提出的一个概念。容忍度与企业兼并密切相关。每个企业在兼并前都有自己的管理理念、管理模式和企业文化（包括价值观念）等，所有这些都会在新形成的兼并企业中有所反映和交汇。兼并企业的容忍度，是指在兼并企业中，每个成员企业的管理理念、管理模式和价值观念的"兼容"问题，准确一点来讲，就是当发生冲突情况下的兼容问题。在合资企业中，我们可以观察到一种典型情况：由于合资双方都知道自己的文化传统和价值观念与对方有所不同，因此，当对方做出某些不符合自己的文化传统和价值观念的行动时，可以予以理解和容忍。而如果这些行动发生在同一方人员之间时往往不能容忍。当然，双方对"非规范"行为的容忍有一个最大限度，这个临界点或临界值就称为"容忍度"。

从博弈论的角度来讲，容忍度的本质就是，在一个"游戏"中，由于每个当事人行为规则的差异所引起的行为冲突能被各方理解和容忍的最大限度。在兼并发生以前，不同企业的管理理念和价值观念存在差异，虽然在形成兼并企业后会制定统一的"游戏"

规则，但这些差异依然会影响他们各自的行为方式，甚至导致一定程度上的行为冲突。能够被各方所容忍的行为冲突的最大限度就是这一族企业的容忍度。不同企业之间的容忍度是决定能否进行企业兼并的一个重要因素。

(林怡君　整理)

四十八、系统营销的三个基本原理

昝廷全(2002)在系统经济学研究中提出了系统营销的三大基本原理。系统营销，是指一个经济系统向其他经济系统推广或推销自己的广义商品，包括物质产品、服务甚至某种价值观念。

系统营销第一原理：首先完备地列出各种相对独立的可能营销手段，以这些营销手段作为元素去构建一个营销系统，然后采取系统优化理论找出这个营销系统的最优营销功能，由此决定实际营销手段及其组合的选择。

案例1：某卷烟厂是年产值达16亿元的国有大型企业，2001年要向市场推出一种新型香烟"新世纪"，需要为其设计营销方案。

案例分析：根据系统营销第一原理，我们首先列出各种可能的营销手段，并考虑到烟草行业的特殊性，有些营销手段，如电视广告和直接的路牌广告等营销手段不允许使用。然后，利用余下的各种营销手段去构建一个营销系统，进而找出这个营销系统最佳营销效果时所对应的营销手段及其组合。

系统营销第二原理：应当尽量在营销主体和营销对象(目标客户)之间建立起某种(些)特殊关系，使得营销对象(目标客户)和营销主体大系统化，把营销客体(目标客户)自身变成营销主体的一部分。

案例2：一些歌手在举行演唱会时，邀请台下的观众和他(她)一起演唱。

案例分析：当歌手单独在台上演唱，观众在台下观看时，观众是评价主体，歌手是评价客体，这时观众对歌手的演唱效果会相对比较挑剔，如果台下的观众与歌手一起演唱，观众和歌手在一定程度上"大系统化"，观众自身的表现构成了演唱效果的一部分，这时观众对歌手演唱效果的评价同时也包含了对自身表现的评价，其评价结果自然要好于歌手单独演唱的情况。

系统营销第三原理：在个人经济系统、家庭经济系统、企业经济系统、产业经济系统、区域经济系统和国家经济系统的层级结构中，较低层次经济系统的营销是所有较高层次经济系统的函数，即

个人营销=$f_{个人}$(个人，家庭，企业，产业，地区，国家，参数)

家庭营销=$f_{家庭}$(家庭，企业，产业，地区，国家，参数)

企业营销=$f_{企业}$(企业，产业，地区，国家，参数)

产业营销=$f_{产业}$(产业，地区，国家，参数)

地区营销=$f_{地区}$(地区，国家，参数)

国家营销=$f_{国家}$(国家，参数)

案例3：两个完全相同的企业，一个位于经济发达地区，如位于广东沿海地区，一

个位于经济落后地区。在企业营销过程中，虽然客观上这两个企业的自身情况完全相同，人们往往还是会首选位于经济发达地区的企业。这是企业营销取决于地区经济系统的典型例子，其对应于以下情况：

$$企业营销 = f_{企业}(地区，参数)$$

(林怡君　整理)

四十九、产业分类的 (f, θ, D) 相对性准则

昝廷全(2002)在系统经济学研究中提出了产业分类的 (f, θ, D) 相对性准则，这里，f 表示各经济元之间的原始经济关系，θ 为所选定的产业分类准则，D 为 f 的权重水平，$D \subset W$（W 表示不同权重的集合）。对于一个经济系统 G，产业分类的 (f, θ, D) 相对性准则是指：f，θ，D 三个变量中任何一个发生变化，都会导致不同的产业分类。

用分类准则 θ 去商化经济系统的硬件 A，自然得到 A 的一个商集 (A/θ)：

$$A/\theta = \{A_1, A_2, \cdots, A_m\}$$

这里 $A_1, A_2, \cdots, A_m$ 就代表 m 个不同的产业，与之相对应的产业经济系统可以表示为

$$G_1 = (\{A_1, A_2, \cdots, A_m\}, \{f \subset (A/\theta)^2 \times W\})$$

这里 f 代表不同产业之间的泛权经济关系。

一般来讲，产业分类准则 θ 是半等价关系（相容关系），θ 满足如下条件：

①自返性，即经济元 a_i 自己和自己属于同一产业。

②对称性，即如果经济元 a_i 和 a_j 属于同一产业，则 a_j 也和 a_i 属于同一产业。

由于分类准则 θ 是相容关系，则从数学上可知，由 θ 商化 A 所得的不同产业 A_1，$A_2, \cdots, A_m$ 之间往往有交叉，即

$$A_i \cap A_j \neq \phi \quad (i \neq j)$$

只有在 θ 为等价关系时，所得出的产业划分才是"非此即彼"的，且不同产业之间没有交叉和重叠，即满足：

$$A_i \cap A_j = \phi \quad (i \neq j)$$

这正是传统产业分类的情况。由于等价关系是半等价关系的特例和进一步限定，因此，我们选择产业分类中的 (f, θ, D) 相对性准则中的 θ 为半等价关系，这就使得我们的产业分类方法自然包容了传统的产业分类方法。

此外，由于 (f, θ, D) 相对性准则允许所划分出来的产业之间存在交叉和重叠，这就从数学上解决了传统分类方法所面临的"非此即彼"的困境，这样，就可以解决克拉克在把采矿业划归为第一产业还是第二产业时所面临的问题，并且给出了严格的数学描述。

对于给定的经济系统（f 一定）和给定的产业分类准则 θ，选择不同的权重水平 D 所划分的产业分类也不相同。对于经济系统 G，令 $H = A^2$，则 $f \subset H \times W$。令 $D \subset W$，则 $f \cdot D \subset H = A^2$（图7），于是 $f \cdot D$ 即为权重控制在 D 水平以内的所划分出的一个产业。这里 D 称为权重水平，因此，不同的权重水平就可以划分出不同的产业。

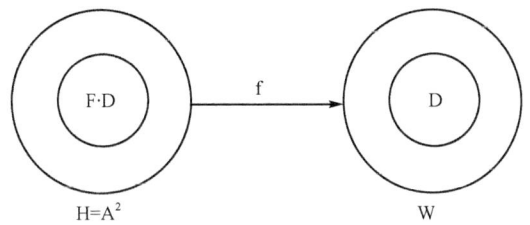

图7 权重水平与产业划分之间的关系

(林怡君 整理)

参考文献

[1] 昝廷全. 特征尺度理论：经济学中的短期、长期与可持续发展[J]，数量经济技术经济研究，2002(6)：64-67.
[2] 昝廷全. 特征尺度理论与企业发展战略的层级结构[J]，中国工业经济，2002(5)：86-90.
[3] 昝廷全. 系统经济学研究：经济系统的基本特征[J]. 经济学动态，1996，11：10-15.
[4] 昝廷全. 临界战略初探[J]，数量经济技术经济研究，2002(10)：65-67.
[5] 昝廷全. 层级战略[J]，数量经济技术经济研究，2003(4)：105-108.
[6] 昝廷全. 规模经济的一般理论：中国范例[J]. 中国工业经济，1998(4)：44-47.
[7] 昝廷全. 系统经济学探索[M]. 北京：科学出版社，2004.
[8] 昝廷全. 系统经济学史记：1985-2012[M]. 北京：科学出版社，2014.

系统经济学名词解释(Ⅳ)*

摘要：系统经济学是我们于 20 世纪 80 年代提创的一种跨学科新研究，属于系统科学和经济科学的交叉学科。迄今为止，我们已经基本上完成了系统经济学理论体系的哲理框架的构建工作，得到了上百个具有数学形式的新结果，发展了与国际上已有定评的工作具有可比性的 7 个研究专题：资源位理论、制度边界理论、特征尺度理论、系统产权理论、系统需求理论、基于信息粗交流的博弈模型、经济系统层级过渡理论等。为了帮助读者准确快速地了解系统经济学，本文收集了系统经济学的 11 个基本名词进行集中介绍，它们是：

50) 经济系统的生克相对性
51) 经济元相克模型
52) 经济生克关系的对策模式
53) 经济生克关系的层标模型
54) 技术创新原理
55) 经济系统的评价模式
56) 传播有效性原理
57) 传媒价值定律
58) 原子型企业与系统型企业
59) 分工与合作的辩证模型
60) 一个新概念相当于一个新的信息通道

关键词：系统经济学；名词；解释

Term Explanations of Systems Economics(Ⅳ)

Abstract: Systems Economics is a new study of cross-disciplines which created by us in twentieth Century 80's, it combines system sciences with economic sciences. Thus far, we've basically completed the construction of the philosophical framework of Systems Economics and obtained hundreds of new results with mathematical forms. Seven research topics have been developed which could be comparable with the international recognized works: Resource-niche Theory, Institutional Boundary Theory, Characteristic Scale Theory, System Property-Right Theory, System Demand Theory, Game Models based on Rough Communication, Hierarchical Transition Theory of Economics System. In order to help readers understand Systems Economics quickly and accurately, this paper collected 10 basic terms of Systems Economics to introduce and explain, including:

50) Relativity of shangke of Economic systems
51) Economic element reciprocity model
52) Game models of the economic reciprocity
53) The layer models of the economic reciprocity
54) Technology innovation theory

---

*作者：昝廷全，原载《中国传媒大学学报(自然科学版)》2014 年第 6 期

55) The evaluation model of economic system
56) Principle of effective communication
57) The Law of Media value
58) Atomic type enterprise and systematic type enterprise
59) The dialectical model of division and cooperation
60) One new concept corresponds to a new information channel.
Keywords: System Economics; terms; explanation

五十、经济系统的生克相对性

昝廷全(1991)在系统经济学研究中提出了经济系统的生克相对性原理。

生克概念来源于中国古典哲学，它概括了现实世界中一大类相反相成的现象与机理。其具有一定的确切内涵，同时在漫长的演化中又有一定的机动性。一般说来，"生"的概念是指生成、生长、促进、协同、优胜、有利、吉福等；生的反面即为"克"，是指抑制、损毁、促退、干扰、有害、劣败、凶祸等。生克思想作为一种带有哲理性的抽象，早在中国的古代就被用于分析自然和社会中的各种现象。例如，《易经》、《孙子兵法》、《黄帝内经》等都可以看成不同角度、不同领域的生克理论。而现代的冲突分析（conflict analysis）、对策理论和微分博弈等都可以看成是典型生克问题的具体分析模式。

为了从定性上准确把握经济系统的生克概念（简称经济生克），昝廷全(1991)提出了经济系统的生克相对性原理：

1) 相生或相克都是相对于两个或两个以上的经济单元而言的，孤立的一个经济单元谈不上相生或相克。生与克是相对而言的，二者互为存在的条件。

2) 生与克本身的条件性：在研究具体的经济关系时，在一种意义上是相生，在另一种意义上不一定相生，也可能相克。反之亦然。

3) 生与克的价值标准：经济生克往往与人或广义主体的价值观、功利观联系在一起，即经济生克往往是相对于某一价值尺度、某一广义主体而言的。因而它与价值论、善恶观等有着密切的联系。

（林怡君 整理）

五十一、经济元相克模型

经济元相克模型是昝廷全(1991)在系统经济学研究中建立的重要数学模型。经济元是指具有一定经济学结构和功能的所有系统水平上的经济实体；经济系统由经济元组成，经济元和子系统之间存在着相互联系和相互作用。

设 G 为经济系统，$R=\prod R_i$ 为广义资源因子直积，或称为广义资源空间，经济关系 $f \subset G \times R$。对于 $x \in G$，$f \circ x$ 即为经济元 x 所利用、占据或适应的广义资源因子直积关系，它就是经济元 x 的资源位的数学模型。设 $x, y \in G$ 为两个不同经济元，我们定义它们的资源位相克度为

$$k(x, y) = f \circ x \cap f \circ y$$

它可以按 R 的幂集 $P(R)$ 中的半序性来度量。$k(x, y)$ 也可以被看作是经济元 x 和 y 的资源位的重叠度。

以经济元的资源位相克度为泛权可以形成一个泛权网络 $k: G^2 \to P(R)$，我们称这一泛权场网为经济元相克模型。若泛权水平为 $D \subset P(R)$ 则 $k \circ D \subset G^2$ 表示相克度控制在 D 水平内相克的经济元。设在 $D_i \subset P(R)$，$i=1, 2, \cdots, m$ 为不同的泛权水平，则 $k \circ D_i \subset G^2$ 为不同泛权水平相克的经济元集合。

（林怡君　整理）

五十二、经济生克关系的对策模式

昝廷全(1991)在系统经济学研究中提出了经济生克关系的对策模式。

对策或博弈可以看成是经济生克关系的一种典型情况。设 G_i 为 i 方策略集，W_i 是 i 方赢益集，引入如下映射：

$$f: G = \prod G_i \to W = \prod W_i$$

当各方取综合策略 $x=(x_1, x_2, \cdots, x_n)=(x_i)$ 时，赢益 $f(x)=(W_1, W_2, \cdots, W_n)=(W_i)$，其中 $x_i \in G_i$ 表示 i 方的策略，$W_i \in W$ 表示 i 方的赢益或显生。在经济运筹的对策当中，由于每一方都力争自己有最大的赢益，因此诸方的赢益与显生是相互制约、相生相克的。经济系统的赢益生克性在数学上表现为 f 的值域应有所限制，即 $f(x) \subset W$。

现在以下棋为例较为详细地讨论一下生克对策问题。设 $\{i\}=\{1, 2\}$ 表示下棋的双方，$W=W_1 \times W_2$，$W_1=W_2=\{赢，输，和\}=\{V, g, P\}$，则 $f(x_1, x_2) \in W_1^2 = W_2^2 = \{(V, V), (g, g), (P, P), (V, g), (V, P), (P, V), (g, P), (P, g), (g, V)\}$，其中：$x_1$，$x_2$ 分别表示 1 方与 2 方的一组策略。显然，实际的结局只有三种，即

$$f(x_1, x_2) = (V, g)$$
$$f(x_1, x_2) = (g, V)$$
$$f(x_1, x_2) = (P, P)$$

这时，经济系统的生克性就体现在 $D=\{(V, g), (g, V), (P, P)\} \subset W_1^2 = W_2^2$ 上。

（林怡君　整理）

五十三、经济生克关系的层标模型

昝廷全(1991)在系统经济学研究中提出了经济生克关系的层标模型。

现实中的经济系统(G)一般比较复杂，为了便于分析，往往把它分成许多小系统，形成一个系统族 $P(G)$，其按包含关系形成一个半序集。对于经济系统 G 的每一子系统 $g \in P(G)$，有时空参量或广义参量 $t \in T = \prod T_i$，也有其运筹目标 $d \in D = \prod D_m$，这样就形成一种映射：

$$f: P(G) \times T \to D$$

经济系统的复杂性往往表现在 g 与 t 之间有生有克；同一 (g, t)，其运筹目标 d 的

各分量之间也有生有克,不同的(g, t)之间,其相应的运筹目标 d 也有生有克。这时,有

$$(g, t, d) \in P(G) \times T \times D$$

可以作为经济生克关系的广义主体,类似于前面所说的对策模型中的 i 或 x_i。由于运筹目标 d 有内分层 $d=(d_1, d_2, \cdots, d_m)$ 与外分层 $d=f(g, t)$,而且 g 与 t 也有层次。因此,这种生克模型称为经济生克关系的层标模型。一般地讲,层标模型还包括某种综合价值观模型:

$$\phi: P(G) \times T \times D \to V = \prod V_i$$

映射 ϕ 对运筹目标的内、外层指标 m, g, t 赋予了泛权,它可以综合地评价层标的水平泛序。

一般地讲,对于越多的 m, g, t,对于越大的 g,泛权应偏优偏大。这种泛权建模准则叫作经济运筹的大社会化准则。用大社会化准则来区分善恶体现了社会经济系统显生的机理。如果按照 (m, g, t) 的效益[如按 (m, g, t) 的投入产出比]来确定泛权,就称为经济运筹的效益准则。

(林怡君 整理)

五十四、技术创新原理

昝廷全(2001)在系统经济学研究中总结出了经济系统的技术创新原理。技术创新原理:经济系统选择的技术创新项目所需要的时间尺度和所涉及的空间范围应当与经济系统的特征时间尺度和特征空间尺度相匹配。

任何技术创新都需要一定的时间和空间。一般来讲,影响深远的和基础性技术创新需要的时间长,涉及范围广;影响时间短的和非基础性技术创新需要的时空范围小。同时,根据系统经济学观点,高层次经济系统的特征时间尺度和特征空间尺度大于低层次经济系统的特征时空尺度。我们认为,经济系统所"应当"从事的技术创新项目与经济系统的特征时空尺度有关,并由此总结出经济系统的技术创新原理。

应用技术创新原理有两个关键:一是确定经济系统的特征时间尺度和特征空间尺度。这可以根据系统经济学原理通过实证分析求得。二是确定具体的技术创新项目在理想条件下所需求的时间尺度和所涉及的空间范围。

根据系统经济学观点,一般来讲,大企业的特征尺度要大于小企业的特征尺度。根据技术创新原理,大企业适宜于选择需要时间长、涉及空间范围广的技术创新项目,而小企业适宜于选择需要时间短、涉及范围小的技术创新项目。这就说明了为什么像 IBM、NEC 和 National 等国际大公司都拥有自己的 R&D 中心,而一般的小公司则没有。

(林怡君 整理)

五十五、经济系统的评价模式

昝廷全(2004)在系统经济学研究中提出了经济系统的评价模式。经济系统的评价模式包括三个步骤：

1)确定作为价值主体的人(广义经济人)的需求，即目标系统；

2)确定作为价值客体的经济系统的属性与功能，即经济系统的测度；

3)以价值主体的需求去衡量价值客体的属性和功能，进而判断价值客体是否能够以及在何种程度上满足价值主体的需求，即经济评价。必须指出，评价主体和价值主体一般来讲是不同的。评价主体实际上对应于认识相对性原理中的认识主体，而价值主体属于评价客体中的一部分，如图1所示。因此，评价的结论与评价主体、评价客体、价值主体、价值客体、价值主体对价值客体的需求关系(即价值主体的目标系统)和价值客体满足价值主体的需求情况有关。即

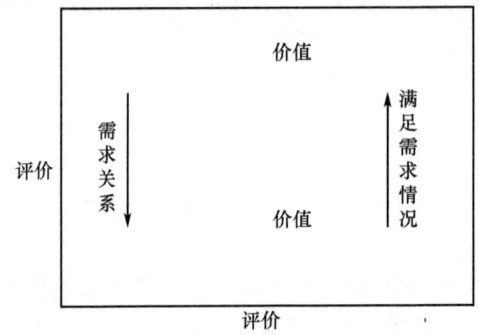

图1 评价模式：评价主体、评价客体、价值主体与价值客体之间关系示意图

评价=fe(评价主体、评价客体、价值主体、价值客体、需求关系、满足需求情况)

这里 fe 称为经济系统的评价函数，上述六个因素中任何一个发生变化，都会导致 fe 取值的变化，即评价结果的变化。

(林怡君　整理)

五十六、传播有效性原理

传播有效性原理是昝廷全(2006)在系统经济学研究中提出的重要理论。

在申农的传播模型(图2)中，信息由 P_1(sender)编码之后通过渠道(channel)传递给 P_2(receiver)，P_2 对信息解码之后便获得了原始的信息。信息要成功地从 P_1(sender)传送到 P_2(receiver)，传统传播学认为 P_1 的编码规则和 P_2 的解码规则是完全一致的，其重叠度是为 1 的。

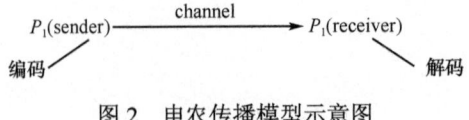

图2　申农传播模型示意图

在系统经济学中，我们认为 P_1 和 P_2 必须拥有共同的编码和解码知识，信息才能进

行有效传播。进一步地,我们将 P_1 的知识背景、文化背景、社会背景、经验世界等定义为 P_1 的知识软件,同时把 P_2 的知识背景、文化背景、社会背景、经验世界等定义为 P_2 的知识软件,复合在 P_1 上的知识软件和复合在 P_2 上的知识软件构成各自的 ε 邻域,只有两人拥有共同的知识软件时才能解码,二者知识软件的交集非空是传播能够成功的必要条件,即 $\varepsilon_1(G_1) \cap \varepsilon_2(G_2) \neq \emptyset$($G_1$、$G_2$ 分别表示 P_1、P_2 的硬资源),我们将其定义为传播有效性条件。用文字语言表述如下。

传播有效性条件:信息发送者和信息接收者的知识软件的交集非空是实现有效传播的必要条件。为了直观起见,我们用图3示意。

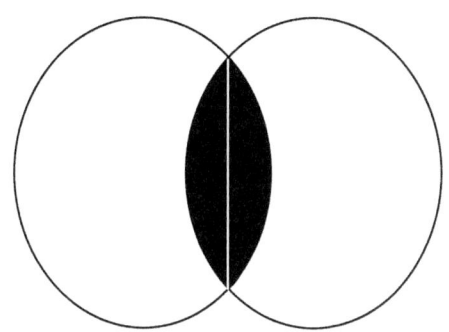

图3 传播有效性条件示意图

进一步来说,知识软件的重叠度越高,信息能够正确传达的程度就越高。如果二者知识软件不重叠,则沟通存在问题。信息发送者和信息接收者之间沟通存在问题往往都是因为他们二者之间的知识软件重叠不够造成的。信息要被准确传送,我们要求两个沟通者之间的知识软件尽量重叠,知识软件越重叠越能沟通。

(林怡君 整理)

五十七、传媒价值定律

昝廷全(2006)在系统经济学研究中,提出了传媒价值定律:一个媒体的价值取决于它所镶嵌其中的经济系统,包括这个经济系统所覆盖的区域大小、人口构成、人口规模与经济总量。简单地说,媒体价值取决于两个因素:①媒体镶嵌其中的经济系统的规模;②受众的规模、构成、消费偏好和购买能力等。

例如,中央电视台的媒体价值,首先取决于它所镶嵌的整个国家的经济系统的规模和构成。从这一点来讲,它的媒体价值显然大于任何地方电视台。因为它镶嵌在整个国家这一宏观经济系统之中,地方电视台是镶嵌在区域经济系统之中的,整个国家的国民经济系统的规模显然大于任何一个区域经济系统。这也就是为什么许多地方电视台都希望上星,都希望在更多的地区落地的原因,因为这一行为将直接扩大该电视台所镶嵌的经济系统范围,从而提高媒体的价值。所以,节目扩大落地范围,对地方媒体来说是至关重要的事情。

关于受众影响媒体价值的问题,不仅包括上述规模、构成、消费偏好、购买力等要素,从整合营销的角度来说,只要受众的态度发生转变,都可以产生新的需求,从而影响媒体的价值构成。北京交通广播电台和其他地方的交通广播电台,同属于地方性的大众传媒,在相同时段的广告价位相差甚多,就在于无论从购买力,还是消费偏好来讲,北京地区的受众的价值都远远高于地方,因此,北京交通广播电台的媒体价值大于任何其他地区交通广播电台的媒体价值。

(林怡君 整理)

五十八、原子型企业与系统型企业

昝廷全(2007)在系统经济学研究中,将企业分成两种类型:原子型企业和系统型企业。

原子型企业就是企业的生产经营管理完全依赖企业自身的实际资源位,或者说完全依赖于企业在所有权意义上所拥有的资源的多少。这样的企业就称为原子型企业。实际资源位是系统经济学的一个基本术语,指的是在广义资源空间中,企业实际占有和能够利用的部分。

系统型企业指的是企业在生产经营管理过程中能够或者必须整合在所有权意义上不属于自己的资源,这样的企业我们称之为系统型企业,它的运转必须依赖于整合外部资源,整合在所有权意义上不属于自己的资源。

在传统市场经济条件下发展原子型企业,相对应的观念就是企业家的"圈地"能力,尽量地把不属于自己的资源在所有权意义上划归到自己名下是原子型企业的做法。系统型企业与之不同,在系统型企业的概念下股权并不重要,只需要基本的股权架构,然后再最大限度地整合外部资源。从用人制度上来说,不求所有,但求所用,这就是整合外部资源的思想。

(林怡君 整理)

五十九、分工与合作的辩证模型

昝廷全(2007)在系统经济学研究中提出了分工与合作的辩证模型。

分工与合作是一个辩证的过程。在一段时间内,从整个社会来说,它的主导产业可能是原子型的,也就是说社会上的企业大部分都是由原子型企业构成的,我们把这种主要由原子型企业构成的产业称为原子型产业,把主要由原子型企业构成的经济称为原子型经济。在某一段时间内,企业的形式可能以原子型企业为主,原子型产业可能占主导地位,此时整个社会以分工为主,或者说分工是可以提高效率的。随着科学技术的发展,整个社会资源位的提升,这时就可能转移到合作型企业占主导地位,合作反而更能提高经济效率。现代社会是系统时代,在系统时代的背景下,系统经济将成为主导经济形态。系统经济就是主要由系统型企业构成的经济。此时,随着资源位的提升和科学技术的发展,合作型企业将占主导地位,或者说系统经济占主导地位,这时就要以合作为主了。

分工与合作是辩证发展的,现在可能是系统经济占主导地位,若干年之后,随着科学技术的进一步发展,将来可能又转变为原子型企业原子型经济占主导地位,分工又变成主导因素了。随着科学技术的发展,然后又可能转变成系统经济再占主导地位,这是一个辩证的发展过程,它们之间互为前提和条件。

我们认为,传统经济学里只强调分工提高效率是片面的,就是说在一定条件下分工可以提高效率,但在另外的条件下,可能通过合作或发展系统经济更能提高效率。现在此时代是系统时代,这个时代的主导产业就不是分工了,恰恰是合作。在此前提下,现在是从完全竞争走向合作竞争,合作竞争将是我们这个时代的主旋律。包括双赢、多赢的概念陆续提出来了,不是零合博弈的问题而是双赢、多赢的问题,这就是系统经济的概念。分工与合作的辩证模型如图4所示。

在一定时期内,分工带来效益,这时对应的就是原子经济,用 A_n 表示;随着资源位的提升,下一步就变成了合作为主,这时就对应于系统经济,用 S_n 表示;随着资源位的进一步变化,这时候可能又转变为原子经济为主,用 A_{n+1} 表示;然后,资源位再进一步变化,又变成合作为主导了,我们用 S_{n+1} 表示此时的系统经济。当然,资源位还会继续变化,分工与合作就这样不断交替地辩发展下去。

(林怡君　整理)

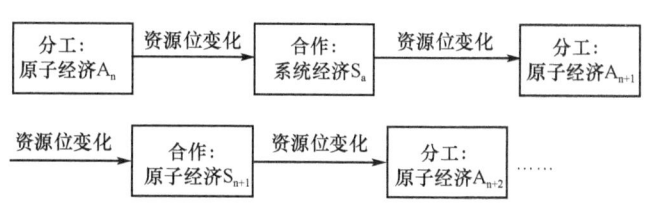

图4　分工与合作的辩证模型

六十、一个新概念相当于一个新的信息通道

在新学科的创建过程中,我们首先会遇到这样一个问题:什么时候需要引进或提出新的学科概念?进一步地,我们需要创造多少新概念?新概念越多越好吗?

首先,我们知道,每个学科或者每个理论体系,都是由一组基本概念以及它们之间的关系共同构成的有机整体或者逻辑体系。对于新概念的构造,逻辑学有很多具体的方法,我们这里主要讨论到底什么时候需要提出新的概念。根据经济系统的层级过渡理论,我们知道,在经济系统层级过渡时往往会产生新的信息,这时,我们就需要引进新的概念来描述这种新的信息。于是,我们提出一个一般结论:一个新概念对应于一个新的信息通道,只有在有新的信息(通道)产生时,才需要引进或提出新的学科概念。其次,根据系统经济学的最经济原理,新概念越少越好,而不是相反。因为新概念越少,越方便理解和掌握,因此也越"经济"。

(昝廷全　整理)

参考文献

[1] 昝廷全. 系统经济学研究：经济系统的基本特征[J]. 经济学动态，1996，11：10-15.
[2] 昝廷全，秦龄，吴学谋. 经济系统的生克分析[J]. 天水师专学报，1991，3.
[3] 吴学谋. 从泛系观看世界[M]. 中国人民大学出版社，北京，1990.
[4] 昝廷全. 泛系理论概述[J]. 系统工程，1988，6：19-20.
[5] 昝廷全. 泛系理论与经济生克分析[J]，兰州大学学报，经济学专辑，1987.
[6] 昝廷全. 系统经济学探索:概念与原理[J]，大自然探索，1991，2：44-47.
[7] 昝廷全. 中国经济的发展与经济学家的责任[J]，科学·经济·社会，1991.
[8] 昝廷全. 经济系统的泛权场网棋型与运筹方法(英文)[J]. 经济理论杂志(美国)，1991，3，10-15.
[9] 昝廷全. 技术创新原理与创新制度安排[J]. 企业活力，2001.
[10] 昝廷全. 经济系统的测度与评价[J]. 郑州大学学报，2004，1.
[11] 昝廷全. 系统经济:新经济的本质[J].中国工业经济，2003，9.
[12] 昝廷全. 制度的数学模型与制度设计的两个基本准则[J].中国工业经济，2002，2.
[13] 昝廷全. 论传播的分类及其数学模型[J]. 中国传媒大学(自然科学版)，2006，2.
[14] 昝廷全. 资源位定律及其应用[J].中国工业经济，2005，11.
[15] 昝廷全. 沟通就是零距离[J].北京:中国传媒大学出版社，2005.
[16] 昝廷全. 论传媒与传媒经济系统——兼谈传媒经济学的研究对象及方法[J]. 现代传播，2006，6.
[17] 昝廷全. 论传媒经济学与系统经济学之间的关系[J]. 现代传播，2006，2.
[18] 昝廷全. 拓扑传播学初探[J]. 中国传媒大学学报(自然科学版)，2006，1.
[19] 昝廷全. 系统经济:新经济的本质——兼论模块化理论[J].中国工业经济，2003，9.
[20] 昝廷全. 经济系统的资源位凹集模型及其政策含义[J].中国工业经济，2004，12.
[21] 昝廷全. 资源位定律及其应用.中国工业经济[J]，2005，11.
[22] 昝廷全. 逼近定律与经济系统工程[J].经济学动态，2005，12.
[23] 昝廷全. 分工与合作的辩证模型:系统经济学分析[J]. 中国传媒大学学报(自然科学版)，2007，4.
[24] 昝廷全. 系统经济学探索[M]. 北京：科学出版社，2004.
[25] 昝廷全. 系统经济学史记：1985—2012[M]. 北京：科学出版社，2014.

基于资源位的航空网络连通性研究*

摘要：在点集拓扑学、离散数学图论以及复杂网络理论关于连通性研究的基础上，本文借助系统经济学的"资源位"概念，以空间资源位为点权，以时间资源位为边权，为航空网络的连通性研究提供了新的思路。

关键词：空间资源位；时间资源位；航空网络；连通性

Research on the connectivity of aviation network based on resource-niche

Abstract: On the basis of the connectivity research with point set topology, graph theory from discrete mathematics and complex network theory, the article has used "resource-niche" from systems economics to define the space resource-niche as point weight and the time resource-niche as side weight. This work has provided new ideas for the research of aviation network connectivity.

Keywords: space resource-niche; time resource-niche; aviation network; connectivity

Kasarda(1991)[1]在"第五波理论"中指出，航空运输适应了国际贸易距离长、空间范围广、时效要求高等要求，是继海运、水运、铁路、公路运输之后推动经济发展的第五个冲击波，机场带动下的空港将成为全球化背景下"一国或地区经济增长的发动机"。2012年，我国民航全行业完成运输总周转量610.32亿吨·公里，旅客运输量31936万人次，货邮运输量545万吨；机场旅客吞吐量6.8亿人次，比2011年增长9.5%；货邮吞吐量1199.4万吨，比2011年增长3.6%；全行业累计实现营业收入5561.4亿元，比2011年增长10.5%[2]。民航工业对国民经济的推动和引领作用日趋增强，以民航业为核心的新兴经济形态——航空经济发展的辉煌时代已经到来。

航空网络是以机场(城市)为节点、以航线为边，按照一定方式构成的复杂网络。截至2012年年底，我国共有定期航班航线2457条，按重复距离计算的航线里程494.88万公里，按不重复距离计算的航线里程328.01万公里；定期航班国内通航城市178个(不含港澳台地区)；国际定期航班通航52个国家的121个城市[3]。航空网络是航空运输的重要载体，布局合理的航空网络有助于提高航空运输的通达性、网络可靠性以及运行效率，对推动航空运输发展具有至关重要的意义。本文在点集拓扑学、离散数学图论以及复杂网络理论等研究方法的基础上，运用系统经济学理论，借助"资源位"概念对航空网络的连通性进行了新的思考和探索。

---

*作者：郭鸿雁，原载《中国传媒大学学报(自然科学版)》2013年第5期

一、文献综述

目前，国内外对航空网络的理论研究范围很广，涉及学科众多，包括经济地理、航空运输地理学、运筹学、物理学等，研究者们分别从不同角度对航空网络的空间结构、运营效益与结构优化以及拓扑特征进行了研究。空间结构方面，王法辉等(2003)[4]利用GIS手段和历史资料，分析了中国航空机场布局的空间效果以及航空运输网络发展的基本特征；王姣娥等(2006)[5]利用定量模型和GIS方法，研究了机场体系结构与城市体系结构的内在联系，指出中国航空网络具有轴-辐式结构特征以及以"京沪穗"为核心的"鼎形"空间系统特点。运营效益与结构优化方面，Kuby 和 Gray(1993)[6]、Jaillet 等(1996)[7]、Barla 和 Constantatoa(2000)[8]、Wojahn(2001)[9]从理论和实践层面证明了枢纽辐射网络具有高于一般网络结构的竞争优势；O'Kelly(1987[10]，1998[11])、Aykin(1994[12]，1995[13])、Campbell(1994)[14]分别从不同角度指出了优化枢纽辐射网络的具体方法。20世纪末，基于图论和统计物理学兴起的复杂网络理论为航空网络的拓扑特征研究提供了理论基础，相关研究主要集中以下方面：世界或各国航空网络的静态统计量以及各统计量之间的函数关系(Guimera et al.，2004[15]，2005[16]；蔡勖等，2004[17]；刘宏鲲和周涛，2007[18]；党亚茹等，2009[19]；曾小舟等，2011[20])；符合航空网络实际特性的网络模型构建(BBV，2004[21][22][23]；王文秀等，2005[24])；航空网络动力学研究，包括抗毁性、可靠性、切断点等(曾小舟等，2012[25]；任新惠和孙启玲，2012[26]；崔博，2013[27])。

连通性是点集拓扑学中的基本概念。若X中除了空集和X本身之外没有别的既开又闭子集，则称拓扑空间X连通；若任取X中的两点x与y，有连接x与y的道路，则称X为道路连通[28]。离散数学图论中，若无向图G中结点u和v存在通路，则u与v连通；若G为无向连通图且不含K_n为生成子图，则称$k(G)=\min\{|V_1||V_1$是G的一个点割集$\}$为G的点连通度，$\lambda(G)=\min\{|E_1||E_1$是$G$的一个边割集$\}$为$G$的边连通度[29]。复杂网络理论中，通过定义度、平均路径长度、簇系数、介数等统计指标[30]，分别来反映网络的通达性与规模、网络互通性、网络集聚性以及网络中点与边的影响力，从而在宏观上描述网络的连通性水平。

由于点集拓扑学与离散数学图论关于连通性的定义仅从数学角度，站在结果的层面表达了点与点之间的相对位置与连通关系，而没有考虑到空间中节点之间的内在联系以及点与边的权重对于连通性水平的影响，因而在航空网络连通性的实际研究中应用较少。目前相关研究主要借助于复杂网络理论完成，研究工作主要表现为对航空网络的度、平均路径长度、簇系数、介数等统计量的计量与测度。由于航空网络本质上是空间加权网络，即节点与边的重要性对航空网络结构的拓扑特征具有影响，为此现有研究已日趋重视对网络节点和边赋权，以此提高对网络连通性水平判断的客观性、科学性与准确性。

在对航空网络节点与边赋权的指标选择上，现有研究存在较大的差异。Barrat 等(2005)[31]将网络边权定义为乘客数量；蔡勖等(2004)[17]以一个星期中某一天的航班数为基数，将其标准化后作为边权；刘宏鲲和周涛(2007)[18]认为由于飞机机型不同，其所能提供的运输能力存在很大差异，因此用座位数作为边权比用航班数更能表达航空网络的特征；曾小舟等(2011)[20]将影响航线网络连接的机场吞吐量和航距因素，通过加权方式建立复杂网络的统计测评指标，并分析比较了加权因素对航空网络结构影响的敏感度。

总体来看，目前关于航空网络连通性的理论研究普遍借助复杂网络理论，通过计量测度反映网络拓扑结构特征的相关统计量，完成对航空网络连通性水平的分析和判断。在这一过程中，现有研究关注了现实航空网络的拓扑特征，强调了节点与边的重要性对该特征的影响，并通过吞吐量、航距等单因素为其赋权，得到了加权因素对航空网络结构影响的初步结论。然而不难想到的是，仅用单因素对节点与边进行赋权是不足的。正如张永莉和张晓全(2007)[32]在对我国城市间航空客运量影响因素的实证分析中所指出的，与 GDP 相比，运输距离、机场吞吐量、人口密度、邮政电信业务总量、城市地面交通以及城市性质等因素与航空客流有着更为密切的相关关系。影响因素远非止此。为此，分析和探索影响航空网络拓扑结构特征的关键因素，构建全面、系统、科学、合理的网络点权与边权评价指标体系，对于研究航空网络结构、优化航空网络布局、提升航空网络连通性与资源配置效率无不具有重要的理论意义与实践价值。

二、资源位理论概述

21 世纪是竞争与发展的世纪。面对科学技术的日新月异与经济一体化的突飞猛进，包括个人、企业、产业、区域、国家以及各种正式或非正式组织在内的各层次经济系统，正在以多种方式进行着全球的资源、市场、生存空间和发展机会的争夺和较量。在这个过程中，谁占据的资源、市场、空间和机会越多，谁在竞争中获胜的可能性就越大。

在系统经济学中，昝廷全(1990)[33]通过引入"广义资源空间"，建立起"资源位"的概念。粗略地讲，"资源位"，就是在广义资源空间中，能够被某经济系统(经济主体)实际和潜在利用、占据或适应的部分。从严格的经济学意义上讲，全球化竞争中对应的竞争客体，即资源、市场、生存空间和发展机会等，都与资源位的概念密切相关。

运用"资源位"作为航空网络研究的理论工具，具有特殊和重要的意义。资源性因素是民航工业实现社会效益和经济效益要解决的根本性问题，民航工业的发展水平同其所实际和潜在利用、占据或适应的空间、时间、劳动、资本、技术、信息等各种资源的合理配置与利用密切相关。其中，空间与时间要素的影响尤为突出。运用"资源位"作为航空网络研究的理论工具，不仅将为航空网络研究提供崭新的理论视角，而且通过严格的实证分析与数据支持，将为国家优化网络布局、提升航空网络连通性与资源配置效率以及推动民航工业持续、快速、健康发展提供科学的依据和有益的参考。

1. 资源位概念

资源位的概念与昝廷全(1988)[34]提出的自然资源竞分三故原理密切相关。自然资源的开发利用划分为三大范畴或三大故：资源、竞分元和竞争规范。这里的资源指广义资源，它是自然资源概念的引申与推广，包括自然资源、人力资源、信息资源、科技资源、时间(机会)与空间资源等。为了论述方便，通常把由多种广义资源因子所撑起的高维空间称为广义资源空间。在经济学研究中，一般取广义资源空间为 n 维笛卡儿空间。资源是相对于主体而言的，广义资源所对应的主体称为竞分元。根据这一定义，在不同的情况下，竞分元可以是参与广义资源竞争分享或配置的个人、家庭、企业、产业、区域、国家甚至整个人类，也可以是植物群落和生态系统等自然界的对象。昝廷全(1991)[35]

把竞分元划分为生态元、经济元和社会元。生态元指具有生态学结构和功能的所有生物组织层次的对象，如个体、种群和群落等；经济元指具有一定经济学结构和功能的所有系统水平上的经济实体，包括个人、家庭、企业、产业、区域、国家和全球等；社会元指所有层次上的社会系统。竞分规范指竞分元在广义资源配置过程中所应遵从的原则，包括生态规范、经济规范和社会规范。

昝廷全(1990)[33]首次提出"资源位"的概念。由于竞分元可以划分为经济元、社会元和生态元，因此，竞分元资源位自然可以具体化为经济系统资源位、社会系统资源位和生态系统的资源位。昝廷全(2000)[36]详细研究了产业资源位问题及其数学模型，同时给出了经济系统资源位的一般性定义：在广义资源空间中，能够被某经济系统实际和潜在利用、占据或适应的部分，就称为该经济系统的资源位。设 $G=\{g_i|i=1, 2, \cdots, m\}$ 为不同经济系统组成的集合，$R=\Pi R_i$ 为广义资源空间，即由广义资源因子所撑起的高维空间，经济关系 $f \subset R \times G$，则对经济系统 $g_i \in G$ 来讲，$f \circ g_i$ 即为经济系统 g_i 的资源位数学模型。

2. 资源位分类

根据不同的标准，可以得到不同的资源位分类。

每一种资源对应着一种或一维特定的资源位。例如，与劳动相对应的是劳动资源位；与时间因子相对应的是时间资源位。一种资源形成一维资源位；二维资源位是两种资源因子所形成的平面中的一部分；三维资源位是三种资源因子所形成的三维资源空间的一部分；四维或四维以上的资源位是四种或四种以上的资源因子所形成的超空间的一部分，即多维资源位或超体积资源位。

根据资源位的数学性质，资源位划分为连续资源位(continuous niche)和离散资源位(discrete niche)，前者指与连续变化的资源因子(如劳动)相对应的资源位，后者是与离散资源因子(如资源种类等)相对应的资源位。

根据经济系统的层次性，相对有不同层次的资源位概念：个人资源位、家庭资源位、企业资源位、产业资源位、区域资源位、国家资源位和全球资源位。其中，产业资源位还可划分为一次产业资源位、二次产业资源位、三次产业资源位。

根据竞争存在与否，资源位划分为基础资源位(fundamental niche)(竞争前的资源位)和实现资源位(realized niche)(竞争后的资源位)，且前者包含后者。

资源位由经济系统自身生产而形成的，叫作自产资源位(self-produced niche)。企业自己的 R&D 中心所开发的新技术即属此类。由其他经济系统产生或自然存在、发生的资源位叫作非自产资源位(non-self-produced niche)。例如，新技术的国际间转移。

按照资源位功能的情况，资源位划分为优化资源位、次优化资源位、理想资源位、现实资源位等。现实资源位往往比理想资源位小，可被看作理想资源位的一个亚集。

根据资源位的存在与非存在形式以及资源的实际和潜在被利用状态，资源位划分为存在资源位(包括实际资源位和潜在资源位)和非存在资源位。

资源位的存在和被利用是具有时空特征的。对于某一经济系统 X，存在于一定空间 (S) 和时间 (T) 内的资源位称为存在资源位(existing niche, EN)。实际资源位(actual niche, AN)是被经济系统 X 实际利用或占据的存在资源位。存在资源位如果只被经

济系统 X 所利用,称为经济系统 X 的 α-实际资源位(alpha actual niche,α-AN)。若存在资源位被经济系统 X 同时也被其他经济系统所利用,称为经济系统 X 的 β-实际资源位(beta actual niche,β-AN)。在存在资源位中,那些没有被经济系统 X 所利用的部分,称为经济系统 X 的潜在资源位(potential niche,PN)。其中,既没有被经济系统 X 也没有被其他经济系统所利用的,称为经济系统 X 的 α-潜在资源位(alpha potential niche,α-PN);没有被经济系统 X 但被其他经济系统所利用的部分,称为经济系统 X 的 β-潜在资源位(beta potential niche,β-PN)。在空间(S)和时间(T)内不存在的资源位,称为经济系统 X 的非存在资源位(non-existing niche,NEN)。资源位的组成及相互关系如图1所示。

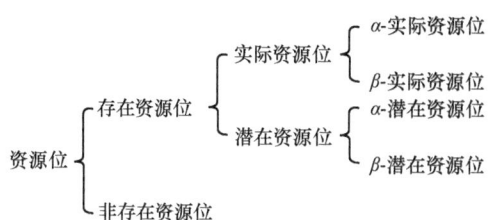

图1 资源位的组成及相互关系

资料来源:《产业经济系统研究》,昝廷全著,科学出版社2002年版,第72页

3. 资源位功能

资源位对经济系统所产生的效应,称为资源位功能(niche function,NF),它可以用经济系统的增长率等来表示(图2)。

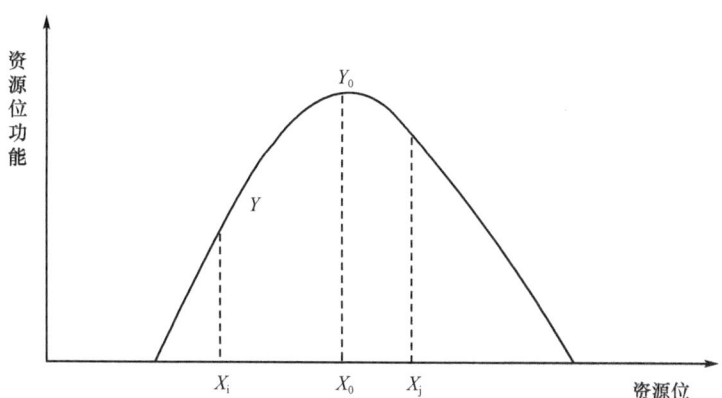

图2 资源位功能示意图

资料来源:《产业经济系统研究》,昝廷全著,科学出版社2002年版,第81页

在图2中,横轴表示一维连续资源位,纵轴表示资源位功能的大小,不同资源位所产生的功能可能不同。资源位元素(X_0)所对应的功能(Y_0)最大,该元素(X_0)称为最优资源位元素(optimal niche-element)。任意两个资源位元素 X_i 和 X_j 所产生的功能 Y_i 与 Y_j 之差,叫作资源位元素功能差(niche-element function difference,NEFD),即

$$\text{NEFD}=|Y_i\text{-}Y_j| \quad (i\neq j)$$

NEFD越大,说明资源位元素 X_i 与 X_j 的功能差异越大。

4. 影响航空网络连通性的资源位要素

航空网络是由节点(机场或城市)和边(航线)按一定方式构成的复杂网络。航空网络资源位是竞分元资源位的具体化和进一步深化。与之相对应,给出航空网络资源位的一般性定义:在广义资源空间中,能够被某航空网络实际和潜在占据、利用或适应的部分,称为该航空网络的资源位。按照航空网络的构成,该资源位包括网络节点资源位、网络边资源位。设 $G=\{g_i|i=1, 2, \cdots, m\}$ 为某航空网络不同节点(边)组成的集合,$R=\prod R_i$ 为广义资源空间,即由广义资源因子所撑起的高维空间,经济关系 $f \subset R \times G$,则对于节点(边)$g_i \in G$ 来讲,$f \circ g_i$ 即为节点(边)g_i 的资源位数学模型。

航空网络资源位是一个具有明确直观含义却又不易精确把握的概念,它主要是指某航空网络整体或该网络某节点(边)在运行发展过程中与其他航空网络或其他节点(边)相比较,争夺、动员、整合和转化的各种资源之和。航空网络资源位可以从多方面进行把握和理解。从价值收益的最终角度看,它是民航工业参与国内外贸易、投资和服务的基础,是民航工业提高增加值的动力源泉。从资源作用的动态过程看,它包括民航产业资源的引进吸收、转化提升和输出扩张等。

航空网络是空间加权网络。网络节点资源位、网络边资源位将通过直接或间接的方式作用于网络结构的拓扑特征,从而对网络整体连通性水平产生影响。以下重点分析影响航空网络连通性水平的资源位要素。

三、研 究 假 设

1)航空网络是空间加权网络,具有绝大多数复杂加权网络的共性特征。

2)航空网络具有相对的时空稳定性,即网络节点(机场)个数与航班时刻表(航线)短期内大致稳定。由于机场、航线的调整即网络规模的改变将影响到航空网络的拓扑特征,从而影响网络整体连通性,因此研究中假设网络规模不变,仅考虑由节点和边的资源位改变对网络连通性带来的影响。

3)受制于航空运输自身的特点,网络节点资源位与边资源位的大小具有容量限制。

4)与地面交通网络不同,航空运输的需求主体(旅客)更倾向于考虑转机次数而不是单段航程的长短[37]。

5)航空网络是双向网络,网络的边资源位具有方向性,即同一条边的不同方向的边资源位可能相差悬殊。

四、影响航空网络连通性的节点资源位要素

航空网络节点的城市属性与空间分布特征对网络连通性水平具有显著影响。根据资源位的存在形式以及资源的实际和潜在被利用状态,将影响航空网络连通性的节点资源位要素划分为实际资源位(包括自产资源位和非自产资源位)要素与潜在资源位要素。

1. 实际资源位要素

根据资源位是否由网络节点自身生产而形成,将影响航空网络连通性的节点实际资

源位要素划分为自产资源位要素与非自产资源位要素。

(1) 自产资源位要素

自产资源位要素主要表现为网络节点的城市属性。内容包括如下方面。

1) 经济发达程度。反映为节点城市 GDP、人均收入状况。发达的经济水平是推动航空运输发展的核心动力，通过刺激和提高航空运输需求量、增进航空网络设施建设，网络连通性水平得以提高。

2) 人口规模与结构。研究发现，具有高连通性的网络节点往往能够吸引更多的到达机会，人们通常具有靠近高连通性城市居住的偏好，因此人口规模与网络连通性有关；此外，人口的收入结构、职业结构、年龄结构以及外来人口比重与航空运输需求具有明显和直接的关联，通过作用于航空运输需求，进一步影响到网络的连通性。

3) 政治、经济、军事、社会地位。通常来说，政治、经济、军事、社会地位较高的城市，其交通运输体系较为完善，出入境客货的航空运输需求量也较大，从而影响网络连通性水平。

4) 机场等级。包括飞行区等级、跑道导航设施等级、航站业务量规模等级，分别反映机场能够接收飞机机型的大小、保证飞行安全与航班正常率的导航设施完善程度以及航空客货运量的大小。机场等级描述了航空网络节点在全网中业务能力的相对重要程度。等级高的机场节点往往承担较大的交通运输量，对经济社会的贡献率和重要程度相对较高，其节点连通性水平较高。

(2) 非自产资源位要素

非自产资源位要素主要表现为网络节点的空间分布特征。内容包括如下方面。

1) 综合交通网络通达性。从系统角度看，航空运输的蓬勃发展必然要求航空运输与海运、水运、铁路、公路运输具有良好的换乘性与无缝对接性。为此，节点城市具有较好的综合交通网络通达性是提高航空网络连通性的重要保证。与此同时，较好的航空网络连通性水平又反过来增强了节点城市的综合交通网络通达性。

2) 与大城市及集聚区的空间联系。节点城市距离大城市及集聚区越近，其间的特殊地形或自然要素阻隔越少，同时交通或信息联系工具越充分，网络的连通性水平就越好。

2. 潜在资源位要素

影响航空网络连通性的节点潜在资源位要素主要表现为节点城市的可持续发展性。内容包括如下方面。

1) 环境可持续发展性。包括大气、水、噪声等环境质量，环境控制以及生态建设情况。航空网络建设与航空运输的繁荣发展在一定程度上造成了土地的过量使用、大气污染、噪声污染以及能源过度消耗。拥有良好的节点环境可持续发展性，有助于增强航空网络发展的城市接纳性与包容性，为提高网络连通性水平提供优质的载体。

2) 经济可持续发展性。包括经济结构、经济效益、经济外向性、经济繁荣性、经济集约性情况。其中，经济结构包括产业结构和就业结构；经济效益反映城市经济发展的投入与产出效果；经济外向性、繁荣性、集约性分别反映城市经济的外向型程度、消费情况与投入产出效率。良好的节点经济可持续发展性将为航空网络发展提供基础和重要的原动力，对于提高网络连通性水平不无裨益。

3)社会可持续发展性。包括人口密度,生活、居住、教育、医疗水平以及基础设施建设情况。良好的节点社会可持续发展性是航空网络发展的前提、基础和保证,同时又为航空网络建设提供重要的推动力,从而有助于提高网络连通性水平。

五、影响航空网络连通性的边资源位要素

影响航空网络连通性的边资源位要素主要表现为距离,具体包括空间距离、时间距离和经济距离。

(1)空间距离资源位

即网络的边所对应节点之间的最短自然距离,即航距,反映节点城市在网络中的相对位置。网络的平均航距越短,表明节点间互通性越好,网络连通性水平越高。

(2)时间距离资源位

即跨越空间距离所需的最短时间。如研究假设所述,相对地面交通网络而言,航空旅客更倾向于考虑转机次数而不是单段航程的长短。为此,时间要素对于航空网络连通性的影响尤为显著。不难发现,网络节点跨越空间距离所需的平均时间越短,表明节点间的互通性越好,网络连通性水平越高。

(3)经济距离资源位

即跨越空间距离所得的最高报酬。站在消费者的角度,即旅客跨越该空间距离所需支付的最高费用。从成本—收益角度看,网络节点跨越空间距离所需的平均最高费用越低,表明网络运营的经济效率与集约程度越高,节点间的互通性越强,网络连通性水平越高。

六、基于资源位的航空网络连通性点权与边权界定

在前文分析的基础上,基于系统性、科学性、可比性与可行性原则,进一步选取影响航空网络连通性的节点资源位与边资源位要素统计指标,并尝试构建相关评价指标体系,从而对航空网络连通性研究的点权与边权分别做出界定。

(1)点权——空间资源位

影响航空网络连通性的节点资源位要素主要表现为节点的城市属性及其空间分布特征。不难看出,这些因素显然与节点所处的经济地理空间显著相关,且具有独特性、唯一性与不可复制性。为此,本文选取节点所占据的空间资源位作为分析和评价航空网络连通性水平的点权因素。

根据影响航空网络连通性的节点资源位要素内容,遵循指标体系构建的上述原则,建立空间资源位分析指标体系,如图3所示。

(2)边权——时间资源位

从本质上讲,空间距离、时间距离、经济距离均与时间相关,且都可通过时间进行量化,即空间距离、经济距离能够通过量化分别表现为完成单位航程、使用单位货币所需(耗)的最小时间,为此本文选取边所占据的时间资源位作为分析和评价航空网络连通性水平的边权因素。

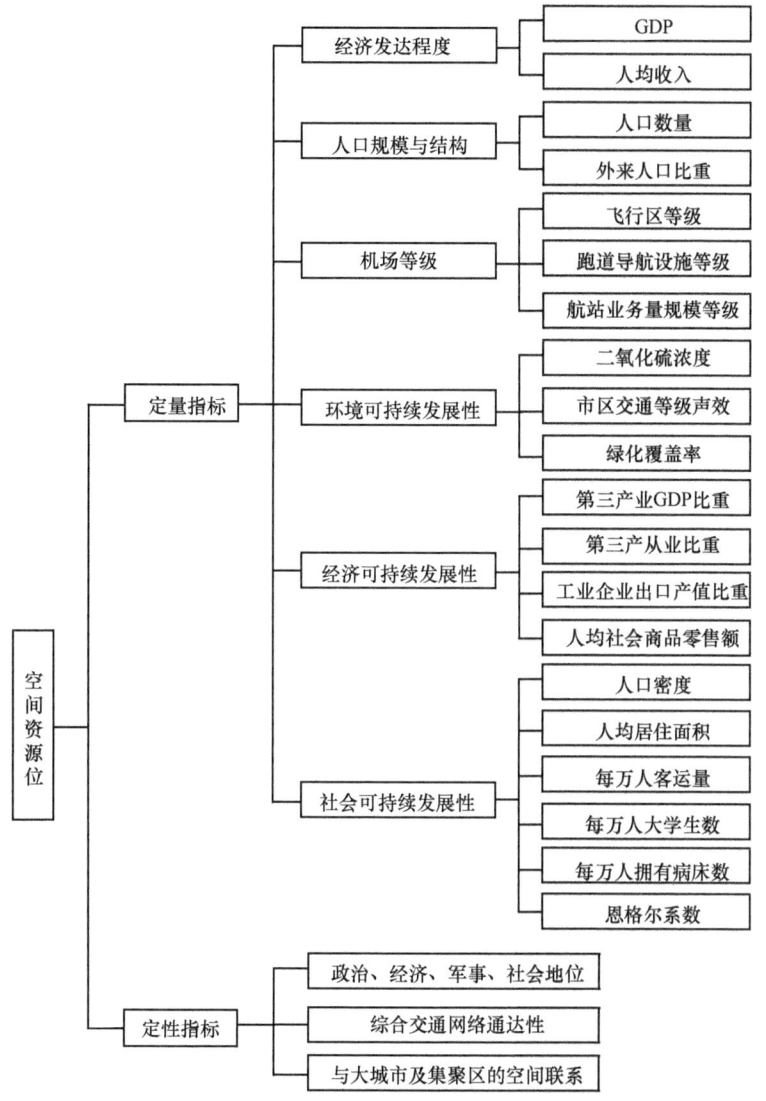

图 3 空间资源位指标体系

根据影响航空网络连通性的边资源位要素内容，遵循指标体系构建的上述原则，建立时间资源位分析指标体系，如图 4 所示。

指标说明：最短自然距离指网络的边所对应节点之间的最短距离，即航距；最短旅行时间指跨越边所对应节点之间空间距离所需的最短时间；最高旅行费用指跨越边所对应节点之间空间距离所需支付的最高费用。

(3) 点权与边权的计算

上述分析中，通过构建空间资源位与时间资源位的指标体系，对航空网络连通性研究的点权与边权分别做出界定。那么接下来的问题就是，如何将指标体系通过一定方法计算得出具体的点权和边权数值。根据航空网络具有绝大多数复杂加权网络共性特征的研究假设，对点权与边权的分析计算适用复杂网络赋权的一般理论与方法。具体来说，包括层次分析法、主成

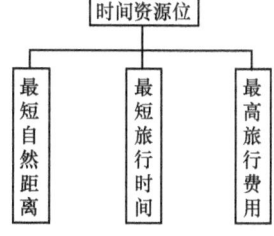

图 4 时间资源位指标体系

分分析法、模糊综合评判法等。通常来说，定性指标体系的分析处理多采用层次分析法和模糊综合评判法，定量指标体系则多采用主成分分析法。

七、结论与展望

航空网络是由节点(机场或城市)和边(航线)按一定方式构成的复杂加权网络。网络节点资源位、边资源位能够通过直接或间接的方式作用于网络拓扑结构特征，从而对连通性水平产生影响。影响网络连通性的节点资源位要素主要表现为节点的城市属性及其空间分布特征，边资源位要素主要表现为边对应节点之间的距离。通过对上述要素选取合理统计指标并构建相关评价指标体系，能够对航空网络连通性研究的点权与边权做出如下界定：在航空网络中，节点所占据的空间资源位是评价网络连通性水平的点权因素；边所占据的时间资源位是评价网络连通性水平的边权因素。进一步地，通过层次分析法、主成分分析法、模糊综合评判法等理论方法，能够计算得到点权和边权的具体数值。

本文运用系统经济学理论、借助"资源位"概念对航空网络点权与边权的相关分析，为航空网络连通性研究提供了新的思路。由于航空网络连通性问题综合性强、内涵丰富，涉及多种学科理论与方法，目前的研究尚且是初步的。在界定点权与边权的基础上，围绕空间资源位、时间资源位对航空网络连通性影响的机理机制及其实证分析，是下一步研究的重点。

参考文献

[1] Kasarda J D. The Fifth Wave: The Air Cargo-industrial Complex [J]. A Quarterly Review of Trade and Transportation, 1991, 4 (1): 2-10.
[2] 中国民用航空局. 2012 年民航行业发展统计公报 [R]. 2013-2005.
[3] 中国民用航空局. 2012 年民航行业发展统计公报 [R]. 2013-2005.
[4] 王法辉, 金凤君, 曾光. 中国航空客运网络的空间演化模式研究 [J]. 地理科学, 2003, (5).
[5] 王姣娥, 金凤君, 孙炜. 中国机场体系的空间格局及其服务水平 [J]. 地理学报, 2006, (8).
[6] Kuby M J, Gray R G. The hub network design problem with stopovers and feeders: The case of Federal Express [J]. Transportation Research Part A: Policy and Practice, 1993, 27(1): 1-12.
[7] Jaillet P, Song G, Yu G. Airline network design and hub location problems [J]. Location Science, 1996, 4(3): 195-212.
[8] Barla P, Constantatoa C. Airline network structure under demand uncertainty [J]. Transportation Research Part E: Logistics and Transportation Review, 2000, 36(3): 173-180.
[9] Wojahn O W. Airline network structure and the gravity model [J]. Transportation Research Part E: Logistics and Transportation Review, 2001, 37(4): 267-279.
[10] O'Kelly M E. A quadratic integer program for the location of interacting hub facilities [J]. European Journal of Operational Research, 1987, 32(3): 393-404.
[11] O'Kelly M E. A geographer's analysis of hub-and-spoke network [J]. Journal of Transport Geography, 1998, 6(3): 171-186.
[12] Aykin T. Lagrangian relaxation based approaches to capacitated hub-and-spoke network design problem [J]. European Journal of Operational Research, 1994, 79(3): 501-523.
[13] Aykin T. The hub location and routing problem [J]. European Journal of Operational Research, 1995,

83(1)：200-219.

[14] Campbell J F. Integer programming formulations of discrete huh location problems[J]. European Journal of Operational Research, 1994, 72: 387-405.

[15] Guimera R, Amarai L A N. Modeling the world-wide airport network [J]. Eur Phys J B, 2004, 38: 381-385.

[16] Guimera R, Mossa S, Turtschi A, et al. The world-wide air transportation network: anomalous centrality, community structure, and cities' global roles [J]. PNAS, 2005, 102(31): 7794-7799.

[17] Li W, Cai X. Statistical analysis of airport network of China [J]. Phys Rev E, 2004, 69: 046106.

[18] 刘宏鲲, 周涛. 中国城市航空网络的实证研究与分析[J]. 物理学报, 2007, (1).

[19] 党亚茹, 周莹莹, 王莉亚, 李雯静. 基于复杂网络的国际航空客运网络结构分析[J]. 中国民航大学学报, 2009, (6).

[20] 曾小舟, 唐笑笑, 江可申. 基于复杂网络理论的中国航空网络结构实证研究[J]. 交通运输系统工程与信息, 2011, (6).

[21] Barrat A, Barthélemy M, Pastor-Satorras R, et al. The architecture of complex weighted networks [J]. PNAS, 2004, 101: 3747-3752.

[22] Barrat A, Barthélemy M, Vespignani A. Modeling the evolution of weighted networks[J]. Phys Rev E, 2004, 70: 066149.

[23] Barrat A, Barthélemy M, Vespignani A. Weighted evolving networks-coupling topology and weights dynamics [J]. Phys Rev Lett, 2004, 92: 228701.

[24] Wen-Xiu Wang, Bing-Hong Wang, Bo Hu, et al. General dynamics of topology and traffic on weighted technological networks [J]. Phys Rev Lett, 2005, 94: 188702.

[25] 曾小舟, 唐笑笑, 江可申. 基于复杂网络理论的中国航空网络抗毁性测度分析[J]. 系统仿真技术, 2012, (2).

[26] 任新惠, 孙启玲. 我国机场航线网络连通性水平及切断点损失分析[J]. 交通运输系统工程与信息, 2012, (6).

[27] 崔博. 中国民用航空网络的中心化及节点攻击比较[J]. 系统工程学报, 2013, (1).

[28] 林金坤. 拓扑学基础(第二版)[M]. 科学出版社, 2004.

[29] 周生明. 离散数学[M]. 科学出版社, 2010.

[30] 汪小帆, 李翔, 陈关荣. 复杂网络理论及其应用[M]. 清华大学出版社, 2006.

[31] Barrat A, Barthelemy M, Vespignani A. The effects of spatial constraints on the evolution of weighted complex networks [J]. Journal of Statistical Mechanics: Theory and Experiment, J Stat. Mech, 2005(5): P05003.

[32] 张永莉, 张晓. 我国城市间航空客运量影响因素的实证分析[J]. 经济地理, 2007, (4).

[33] 昝廷全. 全球变化与广义资源[J]. 地球科学进展, 1990, (1).

[34] 昝廷全. 自然资源的运筹分析及其泛权场网模型[J]. 应用数学和力学, 1988, (8).

[35] 昝廷全. 人口、资源与环境协调发展的综合模式研究(Ⅰ)：思路与框架[J]. 中国人口、资源与环境, 1991, (3).

[36] 昝廷全. 资源位理论及其政策启示[J]. 中国工业经济, 2000, (9).

[37] Michael T. Gastner, Newman M E J. The spatial structure of networks [J]. Eur Phys J B, 2006, 49: 247-252.

第三部分 学术思考

文化的力量：层级文化和自组织文化

2005年有一次我和著名国学大师文怀沙先生吃饭。席间，文怀沙先生讲了一个很有意思的观点。他说，抗日战争中国打败了日本是日本人的幸运，如果日本把中国打败了，现在世界上将没有日本这个国家了，中华文化强大的吞并融合能力将把整个日本给融合了，中国将由现在的56个民族变成57个民族，多一个日本大和民族。当然，这个观点不一定为所有人接受，但它确实是大师经过认真思索之后提出的一家之言。支撑这种观点的深层原因就是文化的力量。

按照我们提出的系统经济学观点，可以把文化分成两种类型：一种是层级文化；另一种是自组织文化。层级文化是自上而下形成的，自组织文化是自下而上形成的。层级文化和自组织文化分别对应于中国艺术研究院刘梦希先生在研究文化传统和传统文化时所提出大传统和小传统。大传统更多地与国家主流意识形态相联系，小传统主要指自发形成的民间文化。按照刘梦希先生的观点，五四运动挑战的是大传统，文化大革命摧毁的是小传统，小传统的恢复和重建所需要的时间更加漫长。

从分类标准上看，刘梦希先生是根据文化的表现形式对文化进行分类的，而我们的层级文化和自组织文化是按照文化的形成机制划分的，它们分别对应于系统经济学中的层级制度和自组织制度。在系统经济学中，我们发展了关于层级制度和自组织制度的严格的数学模型，它们均可被借鉴用于文化的研究。

2006-11-18

影响房价的传媒因素

大众传媒对房价的影响主要是通过形成关于房价将要上升或下降的舆论来实现的。舆论具体通过两种途径对房价产生影响：一是通过影响购房者对于未来房价的预期而直接影响购房者的决策；二是影响政府调控房价的决策。

在此，我们简要分析舆论的形成机制及其对购房者预期的影响。按照哈肯德的协同学观点，舆论相当于一种序参量，它支配着个人的意见，强制形成一种大体上是一致的舆论，借以维持其自身的存在。采用系统科学的语言来讲就是，舆论一旦形成就对个人意见具有支配作用，反过来，各个个体的意见又进一步强化着舆论。

昝廷全于2006年发表在《中国传媒大学学报》（自然科学版）第一期的文章"拓扑传播学初探"中探讨了在一个系统中形成舆论的充分必要条件，并给出了相应的数学定理。这里我们主要从哲理层面定性地探讨舆论形成的机制问题，目的是为了研究舆论对房价预期的影响。因此，我们的基本观点或基本假定是，个人意见的形成容易受占主导地位的舆论的影响和支配。根据这个假定成立与否可以将整个人群分为两类：第一类是完全成熟和理性的公民，他们独立形成关于未来房价的判断并且坚持己见；第二类是本人在形成自己关于未来房价的判断时容易受他人意见的影响。大众传媒进而舆论对房价的影响主要是针对第二类人群而言的。

个人预期容易受舆论影响的假定对于房价来讲至关重要。比方说，可能有人认为未来房价会进一步上涨，同时可能有人认为未来房价会下跌，也可能有人认为未来房价大体不变。到底未来房价会怎么变化，这些不同的观点之间会自动出现竞争，最后会有一个观点成为主流而获胜。这个关于未来房价走势的主流观点就表现为关于未来房价的舆论。按照经济学理性预期学派的观点，最后成为舆论的主流观点将影响购房者关于未来房价走势的预期进而影响购房者的购买决策。从这个层面上讲，在这种具有集体效应的房价中，关于房价的客观标准通常是无关紧要的，大众最后偏爱或相信的是一种关于未来房价走势的主流观点。如何利用这种集体倾向是政府调控房价必须认真面对的问题。

2006-11-24

政府可以通过大众传媒调控关于未来房价走势的舆论

从某种意义上讲，大众传媒对于舆论的形成具有决定作用，特别是在传媒高度发达的现代社会。现在传媒界有一句名言很能说明这个问题："我不能影响你怎么思考，但可以影响你思考什么"。根据本文的研究，我们可以进一步说："我不仅影响你思考什么，而且影响你思考的结果是什么"。因此，政府完全可以通过大众传媒调控关于未来房价走势的舆论进而实现调控房价的目标。

在此，我们要能弄明白怎样和通过什么样的途径来改变和调控舆论。按照协同学观点，在转折时期或者系统失去稳定时更容易改变舆论。特别在社会变动时期，个人将特别注意周围人们的行为，以免在变动的环境中陷于孤立。在这一点上和传播学中"沉默的螺旋"的机制相类似。环境的变化是舆论变化的必要条件。一旦政府出台新的房价调控政策，房价将会变化的观点就会在人群中蔓延。但是，政府政策的作用大小以及未来房价的具体走势还有待进一步确定。这时，涨落将起决定作用。在这种情况下，某个不可预测的局部事件的吸引力大增，将可能导致某种关于未来房价的判断成为主流，从而成为关于未来房价的新的舆论。

舆论的形成有两种途径：一种是个人间的直接接触；另一种是大众传媒。我们国家是一个舆论控制的国家，政府通过大众传媒调控关于未来房价的舆论是我们的一大优势。由于传媒的容量有限，新闻工作者必须从大量的材料中进行筛选。沃尔特-李普曼认为，每一份报纸，当它到达读者手中之时，便是一整套筛选的结果，这样就给读者造成了一个假象世界，未被报道的东西就是不存在的。因此，大众传媒可以起到序参量的作用，大众传媒通过所表达的观点能够影响读者的观点。大众传媒是单向的间接联系，它与自然的人际联系相对立。因此，大众传媒对受众的这种影响往往是蛮横的。当然，这里是对传统媒体而言，对于具有互动功能的新媒体需要另外论述。从这个意义上讲，互动是新媒体的重要优势之一。

2006-11-24

准商商品空间中一般均衡状态的一般表达

一般均衡理论是整个西方经济学的基石。一般均衡理论主要研究一般均衡状态的存在性和唯一性问题，一般均衡状态是相对于局部均衡状态而言的。

局部均衡理论研究在"其他条件不变"的情况下，单一商品市场的均衡状态的存在和唯一性问题。在经济实践中，不同商品市场之间并不是孤立存在的，而是存在复杂的相互联系和相互影响。综合考虑不同商品市场的同时出清是一般均衡理论研究的出发点。

根据我们提出的复杂系统分类的 (f, θ, D) 相对性准则，一般均衡理论面对的是一般的商品空间，在这个商品空间中，每种商品就是单独的一个类；局部均衡理论相当于把整个商品空间看作只有一类商品。按照这种思路，我们自然想到可以在商品空间的准商空间中找出一般均衡状态的数学表达式。

准商商品空间，就是将商品空间进行聚类之后得到的空间。准商商品空间中的一个元素就代表一类商品。在商品空间的准商空间中，主要考察不同类型的商品同时达到均衡状态的条件、可能性（存在性）和唯一性。当准商空间中的商品类型的划分足够细，细到每种商品作为一个类别时，就转化为一般均衡的情况；作为商品分类的另一个极端，如果商品类型的划分足够粗，把所有商品作为一个类型，准商商品空间的一般均衡就转化为局部均衡。因此，准商商品空间中的一般均衡模型将局部均衡和一般均衡模型统一了起来，更加具有一般性，可以看作是对现行一般均衡模型的深化和拓展。

利用准商商品空间中的一般均衡模型，可以非常方便地讨论不同类型商品之间的均衡问题，对于宏观经济管理具有十分重要的现实意义。例如，可以非常方便地利用准商商品空间中的一般均衡模型讨论轻工业产品和重工业产品之间的均衡问题。原苏联刚刚解体后国内出现的日用品紧张的问题主要就是由于没有处理好轻、重产品之间的均衡所造成的。在战时或者特殊情况下，可以按照紧迫性对商品进行分类，由此可以讨论不同紧迫性商品之间的均衡问题等。

2006-11-25

看景不如听景：开集与闭集

人们常说，看景不如听景。许多人甚至还有这样的体会，本来听说某某地方的风景非常优美，于是怀着很高的期望值前去游览，到了景点之后反而有一种有失所望的感觉，觉得实际景点并没有想象中的漂亮。实际上，这种现象是很正常的，其中有着很深的哲学道理。

我们在中学里都学过开区间$(0, 1)$和闭区间$[0, 1]$之间的区别：开区间$(0, 1)$不包括 0 和 1 这两个端点；闭区间$[0, 1]$包括 0 和 1 这两个端点。这是我们上中学时对开区间和闭区间的初步认识。从实变函数的角度来看，开集的聚点可以在集合之外，而闭集的聚点则属于这个集合本身。我们把这个结论作进一步的哲学引申：开区间可以有无限的想象空间；闭区间由于跑不出自身的圈子而空间有限。

之所以看景不如听景，是因为听景时是开集，可以有无限的想象空间，到底景点有多美可以任你想象。一旦你到了景点之后，就不再有关于景点的任何想象，景点就是你实际看到的那么美，这时景点就从想象中的开集变成了闭集。类似的现象还有很多，其中的道理都是一样的。例如，有人觉得看电影不如看小说。看小说时，你可以把女主人想象得要多美有多美，但是，一旦搬上银幕，女主人就只有具体的女主角那么美，再没有其他的想象空间。这时，就从小说中的开集变成了银幕上的闭集。

有一种说法，伟人是国家危难时期的精神导师。人们对伟人往往怀有很高的敬仰之情，认为伟人都是高高在上的。但是，一旦你有机会真正接近他，你会发现他也同样有着普通人的喜怒哀乐，同样有着普通人的名利权情的需求。于是，接近伟人之后你会对伟人有另外一种理解。其根本原因就是开集到闭集的转化。人们常说的"距离产生美"的道理也在于此。

2006-11-27

"独木不成林"：企业文化

今天晚上在茶香村听戏，有一句戏词唱到"独木不成林"。当然，这句话是一句谚语，只是这次听到时引起了我的一些联想。

"独木不成林"具有很深的系统思想。单棵树总有生命周期，总会死亡。但是，构成森林之后情况就发生了变化。对于一个森林而言，每棵树有生有死，但整个森林可以永续存在。正所谓"个体来而复去，而整体依然存在着"。

对于企业家而言，这就导致了两种不同的做企业的方法：种树还是造林？因此，我们说，在系统时代，企业的架构是否完备，制度是否先进，是一个企业能否实现基业长青的关键。当然，所有这些都需要相应的企业文化的滋养，这比任何 CEO 个人的作用都更加根本。这就是我们系统经济学关于如何实现企业可持续发展的基本观点。实际上，这种思想也适合于一个国家的可持续发展问题。

2006-12-13

主客体合一：一种新的经济学研究方法

今天上午，我邀请著名产业经济学家、博士生导师李海舰教授为中国传媒大学的2007级博士研究生讲授"经济学管理学前沿讲座"。他主讲的题目是"新发展观：现代经济10大最新走向"。

李海舰教授在学术报告中讲到，农业经济和工业经济属于产品经济。也就是说，第一产业和第二产业属于产品经济。第三产业服务业属于体验经济。受李海舰教授报告的启发，我认为，在第一产业和第二产业中，主体和客体是分离的；在第三产业中，主体和客体是合一的，或者是部分合一的。特别地，在体验经济中，主体和客体不仅合一，还可能相互转化，主体客体化、客体主体化，主客体的复合再主体化、再客体化等。这预示着体验经济需要一种新的研究方法。

2006-12-14

分工与合作的辩证模型：频道专业化的优势和局限

希腊哲学家亚里士多德曾经提出"整体大于部分之和"。按照这种思路，任何个人的知识都小于社会知识。今天中午，无锡人民广播电台台长冯雷先生和我们一起吃饭，席间，他谈到了广播台过分强调不同频率的分工的局限性与合作问题。这已经涉及系统经济学关于分工与合作的辩证模型。系统经济学认为，分工与合作是一个辩证过程，在某些条件下，分工可能提高经济效率；在另外的条件下，合作可能更能提高经济效率。因此，应该强调分工还是应当强调合作是有条件的。从企业内部来讲取决于相应的系统资源水平；从外部来讲，取决于竞争环境。

将这种思想应用于广电产业，我们自然得出这样的结论：在一定条件下，强调电视台的频道专业化可能能够提高效率。但是，这种强调不能走极端，不能绝对地认定，强调频道专业化就是最优解。实际上，频道专业化一段时间之后一定会遭遇新的发展瓶颈。其新的出路在于不同频道之间的协调与合作。特别是外部竞争环境比较激烈的情况下更应强调不同频道之间的合作，以提高整个电视台的竞争能力。也就是说分工与合作是一个交替变化的辩证过程。

2006-12-13

再谈"富贵险中求"

前些天写了一篇关于"富贵险中求"的短文,引起了一些朋友的关注,我很高兴。但是,由于当时没有来得及阐述清楚,引起了一些误解,今天再次就这个问题写一次博文。

使用"富贵险中求"这个谚语是为了引出我们的制度边界思想,帮助大家理解。在系统经济学研究中,我们曾经提出了制度的一个拓扑学定义:制度就是行为空间的一条封闭曲线。简单地说,制度就是在行为空间中划一个圈:圈里的行为是制度允许的,圈外的行为是制度禁止的,圈上的行为没有明确规定是允许还是不允许。根据我们的研究结果,这个圈具有一定厚度,它的测度并不是零。我们把这样的圈称为制度边界。这个制度边界就对应于经济学诺贝尔奖获得者科斯所说的"制度的灰色地带"。在这个研究结论的基础上,我们进一步提出了下面这样一个推论:判断一个人的人生态度是积极的还是保守的,就看他愿不愿意利用制度边界。记得1992年我刚到广东工作的时候,经常听到这样一种说法:内地人只做政府让做的事情;广东人的行为规则是,除了政府明确规定不能做的事情之外全做。用我们的制度边界理论来说,内地人和广东人的最大区别就在于利用不利用制度边界。事实情况是,我们之所以提出上述结论,就是受上述这个说法启发的,或者说当时听到的这样一个说法一直潜伏在我的脑海里,等待我给出一个科学的解释。当我终于可以给出一个和系统经济学逻辑上自洽的解释时,一种发自内在的愉悦心情油然而生。

我最早得出上述结论是在2002年。当时发表的论文题目是"制度的数学模型与制度设计的两个基本准则"(〈中国工业经济〉2002年第2期)。在那篇文章中的命题2是这样表述的:划分积极型与保守型经济系统的标准在于利用不利用制度边界。其实,衡量一个企业家是积极型还是保守型也可以看他是否利用制度边界。

当时提出上述结论是完全根据行为集合的测度大小,直到今年过春节和朋友玩牌时突然听到"富贵险中求"这句话,立刻引起了我的思考,就是在那一刻,我立即把它和系统经济学的制度边界理论联系了起来:如果把这句话中的"险"理解为利用制度边界,那么"富贵险中求"这句话就和我们关于积极型与保守型人生态度的划分完全一致了起来。同时,我突然想到了最优化理论中"最优解都在边界上"的结论。这样,就为我们关于积极型与保守型的划分找到了理论依据。当时真有茅塞顿开之感,淋漓尽致的痛快。

根据上面的结论,抱有积极型人生态度的人,或者是成功人士都是积极利用和善于利用制度边界的人。按照我们的观点,2006年媒体炒作比较多的"企业家原罪问题"的实质就是,在中国改革开放之初,这些人都成功地利用了制度边界使自己的企业壮大了起来。这里我们是说,他们成功地利用了制度边界,并没有说他们违反了当时的制度。严格说来,他们确实并没有违反当时的制度。随着中国改革开放事业的不断深入,各项规章制度不断完善,当时属于"圈"内的合法行为可能就变成了后来的违法行为。也就是说,代表制度的"圈"在变化,他们必须调整自己的行为模式。如果他们没有及时调整自己的行为模式,他们的行为就会出"圈"。这就是我们给出的关于企业家原罪问题的系统经济学解释。

这样就引出了两个问题:第一,要学会识别"圈",要知道"圈"在哪里;第二,要知道"圈"如何变化。先说第一个问题,即如何识别"圈"的问题。根据科斯的观点,制度分为正式制度和非正式制度两种。根据我们的制度拓扑理论,代表正式制度的"圈"是显化的;代表非正式制度的"圈"是潜在的,各种"官场潜规则"都属于这种情况。对于各种明显的"圈"很容易识别,也方便遵守。关键是代表各种非正式制度的潜在的"圈"不易识别,更难遵守。各种潜在的"圈"和本土文化密切联系在一起。因此,对于潜在的"圈"的识别往往只能靠"悟"。吴学谋先生曾经给出过一个关于"悟"的定义,他说,悟就是进入角色、超越角色,以及进入与超越的反复复合。因此,对潜在的"圈"的识别也需要进入角色、超越角色,以及进入与超越的反复复合。因此,跨国公司在跨国经营时必须了解本土文化和风俗习惯。当然,最直接的办法就是聘请本土的员工和管理人员。

现在,我们谈第二个问题,如何知道"圈"的变化。在现实生活中,我们经常听到这样一句话:"识时务者为俊杰"。如果把这句话中的"识时务"理解为预知"圈"的变化可能更为科学。所以,我们说,中国的许多古典哲理中既包括很多主观臆测迷信的东西,也包括很多天才的猜想,潜科学和前科学的成分,需要进行进一步科学显化和科学定型。从预知"圈"的变化的角度,可以对"红鼎商人"现象有一个新的认识:"红鼎商人"比一般的商人离政府更近,更容易获知制度的变化,甚至可以在"圈"变化之前预知"圈"的变化。因此,和其他商人相比,"红鼎商人"可以占尽先机,且不说获得的其他方面的优惠。因为制度往往是政府制定的。

如果做到了上述两点,既能够辨识"圈"在哪里,又能够预知"圈"的变化,这时,再充分利用制度边界也不会有任何风险。从这个意义上说,"富贵险中求"就没有了任何风险。不知道制度底线在哪里,不知道"圈"在哪里就盲目行动才有风险。

2007-03-22

中国一定能够出现世界级的媒体

2007年4月25日,"中国财经媒体高层论坛"在北京朝阳北星河湾国际会议中心举行。我应邀担任"财经媒体与企业共赢"专场的主持人。

在论坛的嘉宾对话时,一个共同关注的问题就是中国能不能出现世界级的传媒集团以及何时才能出现。有些专家认为,在15年以内中国出现不了世界级的传媒集团,理由主要是政策和制度层面的;有些来自企业的同志则认为,中国一定会出现世界级的媒体。

关于这个问题,我的观点是乐观的:中国一定能够出现世界级的媒体。其理由就是我在研究传媒经济时所提出的传媒价值定律。根据这个定律,一个媒体的价值取决于它所镶嵌其中的经济系统的规模和性质。粗略地讲,它所镶嵌其中的经济系统的规模越大,媒体的价值就越大。例如,中央电视台是镶嵌在整个国家的国民经济系统之中的,而一般电视台是镶嵌在地方的区域经济系统之中的,由于整个国家的国民经济系统显然大于任何地方的区域经济系统,所以,中央电视台的媒体价值大于任何地方电视台。但是,地方电视台一旦上星情况就变了,它所镶嵌其中的经济系统就从地方的区域经济系统变成了整个国家的国民经济系统,其媒体的价值自然也就提升了。这也是为什么各地方电视台都希望上星的主要原因。

按照媒体价值定律,经济系统的规模越大,镶嵌其中的媒体的价值就越大。经过近30年的改革开放,我国的GDP已经占到了世界GDP的5%。随着我国经济的持续向前发展,我国GDP在世界经济中的比重还将进一步提升,它一定能够催生出世界一流的传媒集团。这是事物发展的基本规律。和这个规律相比,任何其他的因素都是次要的,都会得到解决的,尽管在这个过程中可能有波折。

2007-04-27

美国传统:制度边界的一个案例

最近,我在阅读美国约翰·S.戈登写的《伟大的博弈:华尔街金融帝国的崛起(1653—2004)》,这是一部讲述以华尔街为代表的美国资本市场发展历史的著作。书中讲道:"美国从一开始就有一种传统,如果没有什么既定的法律限制你不能做什么事,你就可以做,知道颁布法律不允许你再做,而在很多其他国家,恰恰相反,你做任何事都需要政府颁发执照,这和美国有很大的不同"。

其实,戈登所讲的这个美国传统完全符合我们在系统经济学研究中所提出的积极型人生态度的标准。在系统经济学中,我们提出了制度的拓扑学定义,即把制度定义为行为空间中的一个封闭曲线。我们进一步认为,制度设计不是针对每一个具体行为,而是针对一个个"行为类"。这样一来,代表制度的封闭曲线就具有了一定的"厚度",我们称其为"制度边界"。在制度曲线的内部是制度允许的行为,在制度曲线的外部是制度不允许的行为,而位于制度边界上的行为属于没有明确规定是否可行或者不可行的行为。据此,我们提出了划分积极型人生和消极型人生的标准就在于是否利用制度边界。戈登所讲的这个美国传统,使用我们的系统经济学语言来讲就是充分利用制度边界,属于积极型人生的一个典型案例。这也从一个侧面说明了美国崛起的原因。

随着我国改革开放事业的不断深入,我国文化正在向充分利用制度边界的积极型文化转变。这种转变在我国沿海开放城市首先兴起并不断向全国蔓延。传媒界比较典型的例子就是湖南卫视推出的"超女"节目,在此之前,政府并没有明确的相关规定。"超女"现象出来之后,政府才出台关于此类现象的相关规定。此时,湖南卫视已经借助"超女"取得了丰厚的收益。

2007-05-03

我系统，故我在

我系统，故我在。

这句话有两种含义：

1）从广义上讲，人类社会目前已经进入系统时代，任何个人都不是孤立存在的个体，只有在与世界的联系中才能生存与发展。这是本体论意义上的理解。

2）从狭义上讲，我是通过创建系统经济学，进而形成"系统时代-系统经济-系统管理"三位一体的学术思想体系来体现自己的学术价值。显然，这种含义属于认识论范畴。

2007-05-16

腾讯网经济频道在线专访

2007年5月9日，我应邀接受了腾讯网经济频道的在线专访，主题是纪录片问题。和我一起接受专访的另外一位嘉宾是新近播出的12集连续剧《大国崛起》的制片人之一高先生。据他介绍，他的公司参与制作了其中的6集。

《大国崛起》之所以如此火爆，具有一定的时代基础。中国改革开放已近30年，综合国力显著增强，人民生活水平明显改善，GDP排到全球第6位。在这个背景下，许多人开始做起大国梦，或者说，对于成为世界大国有了一定的思考和期望。这时，中央电视台播出《大国崛起》正好迎合了受众的心理期望。因此，要想做出一个成功的大片，必须考虑整个时代的背景和全体受众的心理需求。

我对纪录片的未来走势持乐观态度。在改革开放初期，物质产品匮乏，供不应求，在某种意义上说，急功近利成为一种社会潮流。经过30年的改革开放，人们的物质需求基本满足之后自然转向精神需求。因此，文化产业在近年的兴起具有一定的必然性。越来越多的人开始对历史文化感兴趣，这就是纪录片未来走好的最根本原因。

2007-05-17

东西方差别：说服人与说服神

东西方的差别很多，其中有一个差别非常典型，这就是东方人做事注重说服人，而西方人做事在于说服神。人的理性是有限的，而且具有情感，同时具有时间和空间上的局限性，一个人不能同时在两个地方和两个时间点上出现。神是万能的，是无所不知的，而且无处不在，无时不在。比方说扫地这样一件小事，如果从说服人的角度出发，老板看不到的地方就可以不用打扫；如果从说服神的角度出发，由于神是无所不在，无所不知的，因此，老板在不在都不能偷懒。

日本当代思想大师小室直树在《给讨厌数学的人》一书中描述中国古代思想家韩非子的中国古代争论技术时指出，争论的技巧在于掌握君主(政治权力者)的心，最重要的是在君主愿意亲近和信任的情况下，把应该说的话都说出来。换言之，与君主建立可称为"深固之谊"的人际关系是成功说服的第一步。从系统经济学的角度来讲，就是二者首先要系统化，变成一个系统，然后才能进行有效沟通。从拓扑学的角度来讲，变成一个系统就变得距离接近了。拓扑学就是采用集合的包含关系来描述远近的，比用距离描述远近更具有普适性。

依照古代中国的逻辑，一个命题是否成立，不仅由说者和听者之间的情意来决定，也要看说者能否看穿听者的心。从深层意义上讲，这与我们在传媒经济学研究中提出的传播有效性原理是暗合的。而形式逻辑的精髓却是，决定一个命题是否成立与说者和听者的能力或他们之间的关系和情谊如何毫无关系。

2007-05-31

产权的抽象化有利于数学化

最近，郑州大学原校长曹策问教授向我推荐了一本书，是日本学者小室直树写的，书名叫作《给讨厌数学的人》，其实论述的是数学的重要性。书中指出，东方人在对待产权上所有与占有不分，常常把支配等同于所有。因此，无法实现所有权的抽象化。所有权的抽象性是指观念性和逻辑性。所有权的成立与现在是否支配此物无关。只有完成了所有权的抽象性升华，才能验证同一律、矛盾律和排中律，进而以数学的方式处理。所有权是市场经济的基础，作者在此基础上解释了为什么市场经济最早在西方出现。

2007-06-01

经济学家的社会责任

以前，我曾经说过，一个学者的首要任务就是探索真理，并在探索真理的过程中发现美和体验美。一句话，学者的主要责任就是帮助人们更好地认识世界，更好地认识世界的发展规律。从哲学的观点来看，认识世界的目的在于改造世界。从这个意义上讲，学者还应承担某种社会责任。

20世纪最伟大的物理学家、物理学诺贝尔奖得主爱因斯坦发明了著名的质能关系式$E=MC^2$。这个公式是原子核能发电和原子弹爆炸的基础。因此，这个公式既能用于和平用途而造福人类，也能用于制造核武器伤害人类。为此，爱因斯坦多次发表演讲，呼吁世界和平的重要性，坚决反对制造和滥用核武器。这充分体现了一个科学家的社会责任感。由于经济学是"经民济世"的学问，与社会的联系更加直接，因此，和自然科学家相比，经济学家的社会责任也更加直接，联系的界面也更广。

经济学家发挥社会作用的主要途径是发表政策主张、政策建议和普及经济知识。我在《系统经济学》（第一卷）的绪言中曾经提出，经济学家对外输出的是政策主张和政策建议，而在内部应当是扎实而系统的理论研究。正是由于"内部扎实而系统的理论研究"才使得经济学家提出的政策主张和政策建议科学可靠。从社会影响来看，由于经济学家身份的特殊性，经济学家发表的任何政策主张和政策建议都比其他人影响大。从某种意义上讲，经济学家的意见就是科学的化身。这就要求经济学家发表意见时要具有一定的使命感和社会责任感，所发表的政策主张和政策建议应当是其"内部扎实而系统的理论研究"的自然外推，应当是从其理论研究成果中诱导出来的，而不能是不负责任的随意胡说。顶着经济学家头衔的人的随意胡说更具有欺骗性，危害性更大。这就要求经济学家要具有自己的职业操守和社会责任感。尤其对于自己不熟悉的领域的问题，更不能妄提建议，这是极不负责任的做法。

除了发表政策主张和政策建议之外，普及经济知识也是经济学家发挥社会作用的一个重要途径，特别是现代社会传媒高度发达，为经济学家发挥社会作用提供了一个极好的平台，我们要学会利用这个平台，通过承担社会责任，塑造未来的经济世界。

2007-06-07

资源整合的拓扑学定律

我们认为，人类社会目前已经进入系统时代。系统时代，整合为王。关于资源整合问题，我们已经发表了大量论著，逐步形成了系统经济学研究的一个主要研究方向。

今天晚上，我重读实变函数，当我读到一个点和一个集合之间的距离，就等于这个点与集合中所有点之间距离的最小值，即$d(x, D)=\inf\{d(x, y), y \in D\}$。我们可以把距离作广义的理解，即认为《沟通就是零距离》（我的一本随笔书名）。2006年，我在《中国传媒大学学报》（自然科学版）上，发表了两篇拓扑传播学的探索性文章。在这篇文章中提出，信息传播渠道就是一种数学映射。根据这种观点，我们把沟通理解为拓扑连通性。将这种观点与资源整合结合起来，我们提出资源整合的拓扑学定律，也称为资源位第三定律，资源位第一定律和第二定律提出于2005年，发表于当年的《中国工业经济》。

资源整合拓扑学定律（资源位第三定律）：不同资源点之间存在拓扑连通性是资源整合的必要条件。

根据拓扑传播学观点，信息传播渠道使得不同资源点之间具有了拓扑连通性，因而信息传播渠道有利于资源整合。信息传播渠道的这种整合功能是传媒经济对GDP间接贡献的重要组成部分。

根据资源整合拓扑学定律，可以对互联网的功能有新的理解。互联网的一个重要作用就是增强世界的连通性。用系统经济学的语言来说，就是互联网促进了系统广化和系统深化。系统广化是指互联网把全球各地联系了起来；系统深化是指互联网把每一个上网的个人联系了起来。互联网的这种连通功能之强大是空前的。因此，互联网的资源整合功能也是空前的。也许这才是人们把互联网的出现作为新经济的起点的真正原因。

2007-06-21

万能连通因子

最近由于装修，再加之一些其他方面的事情，一直没能潜心学问，心中深感不安。这种不安主要来自于对于虚度年华的恐惧。生活在现代社会，各种机遇与诱惑很多，往往使人分不清坐标方位，但时刻要牢记自己的真正目标，认清自己真正最喜欢做的事情是什么，决不能把手段当目标去奋斗。

前一段时间读了《世界是平的》、《伟大的博弈》和《疯狂的投资》，引发了很多思考，产生了写一本《伟大的互联网》的想法。我非常赞成把互联网的出现看作新经济的开始。互联网的出现确实是革命性的，它改变了人类社会的整个面貌，它的影响是深远的和不可逆的。互联网的最大功能就是极大地增加了世界的连通性。根据资源整合的拓扑学定律，连通性是进行资源整合的必要条件。受邓肯·J.瓦茨（Duncan J. Watts）在《小小世界：有序与无序之间的网络动力学》所提出的学术观点的启发，我认为，弱连通对于资源整合具有更加重要的意义。

从连通性的角度来看，我们可以对货币功能有一种新的看法。货币是一种万能整合因子：它不仅可以毫无障碍地与硬资源和软资源整合，更重要的是它的出现大大增加了经济系统的连通性。它就相当于麻将中的"癞子"。癞子可以充当麻将中的任何一张牌，同时可以和麻将中的任何一组牌进行组合。

2007-08-25

在东南卫视节目创新与品牌价值座谈会上的发言

（中国职工之家：2007年8月）

昝廷全（中国传媒大学教授、博士生导师）：
前面听了各位领导、专家的意见收获很大，现在说几点我自己的感想，可能跟前面几位专家差不多,之前对东南卫视确实不太了解。但现在这两天看了看资料,包括听了各位的介绍,对东南卫视多了一些了解。首先要祝贺东南卫视这些年取得的成绩,综合排名第七,包括上半年的广告收入增加30%,这是非常好的成绩。最近看到一个资料,广告收入其实和栏目的质量、节目的质量并不呈现直接正相关的关系。

第一,这一结论是什么意思呢?节目做得非常好和栏目做得非常好不一定广告收入就能上升,这是有数据支撑的,是根据全国卫视的最新统计数据得出的结论。我们要问的是既然不直接相关,到底跟什么相关?最后的结论是品牌。它与一个台的品牌呈直接的正相关关系。东南卫视在这里专门召开东南卫视节目创新与品牌价值研讨会是非常有战略眼光的,特别是对品牌的重视程度,在全国的卫视中都是比较少的,来北京跟各位专家探讨这一问题,是具有战略眼光的。

第二,根据我的理解,东南卫视最近一两年取得这一成绩的一个重要的原因就是定位问题,定位在海峡的位置上。我们在做系统经济学研究时,提出了一个观点,叫作"系统时代,整合为王"。在传统的工业时代,衡量一个企业家、一个人能力的高低,就看他的"圈地"能力,看他能把多少资源圈到自己的企业中,这就是他的主要能力。现在的时代进入到了"系统时代"。在系统时代,人与人的关系更加密切,国家与国家的关系更加密切。在这样的情况下,对于一个机构、一个企业领导人能力的衡量标准发生了变化,这个时候衡量的标准是整合资源的能力,整合资源的能力是第一重要的。东南卫视的这一定位刚好是利用资源整合的概念,最直接的整合了台湾地区的资源。其他的卫视,最大的资源都是本省资源,但东南卫视不只是本省资源,可能把东南亚的资源都整合过来了,所以它做得很成功。它恰恰符合了我们现在所讲的新的理念,"系统时代,整合为王"。这可能就是东南卫视近两年做得比较成功的重要原因,就是在资源整合上做得好,其源于定位的选择。

第三,品牌的建设是和定位和台的发展战略密切相关的,一个品牌的建设首先要考虑如何定位,发展战略是如何的,这是非常重要的。在这样的条件下谈品牌问题,战略首先是清晰的。例如,海峡两岸是一个宏观的定位,当然细节还要考虑。就像刚才刘老师所说的,刘老师是你们家里人,无论是做新闻,还是做娱乐、欢乐、时尚,这还是需要调整的,这是需要进一步探讨的,宏观上是清楚了,但具体化到底是如何定位的,这一定位系统如何做还要具体研究。定位很重要,定位真正保证了发展战略能够迅速实现,也是品牌建设的前提,到底做什么样的品牌,定位一定要清楚才行。

第四,品牌建设是一个系统工程。品牌是一个整体的概念,品牌不是单一的概念。这种理念对我们有很多帮助。我们的栏目包括各个节目的制作都紧扣海峡,各种做法相互靠拢,遥相一致,内容协调。在这方面我刚才听了梁总的介绍觉得非常好。

另外,在这前提之下,包括节目的经营、主持人的经营都会有重要的影响。记得以前我跟一家公司做过策划,当时他们给我们介绍情况时令我们很吃惊,它的产品销售特点是绝不让本地人去本省销售。例如,广东人到广东卖产品,打开局面可能很快,因为他当地有朋友、有同学,但这样不能长久。一旦这个人变了,跳槽了,市场就需要重新做,市场就会失掉,反过来也有可能会威胁公司。如果我派另外一个地方的人去,即使这个人跳槽了,我在这个地方的市场不受任何影响,消费者之所以购买本公司的产品是因为本公司的产品本身的质量和品牌,不是因为任何个人因素。品牌是一个系统,当然这跟很多元素都有关系，对于每一个元素怎么平衡、怎么改革都是一个需要认真对待的问题。

品牌建设是一个系统工程，是一个缓慢的过程，不是一蹴而就的，不能着急。从传播学和心理学上讲，一个人从一个渠道反复得到一个信息，和从不同的渠道得到同样的信息影响是不一样的。一个人从不同的渠道得到同样的信息会更相信，如果从一个渠道反复得到信息就不一定增加信任。就像说一个人一样，一个人说他好不一定相信，但所有的人都说他好才会相信。所以说，品牌的塑造是一个系统工程，这是一个缓慢的工程，这得要有一套的具体做法。

第五，简单说说建议：在产业经营上可以拉长产业链条。你的资源跟别人相比是多的，因为多了一块，对于其他省来说，是以本省资源为主的，而你加上了台海这一块，你的资源就比别人多了一块。另外，跟董所长所说的一样要高度重视新媒体，特别是互联网如何跟传统媒体融合，电视媒体和网络如何融合。我们做战略、做品牌要考虑到将来稍微长一些的时间。一个台的长期发展一定要注重媒体的发展趋势，特别是互联网的影响。最近，我在写一本书，叫作《伟大的互联网》。互联网的出现将改变人类生活的各个方面，包括电视的未来发展。

谢谢大家！

2007-09-01

学术研究不仅要 insist，更要 focus

今天是星期天，我在北京国家图书馆 4 楼的第 2 外文阅览室查阅了一下午的外文期刊，在图书馆就要闭馆的时候才离开。出来后，觉得非常充实和愉悦。经过这次双重分岔之后，我可以彻底卸下一切包袱，集中精力做自己真正喜欢的事情啦！每个人都有自己喜欢的事情。我最喜欢的事情就是研究系统经济学。"传媒是经济系统的构造性元素"。记得有句诗歌中写道："既然选定了，就要为它献身！"。

"学术研究不仅要 insist，更要 focus"这句话是我曾经的朋友对我说的。我非常赞成和认同这句话。在郑州大学期间，我曾经让商学院的打字员小余把这句话打成大字贴在我的系统经济学研究所办公室的书架上，还专门拍成了照片。系统经济学研究所位于郑州大学逸夫楼 3 楼。逸夫楼是当时郑州大学最好的写字楼。我的这间办公室是曹策问校长特批给我的。也算没有辜负曹校长的厚爱，系统经济学研究所成立不到 3 年就被评为河南省重点人文社科基地。

虽然在过去的岁月中，在我的心里对自己的定位非常清楚非常准确，将自己定位为读书人，而且也找到了自己真正喜欢和适合的事情，但是，真正用在系统经济学研究的时间不到 50%。前后做了将近 7 年的企业老总和上市公司的高管人员，在 3 所大学折合做了 8 年多的院长和所长，占用了许多学术研究时间，再加之其他一些没有处理甚好的事情的干扰，真正用在学术上的时间就更少。近日，反思过去经历的一些事情和人物，感慨颇多。

由于在学术上取得了些许成绩，做了教授、博士生导师、特聘教授，入选教育部"新世纪优秀人才支持计划"。对此,我心存感激。因此,最近我在经常说的两句话("要学会用审美的心态生活"和"要学会用出世的心态入世")的基础上加上第三句:"要学会心存感激"。但是,我深知自己还没有真正潜心学问,自己的真正学术研究才刚刚开始,还没有真正发力、发狠!北京广播学院成立 50 周年时,学校出版社在出版庆祝文集时向我约稿,主题是学问之道,我在约稿写到自己真正的学术研究才刚刚开始,这在当时确实是肺腑之言,绝非客套。今天的国家图书馆之行将成为系统经济学研究的新起点,和系统经济学具有直接的因果关系,将成为今后生活、学习、教学和科研的基本准则。一个人最大的敌人是自己,最难战胜的还是自己。好在我现在还有"重上井冈山"的豪情!错过又如何!"只不过是从头再来!"。

2007-09-24

文化的力量

现代社会,随着信息技术的高度发达和互联网的不断普及,远程教育和在线学习如此方便,大家为什么还要到大学校园学习呢?其中一个重要的原因就是要感受大学校园的文化,接受大学校园文化的熏陶和滋润。正是由于这个原因,不论远程教育如何发达,大学校园永远有它存在的理由。一所大学拥有什么样的校园文化,从某种意义上说,就决定了这所大学的高度。

根据系统经济学观点,文化进而大学文化是一个系统概念。每一个人的行为对文化的形成都有影响,都有贡献,文化作为系统意义上的"序参量"一旦形成又会反过来影响每一个人的行为。正是每一个教师和学生的言行、习惯和价值观念构成了一所大学的校园文化。在校园文化的营造中,教师起到主导作用。作为宏观和系统意义上的校园文化一旦形成,就会反过来对这个校园中的每一位师生产生影响,特别是对新进入这所学校的新生具有一定的塑造作用。这正是我所担心的地方。这种担心绝非出于个人原因,而是出于一种作为人民教师的责任。当然,我相信同学们的鉴别能力和"消毒"能力。有一位教师一直声称自己创建了"广播电视经济学"和"传媒经济学",这显然不符合事实。我是 2000 年才开始介入传媒经济领域的,因此,对于传媒经济管理方面的问题一直不敢随便讲话。即使应邀参加各种会议,我也争取在后面发言,唯恐自己说出外行话,甚至错话,损坏了中国传媒大学的名誉,或者说损坏了大学教授的名誉。我是学经济学出身的,之前对于传媒不甚了解。于是,我就抓住一切可能的机会和时间,尽快了解和熟悉传媒。在正式开始传媒经济研究时所做的第一件事情就是文献综述。我认为,重视文献综述,既是对别人和历史的尊重,也是一种学风。每年新生开学,我都会向我的研究生讲述做学问的程序,首先要学会文献综述。通过文献综述,我们就知道了所研究的问题最早由谁提出,他的观点怎样;以后又有哪些人对这个问题进行过研究,都提出过哪些观点,得到了哪些结论,以及这些研究成果和你所要研究的问题具有什么样的联系。在这个基础上,才能通过分析论证提出自己的观点和立论。我和我的研究生在传媒经济学文献综述时发现，早在 1925 年，美国威斯康星大学的社会学和经济学教授杰米（Jome Hiram Leonard）就出版了他的《广播产业经济学》，正式提出了"广播经济学"的概念，并进行了比较深入的研究。1960 年，美国加州大学经济学和政治学教授伯恩斯坦（Bernstein Iring）在其出版的《电视片生产与发行的经济学》著作中提出了"电视经济学"的概念。1963 年，英国剑桥大学的应用经济学教授瑞德威（Reddaway W.B.）在英国经济学皇家学会会刊《经济杂志》（*Economic Journal*）上发表了题为"报业经济学"的论文。1970 年诺贝尔经济学奖得主萨缪尔森（Paul A. Samuelson）曾在 1964 年探讨过电视节目的公共产品属性问题。1972 年诺贝尔经济学奖得主阿罗曾在 1965 年前后探讨过商业电视的未来与电视广告投放的最佳途径问题。1986 年诺贝尔经济学奖得主布坎南（James B. Buchnan Jr.）曾经从公共产品的角度研究过广播电视经济学问题。诺贝尔经济学奖得主科斯（Ronald H. Coase）从 20 世纪 50 年代开始，一直研究广播电视波段分配的经济与政策问题。总之，前人在传媒经济学方面已经进行了大量的研究工作（参见"昝廷全，刘静忆，王燕萍. 积极整合资源，加强我校传媒经济学学科建设"，载《中国传媒经济》2007 年第三辑）。

进行了上述文献综述之后，我们自然就了解了"广播电视经济学"和"传媒经济学"发展的真实历史轨迹。从事科学研究，首先要有科学态度。具体表现为，要了解学科发展历史，了解前人已经做了哪些相关的研究工作。唯有如此，才能养成良好的学风。在此基础上，才能形成一所大学良好的校园文化。良好的校园文化对于大学的可持续发展至关重要。正如余秋雨先生所说，如果没有人文坚持，无论是个人或企业，最后都会进入文化意义上的"失魂落魄"。

从学科发展的规律上讲，任何一门学科的产生和发展都是科学家群体共同努力的结果。经济学是谁创建的？数学是谁创建的？物理学是谁建立的？化学是谁创建的？稍微留意一下这些学科的发展史不难发现，上述任何一门学科的发展都不单是任何个人的功劳，都是科学家群体前赴后继共同努力的结果。这其中，我们可以说的是，哪位科学家具体做出了什么贡献，提出了什么有价值的论点，得出了什么漂亮的结论和定理等。正因为如此，科学研究的第一步就是要做文献综述，首先要了解在你所研究的问题上前人都做了哪些工作。这是所有科学研究工作的出发点。

根据科学学（Science of Science）的研究成果，任何一门学科都是在分析与综合的辩证过程中不断向前发展的。在学科发展的某一个历史阶段，可能分析占主导地位；而在学科发展的另一个历史阶段，综合可能成为学科发展的主要动力，不同学科的交叉融合就是综合阶段的具体学术生态。80%以上的诺贝尔经济学奖得主具有理工科背景。占据西方经济学核心地位长达 40 年之久的经济学家 Samuelson 是 1970 年的诺贝尔经济学得主，其大学学的是物理学。在从事系统经济学研究的过程中，我们提出了"人类社会已经进入了系统时代"。系统时代的核心价值观就是"系统时代，整合为王"。因此，不同学科的交叉融合在现代尤为重要。现在，许多西方国家把"交叉学科研究"作为综合大学的评判标准之一，也许就是顺应这种学术思潮的自然反应。

2007-10-03

学术的边际效用最大化

人生是一个过程，是由一段一段的时间构成的，每一段时间都有自己的价值，不会真空，加起来就是人生的总体价值。一个人的学术生命也是如此，是由一段一段的时间构成的。但是，每一段时间的学术重点是不同的。对于目前的学术阶段来说，系统经济学的哲理框架已经基本完成，一些学术上的世俗指标也已不期而至，最重要的就是学术上台阶和国际化，应该说进入了类似于美国的 tenure professor（终身教授）阶段。工作的重点应该是高层次的学术创新，而不是低层次循环。唯有如此，才能实现边际效用的最大化。

2007-10-04

希尔伯特(Hilbert)的无穷旅馆：有穷与无穷的区别与联系

记得上大学时，我就买了《从一到无穷大》这部名著，并进行了认真的阅读。但是，现在回想起来，当时并没有理解其中的精髓。其原因就是我们提出的一个关于学习的规律在起作用：学习的效果与学习者的知识软件成正比。作为学习者拥有知识软件的一种极端情况，无论多么优秀的文章，对于知识软件为零的文盲来说，看到的只是被墨水污染的纸张；作为另外一个极端情况，对于拥有足够知识软件的读者来说，却可以从中看出超出作者原意的内容来，这就是阅读的联想和启发作用。读者的知识软件越多，所引发的联想也就越多。由于每一次阅读都会增加读者的知识软件，因此，每次阅读都会有新的收获。特别是对于有些名著，是需要反复阅读的，即"阅读的边际收益"可以是递增的。上大学时之所以没有读懂《从一到无穷大》，就是因为自己的知识软件不够。

《从一到无穷大》之所以成为一部名著，首先是因为选题好：从一到无穷大不仅是量的变化，更重要的是质变。从某种意义上讲，无穷大是经典数学与现代数学的一个分水岭。对于这样一个重要的选题，如果再加上内容深入浅出，条理清楚，文字优美，当然就会很容易成为名著。在无穷世界里有着许多和有穷世界里不同的规律。例如，在有穷世界里，X 显然不等于 $X+1$；但在无穷世界，当 X 趋于无穷时，X 和 $X+1$ 是相等的。再如，对于只有有限项的数列来讲，整个数列是不可能和它的任何子列对等的；但对于拥有无穷项的数列来讲，整个数列与它的某一子列对等是经常遇见的情况。对于由自然数构成的无穷数列来讲，它的奇数项和偶数项构成的子列都和自然数列对等。

伟大的数学家希尔伯特在一次讨论无穷大性质的演讲中，提出了"无穷旅馆"的概念,以帮助人们形象地理解有穷与无穷的区别。作为生活常识,我们都知道,对于一个内设有限个房间的旅馆(有穷世界)来说,如果所有房间都已客满,这时又来一位客人要订个房间。前台只好礼貌地说:"对不起,所有的房间都住满了。"现在设想有一个"无穷旅馆",内设无穷个房间,所有的房间也都客满了。这时又来了一位客人想订房间。前台会说:"没问题,我给你安排。"这在有穷世界是没有解的事情,但在无穷世界里却完全可以做到:只要把1号房间的客人搬到2号房间,2号房间的客人搬到3号房间,…,N号房间的客人搬到$(N+1)$房间,…,这样,新来的客人就可以住进已被腾出的1号房间了。更有甚者,如果这时又来了无穷位客人要订无穷个房间,前台仍然会说:"没问题,我给你安排。"于是,他就把1号房间的客人搬到2号房间,把2号房间的客人搬到4号房间,…,把N号房间的客人搬到$(2N)$号房间,…,这样一来,所有的单号房间都腾了出来,新来的无穷位客人就可以住进去了。

无穷旅馆的概念其实是一种思维实验和思想模型。这在科学上是一种重要的研究方法。

2007-10-07

两种不同的学术传统:巴比伦传统和希腊传统

著名物理学家、诺贝尔物理学奖得主费曼(Feynman)曾经区分了两种不同的学术传统:巴比伦传统和希腊传统。巴比伦传统通过对大量个别现象的研究得出事物变化的普遍规律。在巴比伦传统的学校里,学生们通过做大量的例题来掌握普遍的规律。希腊传统是指从一组特别简单的公理出发导出所有的结论。这组公理是最基本的。欧几里得几何学是希腊传统的最好代表,它从一组简单的公理出发导出几何学的所有定理。伟大的物理学家爱因斯坦(Einstein)的相对论比较接近希腊传统,从两个基本假设(光速不变原理和物理规律的协变性原理)出发,再加上几个实验定律,就可以导出所有的主要结论。但就整个物理学来说,应当比较接近巴比伦传统。虽然我很欣赏希腊传统的"简单美",但经济学可能只能把希腊传统作为一种追求目标,总体上不得不采取巴比伦传统的做法。在这一点上,经济学有点和物理学相似。

2007-10-09

"打江山容易,坐江山难"的系统经济学分析

作为一个独立的学派,对于生活中的任何事情都应能够给出源自于学派内部逻辑自洽的解释。我们经常听人说"打江山容易,坐江山难",这句话本来是针对国家层次而

言的，现在又有人把它拓展于企业和家族层面。从系统经济学的角度来看，"打江山"是分配"未来"，而"未来"是开集，具有"无穷"的品格。在对于具有无穷品格的未来的分配中，一个人分得"无穷"的份额，并不妨碍其他人也分得"无穷"的份额。这是由"无穷"的本质决定的。就像在伟大的数学家希尔伯特引进的"无穷旅馆"中，即使已经住进了"无穷个"客人，这时再来"无穷个"客人仍然可以住进去一样。而这在具有有限房间的旅馆中是不可想象的。"坐江山"分配的是"现在"，而"现在"是闭集，没有想象空间。对闭集的分配属于对抗性竞争，一个人分得的份额多了，就必然导致其他人分得的份额减少。这就是"打江山容易，坐江山难"的系统经济学维度的解释。

2007-10-29

互联网环境下舆论管理模式的创新

中国是一个意识形态和舆论控制的国家。但是，随着数字技术的飞速发展，特别是互联网的出现，传播模式正在发生根本性的转变，相应地，我们的舆论管理模式也应进行相应的根本性转变。传播模式的转变主要是从"有中心"到"多中心"和"去中心化"的转变。据此，我们可以把传播媒体分为传统媒体和现代媒体。传统媒体包括广播、电视、报纸、杂志等；现代媒体主要是指互联网和在互联网基础上衍生的其他一些新媒体。传统媒体的一个重要特点就是它们都具有一个"信息中心"。例如，广播、电视、报纸、杂志等都有一个总编室或者类似的部门负责审查播出的节目或刊出的文章内容。因此，在传统媒体的环境下，政府要想实施舆论控制和舆论监督，只要管住"总编辑"就可以了，可以根本不用理会传播规律。因为在这种情况下，信息只有一个"入口"，只要控制住这个入口就可以了。

以互联网为代表的新媒体具有两个不同于传统媒体的显著特点。首先，在互联网上，每个人都是一个"信息中心"，每个人都可以上传文本信息和视频信息。正是从这个意义上讲，我们说互联网是"多中心"和没有中心，也称这种现象为信息传播的"去中心化"。由于在这种情况下，信息有多个"入口"，不存在一个类似传统媒体的"总编室"那样的信息中心，这就要求政府对舆论的控制必须转换管理模式。其次，互联网的第二个显著特点就是"海量"信息。因此，采取"堵"的办法和采取主动发"帖子"这种"稀释"的办法注定是行不通的。因此，在新媒体的环境下，政府要想进行舆论控制，就必须认真研究传播规律，特别是新媒体环境下的传播规律。尊重传播规律，利用传播规律指导舆论监督和舆论控制工作，以收到事半功倍，甚至事一功万的效果。

最近，我们开辟了"拓扑传播学"这一新的传播学研究方向，可望在这方面有所突破。

2007-11-01

相互作用与不可积系统

相互作用研究正在成为许多学科的一个研究热点。经济学过去一直不考虑"空间邻域"的相互作用,而其现在正在回归经济学。在地理学中,关于空间相互作用的研究促成了一个新的地理学分支——新经济地理学(New Economic Geography)。从本质上讲,相互作用问题在学术研究中受到重视,正是我们所说的"人类社会已经进入系统时代"这种大的时代背景在学术研究中的自然反映。

不同学科关于相互作用研究的方法不尽相同。作为一个具有物理学背景的经济学者来说,我更偏向于采用"不可积系统"的方法。不可积系统是相对于"可积系统"而言的。可积系统的概念是数学家庞加莱在19世纪末引进的。可积系统与不可积系统的区别就在于能否在哈密顿量中消除坐标。其本质是能否消除相互作用的影响。

诺贝尔奖得主普里高津认为,我们生活在一个其规则是不可积的系统之中。在不可积系统中,出现了许多新的性质:新涨落的出现、优先时间的出现和非分布性的出现等。出现了诸如输运系数、反应速度和趋近平衡等各种量。互联网使空间相互作用达到了极限水平。对不可积系统的描述不能根据传统做法按照"点"来思考,必须按照系综(点的集合)进行表述。这和我1993年在《应用数学与力学》第4期上发表的"复杂系统的一般数学框架(Ⅰ)"中所表述的思想完全一致。

2007-12-19

备忘:系统经济背景下的产权问题

2008年4月23~29日我赴日本参加在京都大学举行的"国际财产权问题研讨会",提交会议的论文题目是"系统经济背景下的产权问题"。中国参加此次会议的经济学家有中国社会科学院经济研究所副所长、博士生导师王振中教授,中国社会科学院经济研究所经济史研究室主任、博士生导师武力教授,中山大学博士生导师李江帆教授等。

产权问题是制度经济学研究的基础,西方主流经济学目前关于产权问题的研究是在传统工业经济时代的背景下提出来的。我们认为,人类社会已经进入系统时代,"系统时代,整合为王"。因此,在系统经济背景下,产权在经济发展中的作用正在逐步下降,而资源整合能力越来越成为经济发展的主要决定因素。更有甚者,在系统经济条件下,按传统方式对产权进行界定可能都存在问题。"公有产权"应当在系统经济的背景下赋予新的含义。系统资源应当成为经济学研究新的关键词。

2008-05-25

散　　念

最近，我的很多学生毕业，其中有博士，有硕士。看着他们每个人都在忙忙碌碌、各显神通地寻找工作，寻找自己的未来，既为他们学业有成高兴，同时又有一种莫名的惆怅。有时，在他们寻找工作的过程中，偶然因素和人情关系甚至起到了决定作用。应对偶然因素，经济学里有相应的搜索理论。但是，在人情关系面前，常常"真让人无奈"，也让老师劝导学生"好好学习"的话语显得无力。好在决定系统最终状态的关键因素是慢变量，决定人生最后高度的是一个人持之以恒的能力表现。

从历史上看，做学问的基本上都是有闲阶级。即使在现在，做学问也需要经济支撑。对于真正的学术创新来讲，由于评价等诸多方面的原因往往很难得到"即时"的官方资助。因此，这样的学者往往不得不自成"系统"：学术+经济。但是，一个人的精力总是有限的。这又使我想起了多年前的困惑和曾经思考过的"学者+行政"问题。对于一个真正的学者来讲，这两个问题的本质是一样的。这个问题有没有最优解？在什么样的论域内有最优解？最优解唯一吗？

再谈几句世界是遗憾的话题。根据系统经济学观点，"拥有"是闭集，"思念"是开集。因此，也许思念比拥有更美好，更令人心旷神怡。也许这是不能拥有的一种自我安慰和阿Q精神吧。

2008-06-06

走向系统时代

诺贝尔奖得主普里高津（I. Prigogine）早在20世纪80年代就曾指出，人类社会正处于一个大转变的年代，并敏锐地观察到许多新出现的社会经济现象需要多学科联合攻关才能解决，并由此强调了交叉科学研究的重要性。实际上，交叉科学研究现在已经成为了学术研究的一片热土，同时有没有交叉科学研究已经被列为当代西方国家划分综合大学的重要指标之一。

针对人类社会的这种转变，人们纷纷从不同的角度利用不同的词汇来描述当今社会的特征。例如，有人用信息社会，有人用网络社会，有人用知识经济社会，等等。我于1996年在香港《经济与法律》出版社出版的《系统经济学》（第一卷）的前言中提出人类社会已经进入系统时代的观点，后来又于1998年和我的导师黄德鸿先生一起在《暨南学报》上发表了拙作"系统时代：从'规模经济'走向'系统经济'"。我们认为，信息是构成系统的一个要素，网络是指系统的结构，知识属于系统的资源位范畴，因此，系统时代的概念比信息社会、网络社会和知识经济社会等概念具有更为丰富的内涵,更能反映当代社会的时代特征。

按照美国著名系统哲学家拉兹洛的观点,人类社会目前正在面临三大问题:第一是全球化问题,特别是金融全球化问题;第二是可持续发展问题;第三是战争与和平问题。按照系统经济学观点,全球化的本质就是全球大系统化,属于系统广化的范畴,而美国学者托马斯·弗里德曼在《世界是平的》一书中所描绘的全球化的三个不同阶段即1·0阶段,2·0阶段和3·0阶段,依次反映的正好是系统深化的过程。系统广化和系统深化是系统时代最典型的特征。

有比较才有鉴别。为了准确把握系统时代的特征,我们必须了解系统时代和非系统时代与大工业时代相比具有哪些差异和不同。以下从4个方面进行简要论述。

第一,评价企业价值和企业家能力的标准发生了变化。在大工业时代,评价一个企业的价值高低主要是看这个企业在所有权意义上拥有多少资产,即主要考察的是它的资源"闭集"。在系统时代,衡量一个企业的价值高低主要是看它的资源结构是否呈"凹集"状态,更多的是考察它的开放性和与外部的连通性。在大工业时代,"圈地"能力是衡量一个企业家能力高低的主要指标;而在系统时代,企业家整合资源的能力更为重要,更能影响企业的兴衰。广义地讲,在系统时代,对任何组织,包括国家、政党、社团等主要领导人的能力衡量指标都发生了类似的变化,正所谓"系统时代,整合为王"(昝廷全,2001)。由此决定着企业组织形式、用人制度、竞争观念都将发生变化。"不求所有,但求所用"的用人观念已被广泛接受,合作竞争正在成为一种新的主要竞争方式。

第二,人们的价值观念正在发生变化。前面已经指出,系统广化和系统深化是系统化的两个主要方式,这都要求系统必须是开放的。因此,开放性是系统时代的应有之义。也就是说,系统时代的系统都是开放系统。开放系统是不断和外界交换物质、能量和信息的系统。和开放系统对应的有孤立系统和封闭系统。孤立系统不与外界交换任何物质、能量和信息。封闭系统介于开放系统和孤立系统之间。为了表述方便,我们把与开放系统相对应的社会称为开放社会,即系统时代的社会,有时也笼统地用系统时代来指称,同时把与孤立系统和封闭系统相对应的社会称为封建社会。和封建社会相比,系统时代的开放社会更加依赖于和外界的交换关系,并由此决定着系统时代人们价值观念的变化。根据系统科学的研究成果,一个系统或社会一旦封闭,很快便会形成层级结构。因此,在封建社会,下级对上级的忠诚甚至是愚忠被认为是一种美德。而系统时代的本质是交换,交换的前提是平等、互惠和自愿。因此,民主、自由、诚信和契约精神是在系统时代最受推崇的价值观念。通俗地讲,遵守游戏规则应当成为系统时代的基本价值观念,因为只有大家都遵守共同的游戏规则才能使交换的成本最低,才能实现社会福利的最大化。随着系统化水平的不断提高,任何个人在系统发展中的作用都将下降,其决定因素是系统的结构是否合理,制度是否先进。

第三,连通性的作用至关重要。"系统时代,整合为王"。要想整合外部资源,前提是必须和外界连通。这里的连通是广义的,只要系统和外界存在交换物质、能量和信息的任何渠道或中介系统,我们就说系统和外界是连通的。按照这种理解,公路、铁路、水路、航空、电网、电话网、电视网、互联网等都可以构成系统和外界的连通渠道。其中,每一个连通渠道的出现都大大改变了人类社会的面貌。特别是互联网的出现,正在使人类社会发生全面深刻的变化。我们认为，对于互联网的巨大影响，人们现在还远远没有认识清楚。但是，有一点是清楚的，那就是连通性在系统时代比在任何时候都更为重要。因此，对互联网怎么重视都不为过，以致有人认为，互联网的出现是区分新经济与旧经济的一个标志。

当然，对连通性的考察除了上述技术层面的问题之外，还有制度层面和经济层面的问题。

第四，从经济学的角度来讲，系统时代的最大特点就是催生了"系统经济"这种新的经济形态。系统经济学就是在这种时代背景的感召下应运而生的一个新的经济学分支。经过近20多年的认真探索和研究，到目前为止，已经基本上完成了系统经济学哲理框架的构建工作，得到了几十个具有数学形式的新结果，提出了上百个发展系统经济的具体理法，开拓了三个与国际上已有定评的工作具有可比性的研究专题：制度拓扑模型、资源位理论和特征尺度理论。同时，培养了60多名系统经济学方向或学位论文与系统经济学直接相关的博士研究生和硕士研究生。当然，从学科建设来讲，系统经济学目前还处于草创阶段，还很不成熟，希望得到更多学界同仁的关心、支持、批评与指正，使得这颗学苑新苗与系统时代一起茁壮成长。

2008-07-01

论产业经济学研究方法的普适性

一般来讲，产业经济学研究国民经济(宏观经济)分为四个步骤：第一步，把国民经济系统进行分类，每一类代表一个产业；第二步，对每一类(产业)进行自由度归并处理，抽象出每一类(产业)的宏观性质；第三步，以每一类即每个产业作为经济元去构成一个更高层次的系统(称为产业系统)，这个系统的结构就是产业结构；第四步，用产业系统去模拟原型经济系统即现实的国民经济系统，根据产业结构的优化与合理与否对国民经济进行分析。

上述产业经济研究方法具有一定的普适性。对于任何一个复杂系统，对其进行直接研究往往比较困难，可以采用产业经济学方法：首先，对其进行分类；其次，对每一类通过自由度归并进行宏观化处理；再次，以每一类作为经济元构成一个更高层次的系统；最后，用这个新构成的更高层次的系统去模拟原型系统。

2008-09-01

维持耗散结构的两个基本条件

我从20世纪80年代开始接触耗散结构理论。耗散结构理论是比利时布鲁塞尔学派领导人普里高津(I. Prigogine)于1969年在一次"理论物理与生物学"的国际会议上提出的。该理论指出，一个远离平衡的开放系统，通过不断地和外界交换物质和能量，在外界条件达到一定的阈值时，可能从原来的混乱无序状态转变为一种在时间上、空间上或功能上的有序状态，普里高津将这种在远离平衡情况下所形成的新的有序结构称为"耗散结构"（dissipative structure）。

我最早利用耗散结构理论撰写的第一篇文章题目是"大西北开发的耗散结构模式"，发表在《开发研究》杂志上，论文的合作者是时任兰州大学副校长的艾南山教授。后来，艾教授去了德国担任中国政府驻德国大使馆的教育参赞。我 1989 年选择去德国留学的部分原因就是因为艾教授在那里。记得当时的稿费是艾教授亲自交给我的。我说我不要，艾教授却说："Half, half"。他给我稿费的时候，我正在他家吃饭。那时我在他家搭伙吃饭，每月缴伙食费 50 元。现在回想起那段日子，还觉得很温馨，很难忘。艾教授当时的太太叫王荫国，女儿叫莎莎。

虽然我对耗散结构理论一直很感兴趣，但是直到最近才觉得豁然开朗，才真正找到了它在经济学上的合适应用。维持耗散结构需要两个基本条件：首先，是系统自身的自动调节机制，或自组织行为；其次，是系统和外界要有相互作用，系统和外界要有物质、能量或信息的交流。这种和外界的交流就构成了对系统的某种约束。

我最早阅读的关于耗散结构的文献包括：湛凯华和沈小峰主编的《普里高津与耗散结构理论》，四川大学罗久里博士翻译的《探索复杂性》和普里高津与 Nicolis 共同撰写的《非平衡系统自组织》（*Self-organization in Non-equilibrium Systems*）。正是因为当时我正在阅读《探索复杂性》这本书，当时的一位朋友在给我写信时还调侃地写道"在这里无须说'探索复杂性'"。

2008-09-20

形变收缩核与数学结构的意义

昨天晚上凌晨两点睡觉，临睡前又顺手看了看代数拓扑学中的"形变收缩核"（deformation retraction）的概念。今天早上，虽然是"睡觉睡到自然醒"，但醒来时也还不到七点钟，心情非常轻松愉快。我的思维自然继续"形变收缩核"的思考。我在想，数学家构造出来的各种数学结构是否都应该能够在现实世界中找到它们的原型？或者至少可以利用它们去逼近现实原型？这就是数学研究的终极意义吗？也许，数学家构造的这些数学结构就是事物变化的"深层原因"。这种观点有滑入唯心主义泥坑的危险吗？因为有些数学研究毕竟不是直接源于现实世界，而是源于数学的"内部需要"。或者我们可以这样认为，这些数学的"内部需要"是间接地源于现实世界。按照这种观点，在由"不同层次的需求"构成的需求系统中，最低层次的需求是它的形变收缩核吗？如果是，可支配收入就应当充当参数 I 的作用。在"实体经济+符号经济"系统中，实体经济是形变收缩核吗？

2008-10-18

信息粗交流

随着系统时代的到来，交流与沟通变得越来越普及，越来越重要。目前，许多不同的学科都在研究信息交流问题，这些学科包括经济学、管理学、新闻传播学和社会学等。同时，"沟通管理"更是 MBA 学员的必修课程。虽然信息交流如此重要，但是信息交流的效果往往很难尽如人意。例如，我们自古就有"秀才碰到兵，有理说不清"的说法。为此，我曾经于 2006 年在《现代传播》杂志上撰文提出了"传播有效性定律"，主要意思是说：要想实现有效的信息传播，就要求信息的发送者和接受者的知识软件必须有重叠，即他们的知识软件的交集非空是实现有效传播的必要条件。最近，我在学习波兰数学家 Pawlak Z. 于 1982 年提出的粗集理论(rough set)时，接触到了 A.Mousavi 等于 2002 年提出的信息粗交流(rough communication)概念，即在多个 agents 之间进行信息交流时，由于各个 agents 拥有不同的知识，使得相互之间不能传递准确的信息而产生粗糙性。应当说，信息粗交流是信息交流的常态，没有信息损失的理想情况只能是信息粗交流的极端表现。之所以出现"秀才碰到兵，有理说不清"的现象，就是因为他们所拥有的知识不同，即"等价划分"不同。

2008-11-02

"不以规矩，难以成方圆"与制度的拓扑学定义

有人说，小时候的记忆是最牢固的。今天突然想起上小学时曾经看到的战国思想家孟轲在《孟子·离娄上》中写到的一句话："不以规矩，无以成方圆"，并由此联想到它与制度研究之间的关系。我们知道，通过建立不同知识和不同概念之间的联系可以实现知识的升级。也许，这就是"联想"在认知科学上的意义。

"不以规矩，无以成方圆"说的是"规矩"和"方圆"之间具有某种必然联系。当这种必然联系上升为充分必要条件时，我们就可以用"规矩"定义"方圆"，或者用"方圆"定义"规矩"。从引申的意义上讲，"规矩"就是制度。按照这种理解，我们就可以用"方圆"定义制度。从拓扑学的意义上讲，"方"和"圆"是拓扑等价的，都可以看作是一条封闭曲线。由此就可以自然得出制度的拓扑学定义：制度就是行为空间中的一条封闭曲线。这样，我们就建立了制度拓扑模型与中国传统哲理之间的联系通道。或者说，制度拓扑模型是"不以规矩，无以成方圆"这种古典哲理的科学升华。

2008-11-11

经济系统描述的完备性问题

　　经济系统描述的完备性问题,我们是指能否找到一个经济系统的基,这个基相当于分析经济系统的参证框架,然后把所有的经济问题都用这个基中的"向量"唯一地表示出来。物理学中的完备状态参量组与经济系统描述的完备性问题是完全平行对应的。例如,对于理想气体来说,要完备地描述系统的状态需要 4 个状态变量,通常取为 P、V、N、T。

　　一个线性独立的向量组称为向量空间的基,如果由它们张成的线性包正好与这个向量空间重合。向量空间中的任何向量都可以用这组基向量的线性组合唯一地表示出来,线性组合的系数称为该向量相对于这个基的坐标。一个向量空间可以有不同的基,即向量空间的基不具有唯一性。因此,同样一个向量相对于不同的基具有不同的坐标。不同坐标之间的关系取决于不同的基之间的关系。虽然一个向量空间的基不具有唯一性,但是,不同的基中间的向量的个数是唯一的,这个数就称为向量空间的维数。维数是向量空间的内在特征。

2008-11-22

家的系统经济学解析

　　时间过得真快,转眼 2009 年春节又变成了美好的回忆!有时真的忘了其实时间一直都在走,不论你是在学习还是在虚度,人生就是这样被一点一滴的剥落,一点一滴的"无可奈何花落去","君不见长江之水天上来,奔流到海不复回!"。所以中国自古就有"一寸光阴一寸金"的惜时传统。感谢我们的祖先在每两个大约 365 天的时间周期之间安排了一个春节,让我们有了"每逢佳节倍思亲"的团圆时刻,因此,"回家过年"几乎成了每一个中华儿女周期发作的思乡情怀,也因此不断显化和强化着"家"的概念。

　　那么,到底什么是"家"呢?字典中如是说:"家,①共同生活的眷属和他们所住的地方;②家庭所在地。"不难理解,却也有些不够细致。当然,也不乏学者尝试从各种专业角度为"家"给出不同"定义":社会学家定义"家是被婚姻、血缘或收养的纽带联系起来身份相互作用和交往,创造一个共同的文化",是社会的最小细胞(美国社会学家 Ernest Burgess 和 Harvey Locke);诗人揣摩"此心安处是吾乡"(苏轼)、"心安即是家"(张耒);作家领悟"对于亚当而言,天堂是他的家,然而对于亚当的后裔而言,家是他们的天堂"(法国作家伏尔泰);心理学家觉得家是"肉体生活同社会机体生活之间的联系环节"(奥地利心理学家弗洛伊德);马克思和恩格斯认为"家的实质是人与人之间社会关系的体现,它反映了家庭成员在共同生活中结成的一定的政治经济关系。婚姻的目的不是为了维护爱情,而是为了建立一个经济单元体"。这与诺贝尔经济学奖得主贝克(Becker)认为的"婚姻是理性人的一种经济行为"异曲同工。

毋庸置疑,这些解释都分别从不同的角度揭示了"家"的某些特性。我们根据系统经济学思想,在这里尝试为"家"做一个更为广义、更具一般性的"定义":一个人自出生那一刻起,一生之中会参与到各种各样的具有耗散结构的经济系统之中,当处于某个经济系统的时间达到了特征时间尺度要求时,与该经济系统的耗散结构有关的任何人、事、物(构造性元素和支撑性元素),对其而言,就都具有了"家"的品格。

按照关于"家"的上述定义,从本质上讲,家和人的社会化或系统化水平以及所经历的耗散结构有关。因此,家的概念至少和三个名词有关,即经济系统、耗散结构和特征尺度,它们分别构成了我们对于家的概念理解的三个维度。

一个人,从降临到这个世界就开始经历各种不同层次水平的经济系统,最先接触并参与其中的自然是由父母和他本人组成的三口之家,对于大部分人而言,这也正是带来最多美好记忆的"家",这也是传统意义上的"家"的概念的主要内涵。随着人的成长,与社会的联系越来越多、越来越广,系统化水平越来越高,逐步参与到更多层次的经济系统之中,如学校、军营、工作单位等,它们都是典型的耗散结构系统。当你在一所学校或是一家工作单位、一个部队,经历的时间足够长(达到特征尺度要求),那么所有构成该耗散结构的构造性元素和维持这个耗散结构所需的支撑性元素就都具有了"家"的品格。

以狭义的家庭为例,自我们出生起,就生活在以父母为中心的家庭(系统)中,这个系统也是伴随我们成长始终的,家里的每位成员(甚至扩展到邻居和老乡)、屋子里的摆设、回家的必经之路甚至路上的公交站牌等,都具有"家"的品格。所有这些,无疑正是支撑和维持这个耗散结构的要素。所以,人们常说,"家人在哪里,家就在哪里",正是因为家人是这个耗散结构中最不可或缺的构造性元素。

我们通常会称呼自己学习、生活过的学校为"母校",现在根据我们上面给出的"家"的定义来看就非常好理解了。在学校这个系统中,同学、老师、教学楼、宿舍、乃至楼前的一棵玉兰、一株白杨,都是学校这个系统的耗散结构的结构性元素或支撑性元素,因此,都具有"家"的品格。同样地,"铁打的营盘,流水的兵",军营是一个严格有序、有组织的地方,该系统的结构是不变的,只是作为硬件的构造性元素士兵会一届一届的新老交替。当兵三年的时间积淀,会给每个战士留下一段美好的记忆,战友们一起在训练场摸爬滚打、一起抗洪救灾、一起保家卫国,部队之于战士,俨然有了"家"的内涵,在这里,战士们获得了家的熟悉感和安全感。工作单位则是我们与社会连接的又一个接口,平日和同事们一起为共同的目标而奋斗,到了休息时间,又可以一起结伴出游,也不失为一种快乐体验。相处的日子久了(大于特征时间尺度),一种留恋和不舍之情也就油然而生,此时的工作单位及其支撑元素就会带给人们"家"的感觉。"以厂为家"、"爱厂如家"就是在这个意义上说的。如果一个企业能够给它的员工以"家"的感觉,对于企业的长期可持续发展显然至关重要。因此,这也是企业文化建设的一项重要内容。

一个人参与各种经济系统后,为了维持这些耗散结构,就需要不断从外界获得物质、能量和信息的负熵流输入，而这种需求的不断反复就塑造成了偏好。所以，我们认为，每个人偏好的形成与其所经历的不同系统的耗散结构有关。

2009-06-19

诺贝尔奖与智力游戏

诺贝尔奖是世界公认的最高科学奖；科教兴国是我们的一个基本国策。形成强烈反差的是，作为具有五千年悠久文明传统的泱泱大国，至今竟无一名本土科学家获得诺贝尔奖，这不能不让我们每一个从事学术研究的人顿时感到汗颜，甚至让每一个中国人汗颜！于是，有些人开始为自己开脱：我们不需要诺贝尔奖，得一个诺贝尔奖也不能解决中国的问题。这显然是一种"吃不到葡萄说葡萄酸"的阿Q精神！

首先，从经济学上讲，每一次产业革命都导源于科学革命。因此，科学对于经济发展的重要性不言而喻。这也是我国把科教兴国作为一个基本国策的根本原因。当然，科学对于人类的意义绝不仅仅局限于经济层面，它对于人的全面发展都具有根本意义。其次，去除这些功利指标不谈，即使把它仅仅作为一个智力游戏来看，没有获得诺贝尔奖至少说明我们这些本土的科学家，不论是教授、研究员、博士生导师，还是院士以及各种首席科学家，都没有达到世界公认的智力游戏的最高层级。

诺贝尔物理学奖得主、华人物理学家杨振宁先生曾经说过一句话，他的一个重要贡献就是改变了世界对中国人的看法，这句话应该在智力游戏的意义上去理解。

2009-06-24

学 术 潜 伏

最近，电视台连续播放了好几部和潜伏有关的电视剧。其实，人生也有潜伏期。人生是一个过程，是由一段一段的时间构成的。每一段时间都有自己的价值，加总起来就是人生的价值。你要珍惜人生的价值就要使这个加总的人生价值最大化，并不是使每一段时间的价值最大化，"局部最优并不一定保证整体最优"。对于一个学者来说，保证每一个时间段都有最大数量的学术论著发表，并不一定保证最终达到自己所能达到的学术顶峰，在某个学术阶段可能需要"学术潜伏"，正所谓"磨刀不误砍柴工"。到达某一个学术阶段以后，进行适当的学术休整和学术潜伏，才能在日后做出更多更高的学术成就。用系统科学的语言来讲，与其在第 n 层次上徘徊，不如停下来一段时间闭门修炼，待到重出江湖时就会武功大增，实现到 $n+1$ 层次的跃迁。

我自己目前正处于双重的转折时期：第一个转折是从同时在两所 211 大学担任院长到做一个纯粹的学者，这两个院长分别是郑州大学商学院院长和中国传媒大学媒体管理学院院长。先后在两所大学担任院长可能大有人在，但同时在两所大学担任院长尚未听说。这个转折和角色转换目前已经顺利完成。第二个转折是从一个高产作家转变到"学术潜伏"，以图"卧薪尝胆，厚积薄发"。我 26 岁时在兰州大学被评为副教授，是当时全国最年轻的副教授之一，当时我的一个特点就是高产、论文和科研项目多。到目前为止，中国知识分子所有可能的称号，除了李嘉诚先生设立的"长江学者"以外，我几乎都已经有了：博士、教授、博士生导师、特聘教授、教育部新世纪优秀人才支持计划、新长征突击手、杰出青年等。这么多年来我在学术上一直是"向前冲"，甚至没有时间暂停一下把自己的研究工作整理成一部真正的学术专著，所出版的几本著作其实都是论文选集。这种按时间顺序出版的论文集所反映的是一条"折线式"的学术轨迹，甚至还有"间断点"，我还来不及对其进行仔细推敲、梳理，把它打磨成一条连续的光滑曲线。在我的概念里，年轻学者应以研究论文为主，待真正学有所成时才有资格著书立说。最近，我意识到应当进行适当的学术潜伏，最为突出的问题是进一步加强数学功底。只有这样，才能真正地实现国际接轨，才能自由地用数学语言表述自己的经济学思想。只有在充分可观控建模的学术成果的基础上，才能在实践上提出具有可操作性的方案和对策建议。在经济实践中，政策上的摆动和不坚定，主要因为两个方面的原因：第一，对经济规律本身认识不够，表现为学术研究的不成熟和不深入；第二，经济学家提出的建议过于空泛，不具有可操作性。经济学家提不出具有可操作性的对策建议的原因就在于学术研究成果本身过于空泛，不够精确，甚至是根本无法证伪的大实话。

在学术潜伏时期，由于没有足够的学术论著发表，因此，对于潜伏的效果不具有直接的可观性，其效果大小要经过一定的特征时间尺度以后才能显现出来。这就要求我们要有更大的毅力和持之以恒的奋斗精神。处于这一时期的一个最大危险就是，由于发表论著不再是第一目标，而潜伏的效果又不能马上显现出来，容易导致懈怠倾向，甚至玩物丧志！我很喜欢《三百六十五里路》里的一句歌词："我那万丈的雄心，从来没有消失过，即使时光逝去，依然执著"。

2009-08-26

比较的逻辑

2009 年 9 月 21 日，我有幸参加了中国传媒大学传媒经济学博士后左惠的出站报告答辩会，参加答辩会的专家还有中国人民大学的金元浦教授、中国传媒大学的陆剑南教授和李竹荣教授等。左惠博士的出站报告是关于美、英、日三国文化产业发展模式的比较研究。我自己以前没有专门研究过文化产业发展模式问题，因此，对于这个选题，我没有太多的发言权。但是，左惠博士出站报告题目中的关键词"比较"引发了我的一些思考，我当场发表了如下一些粗浅的看法。

我的一个基本观点就是：虽然进行比较研究的最终目的是为了得出解决自己的问题的对策，但是从比较研究不能直接过渡到对策，即使是所比较的个案中共同的对策和做法也不能保证一定能够适用于其他的案例或经济系统。正确的逻辑和研究程序应当是：通过对个案的分析和比较得出事物发展的规律，将其上升到哲理层次，然后再把通过比较研究得出的具有规律性的哲理"落地"，与所要研究的其他案例或经济系统的具体实际结合起来，这样才能得出真正适合其他案例或经济系统的对策。这其中的一个关键环节就是，要通过比较研究得出超越于任何个案的规律，缺少了这个环节，任何从比较研究直接提出对策的做法至少从逻辑上说都是不严密的。我们可以将进行比较研究的程序写成如下形式：

个案比较研究 → 共性规律 → 规律+他案实际 → 他案对策

上述"规律+他案实际"这个环节也很重要。学过微分方程的人都知道，同一个微分方程的通解只有一个（即微分方程的解的唯一性），但其特解却因初始条件和边界条件的不同而不同。这里的通解就相当于事物发展的规律，初始条件和边界条件就相当于每个案例或经济系统的具体情况。按照这种观点，即使两个不同的案例或经济系统具有相同的规律（通解），由于其各自的具体情况不同，即初始条件和边界条件不同，也应采取不同的对策和措施（特解）。

顺便指出，比较研究和博弈分析不同。博弈分析的研究对象是参与博弈各方的决策和行为的相互影响和相互制约关系。任何一方的决策和行为都对其他参与博弈的各方具有影响。因此，参与博弈的任何一方的决策都要考虑其他参与博弈方的决策和反应。由此不难看出，在博弈论研究中，对参与博弈各方的决策和反应互动关系研究的目的与比较研究中对于不同个案的分析比较的目的显然是不同的。

2009-09-23

学术研究的支撑系统

经过一段时间的学术"潜伏"，今天突然无法入睡，重新又认真思考起系统经济学的发展问题，深切地感觉到时间紧迫，生命有限，而系统经济学建设却是任重道远……。特别是刚才又认真读了一遍2009年4月13日凌晨5:00所写的《科学手册》(1)，更是心潮激荡。所思考的问题主要包括学术研究的支撑系统和系统经济学当前的研究任务两个方面。

学术研究的支撑系统

虽然科学研究归根结底属于个体化劳动，但是，社会知识大于任何个人的知识。特别是当今人类社会已经进入系统时代，学术研究的支撑系统就显得更加重要。学术研究的支撑系统主要包括以下三个方面的构造性元素：基本的研究队伍；与之镶嵌的与国际接轨的经济学研究平台；基本的研究经费支持。

1. 研究队伍的基本单元

对于系统经济学研究而言，这个支撑系统首先要有一个"知己又红颜"式的基本研究团队。在这里，"知己又红颜"的准确含义是：学术上是知己，人际关系上和谐默契。这个团队构成很简单，只要有3~5人即可。但是，每个人都要真正热爱科学，愿意为科学献身，要有相对出世的成熟人格。同时，还要具备革命的乐观主义精神和大无畏精神以及"走自己的路，让别人去说吧"的傲骨。

在这3~5人中，除本人之外，1~2人是学术骨干，1~2人是研究辅助人员，共同构成一个基本的学术单元，其中每个人都是这个学术单元不可或缺的构造性元素。最小的学术单元至少要有3个人：除了本人之外，再有一个学术骨干和一个辅助人员。这个基本的学术单元就是专事科学研究，特别是系统经济学研究的"象牙塔"的核心基础。

我非常赞成武汉大学前校长刘道玉先生2010年4月29日在《南方周末》第31版上发表的署名文章"办几所象牙塔式大学又何妨"中所提出的观点："我国是大国，社会需要是多方面的。有的大学是应用型的，有的大学是精英型的；有的是'象牙塔'，而有的是'服务站'；有的是造就大款，而有的是培养大师……'象牙塔'是从事高深学问研究的必要环境，如此方能耐住寂寞，拒绝铜臭和衙臭，做出旷世的学术成就"。而我进一步认为，即使在"应用型"、"服务站"和造就大款的大学中，也应当允许甚至必须要有单个学科的'象牙塔'存在，这正应当作为大学精神之所在。

从系统经济学研究的价值取向来讲，我们更加偏向于对真理的探讨和追求。从这个意义上讲，我们更加需要'象牙塔'式的学术环境，这更要求我们的核心人员要有相对出世的宁静心态和对学术研究的坚定信念。

顺便指出，如果在马克思时代，所有的学术研究都要立竿见影，甚至"立竿见钱"的话，我们今天也许就不会有《资本论》。马克思曾经指出，一个民族要想屹立于世界之林，就一刻也不能没有理论思维。

2. 积极镶嵌于与国际接轨的经济学研究平台

要积极镶嵌于与国际接轨的经济学研究平台和研究团队，以此作为系统经济学研究的支撑背景，以期便捷地吸收学界同行的最新研究成果和向学界同行及时介绍我们自己的研究工作，以便随时得到学界同行的批评、指正与帮助。虽然在连通性如此发达的今天，这个问题相对容易解决，但还是应当积极加强与学界同行的系统深化与系统广化，弱化或解耦干扰学术或使学术分心的习惯性/上瘾性的外部联系或行为，以便更好地focus系统经济学研究。这相当于主动置身于某种学术氛围之中，其作用相当于校园文化对于学生的不可替代的熏陶和感染。当然，这只是优化外部环境，内因才是决定因素。内心的坚定才是真正的坚定，内心的强大才是真正的强大，内心的高贵才是真正的高贵。

3. 研究经费的筹措

除了队伍、平台之外，研究经费的支撑对于学术研究的重要性不言自明。从历史上看，最早从事纯粹学术研究的基本上都属有闲阶级，这可从数学研究的早期历史略见一斑。当然，现在情况不同了。但是，在我同时担任"两院"院长期间，还是遇到了"学术+行政"的悖论：担任行政职务，可以优先获得学术资源，但却挤占了学术时间；不担任行政职务，学术时间有了保证，但又没了学术资源。这在目前是一种普遍情况，需要在制度层面上加以很好的解决。这是我们国家目前为什么出不了真正的学术大师的根本原因。好在对于系统经济学研究来说，这个问题已经有了"基本解"，虽然不一定是"最优解"。这个基本解主要来自于学术外力量的支持和我们对于物质需求的节制与淡定。

　　这里顺便说一说现在学术界进行学术评价的一个误区，即把争取到的科研经费的多寡作为评价学术成就高低的一个标准。我们姑且不论现在学术界"跑项目"、"跑经费"的不正常现象，即使把通过正常渠道争取到的科研经费作为学术评价指标也是有很多问题的。科研经费是学术研究的前提条件，不是学术研究成果本身。举一个极端的例子，某人可能争取到一笔科研经费之后，以毫无学术成果可言而告终；举另外一个极端的例子，研究者出于对学术研究的热爱，完全有可能自己出钱进行学术研究，而且成果颇丰，但在学校的科研账户上毫无分文的科研经费。在这种情况下，如果仅以学校科研账户上科研经费的多寡作为衡量学术成果指标，就会得出这个研究者学术成果为零的荒唐结论。因此，在衡量学术成果时，还是应当从成果本身出发去制定衡量指标。对于个人来讲，由于系统经济学研究的价值取向，我现在并不欢迎太过技术性和应用性的研究课题，虽然这种应用性的研究课题容易取得研究经费和具有重要的现实意义。不从事这种意义上的"课题研究"的好处是不用应付各种检查，可以集中精力从事自己真正喜欢的研究课题。这是经济学研究领域的劳动分工问题。我曾经说过，一个人的学术价值最终取决于我们有多少真正原创性的学术思想融入了人类文明的历史长河，而决不会简单地与一个人争取到的科研经费成正比。当然，从宏观上说，投入的科研经费越多，表明国家越重视科学研究，国家整体的科学发展就会越快，这正是我们最希望看到的。就我国目前的情况而言，科研投入机制还存在诸多值得商榷和可以改进的地方。这是国家层面的事情，而我们主要关注相对微观层面的系统经济学研究。

2010-05-09

资源整合与空间分离性

　　王国维先生认为，古今之成大事业、大学问者，必经过以下三种境界：第一，"昨夜西风凋碧树。独上高楼，望尽天涯路"。第二，"衣带渐宽终不悔，为伊消得人憔悴"。第三，"众里寻他千百度，蓦然回首，那人却在，灯火阑珊处"。近年来，我一直思考资源整合与拓扑连通性的关系，进而试图找出关于资源整合的定量数学描述。虽然在3年以前，我就提出了连通性是资源整合的必要条件的基本观点，也把这个观点写进了我的博客，但始终没有写成学术论文去发表，就是因为一直没有找到具体的定量描述方法，尽管在宏观上我是确定的：描述资源整合与连通性关系的定量描述方法一定要在拓扑学中寻找。前天夜里，我突然想到，可以把我之前提出的资源整合机理与拓扑空间的分离性联系起来，思路忽然开朗，大有"众里寻他千百度，蓦然回首，那人却在，灯火阑珊处"之感觉。

拓扑空间的分离性，就是指具有一定性质的一对集合可以邻域分离。在拓扑学中，按照条件从弱到强的顺序，将分离性依次表示为 $T_i(i=0,1,2,3\cdots)$。i 越大，空间的分离性越强。若拓扑空间 X 具有分离性 T_i，我们就说拓扑空间 X 满足 T_i 分离公理，或者直接称 X 为 T_i 空间。T_1 空间是指单点集皆为闭集的拓扑空间；T_2 空间是指任意一对相异点可邻域分离的拓扑空间；T_3 空间是指任意一点与不含该点的闭集可邻域分离的拓扑空间；T_4 空间是指任意一对互不相交的闭集可邻域分离的拓扑空间。由此不难看出，拓扑学讨论空间分离性所使用的基本工具就是闭集和开集，而我们在系统经济学中讨论资源整合机理时所使用的正好也是闭集和开集这两个数学工具：硬资源用闭集表示，软资源用开集表示。这样，我们自然就找到了资源整合与拓扑学的接口。其实，资源整合机理我们在5年前就发表了(参见昝廷全："资源位定律及其应用"，载《中国工业经济》2005年第11期)，只是我们一直没有将它们与拓扑空间的分离性联系起来而已。

2010-07-13

系统经济学与书画艺术

2010年8月2日，我从北京出发前去深圳作为期两天的学术度假。也许是因为在广东学习工作过的原因，每过一段时间就想"到此一游"，广东对我来说确实有了"家"的品格。4日，我乘 CZ3191 次航班从深圳黄田机场准备飞回北京。飞机正点应当是17:30起飞，而由于飞机误点，直到次日凌晨接近 2:00 时才起飞，整整推迟了 8.5 小时，当我回到北京时已是 5 日早晨 5:00。我们 4 日下午 5:00 登机，在等待起飞的 8 个多小时里，我一直待在飞机座位上阅读著名画家范曾先生写的《范曾自述》，并不感到任何的焦急和烦躁，我只当是在自己的书房里读书，反正早到家也是读书。我的潜意识告诉我，我确实可以在嘈杂的环境里读书，而且可以做到心无旁骛，这是否说明余命读书人？《范曾自述》确实很吸引人，他的文笔、他的古文功底、他的艺术哲学，让人读来甚觉舒畅。当然，我是带着系统经济学这一知识参证框架去读的，自然读出了不少的系统思想。

1) 关于画家的标准。我在 2001 年曾经提出经济学家的标准与分类(参见昝廷全："经济学研究的三个基本层次：哲理、数理与技理"，载《数量经济技术经济研究》2001年第12期，中国社科院院报转载)，大体意思是说，经济学家必须在哲理、数理与技理三个层次都有相对系统的原创性研究，否则至多可以称为经济学专家。将这一思路延伸到书画界，我们试着提出画家的标准或基本要素：哲理+艺理+诗情。对于画中国画的画家还应加上国学，即中国画画家的基本要素应为：哲理+艺理+诗情+国学。除此之外至多称为绘画专家。类似地，可以给出书法家和书法专家的标准与构成要素。按照这种标准，范曾先生是当之无愧的兼具哲理思维与诗人才情且国学功底深厚的杰出文人画家，与那些只会画画的匠人不可同日而语。更加认同了一种观点：正是文人加入书画，才给中国书画带来了"月照中天，花开满树"的繁荣。

2) 老子在提出"无为而治"的大纲领、大策略之后，进而提出了为人处世福祸相依的道理："祸兮，福之所倚；福兮，祸之所伏"。按照系统经济学的观点就是，"福"和"祸"共同构成一个论域或者系统，它们相互依存相互转化。老子在论述福祸转化时进一步提出"知其雄，守其雌"；"知其白，守其黑"；"知其荣，守其辱"。唯有如此，方能"复归于婴"，"复归于无极"，"复归于朴"。范曾先生把老子"知白守黑"的思想推衍为艺术哲学。他认为，中国画的"计白当黑"之说，尚停留于表面之依存，而"知白守黑"才深入于道，光明之所在即画面空白正是笔墨蓄势待发的无极空间。他还形象地提出"忘记空间的雕刻家是拙劣的雕刻家，而忘记画面空白的画家，也绝不是高手"。这里透露着强烈的系统和系统层级的思想，只是没有采用系统科学的术语进行表述而已。我曾于 2005 年提出了科学和艺术是探索真理的两条不同途径的思想(参见昝廷全："科学与艺术：探索真理的两条不同途径"，载《学者的声音》，中国传媒大学出版社，2005)，从深层上讲，我的这一观点和范曾先生的思想是暗合的。

3) 我国有句成语叫作"胸有成竹"，其原意是说，画家在画竹时要有成竹在胸，要把整个竹子了然于胸，然后才能下笔。类似的说法还有，画马时要"全马在胸"，画山水时要"胸有丘壑"。其实，所有这些说法的本质就是系统思想。由此说开，我们认为，中国画和西洋画的最大区别就是，中国画注重系统的本体结构，而西洋画注重从某一特殊角度对系统的透视。我国南齐的谢赫在其名著《古画品录》中提出的"骨法用笔"原则现在是我国书画界共同遵循的通则，无论人物、山水、花鸟，无论工笔重彩或水墨写意，都必须遵循"骨法用笔"。"骨法用笔"的要义其实就是摄取对象系统的本体结构，再由这种结构表现系统的精神实质。中国画的基本材料就是毛笔、墨和宣纸。为了运用如此简单的工具去描绘林林总总的人物、山水和花鸟，自然就有了"墨分五色"之法。其本质是高维化，把原本只有 1 个维度的单一黑色变成了具有 5 个维度的"五色"。因此，线描，或曰白描，是中国画家的基本功。范曾先生认为，白描技法的前进，主要在线条之间的组合，以及通过线条组合表达对象手段的变化，线条本身的粗细、浓淡变化还在其次。这里又蕴含着浓烈的系统思想以及结构与功能的关系。参透了中国画和西洋画的本质之后，我们就可以在此基础上提出更为一般的法则：可以从任何一个观察世界的参证框架出发去透视对象系统。中国画对应于参证框架趋于零的极限情况。这是西洋画和中国画在哲理层面上的统一！

4) 有一则古希腊故事：塞浦路斯的国王皮格马利翁擅长雕刻，用象牙雕刻了一个自己心仪的女孩，给她取名为盖拉蒂，他把自己所有的精力、所有的热情、所有的爱恋都给了她，并向神祈求让她成为自己的妻子，爱神被其感动，赋予盖拉蒂生命，结果盖拉蒂顺利嫁给了皮格马利翁为妻。我心中的"盖拉蒂"就是系统经济学。老子在玄思冥想的时候，"圣人为腹不为目"，重视身内的体验，排除目之所至的感性经验。只有这样，才能"致虚极，守静笃；万物并作，吾以观复。夫物芸芸，各复归其根；归根曰静，是谓复命，复命曰常，知常曰明"。我筹创系统经济学的方法与老子在冥想时候的状态同构。系统经济学注重经济学的形而上的部分，而将侧重应用的形而下部分留给他人。

5) 范曾先生认为，佛与道都主张修养空灵的心怀而静摄宇宙的变幻。由此，我猜想，印度著名的心灵导师克里希那穆提应当读过老子的文献并深受影响。

6) 系统经济学于 1988 年提出，是时我是自打钟鼓自烧香的掌门人，也曾私心追慕过一些世俗名利，经历了这些年的闯荡江湖和时空变换之后，终于到了可以洗尽铅华，放下名缰利锁，无羁无绊的自由状态，以岑寂而宁静的心怀去静摄经济现象的底层规律。虽然时有鹈鸠已鸣，美人迟暮之感，但我坚信，我心中的"盖拉蒂"总有一天会升天，到那时，我可以得意地说："我曾见过你如晨曦初上时的彩霞！"。

2010-08-08

学术研究：入主流与成为主流

我于1985年在《自然杂志》第11期上发表第一篇关于系统科学应用的文章，至今已经25年了。1988年在《兰州大学学报》(哲学科学版)第2期发表第一篇关于系统经济学的文章，题目是"论经济系统的基本特征"，至今已逾22年。在过去的20余年里，不管风云如何变幻，"系统经济学"一直是我最后退守的精神家园。实际上，系统经济学也是我的诺亚方舟。

从事系统经济学研究，起初是我的理性选择，基于我对20世纪科学技术体系的整体趋势的判断和把握。从总体上说，科学技术是在分析与综合的辩证过程中不断向前发展的。自从人类社会进入20世纪80年代以来，综合思潮已经成为科学与社会发展的主流。正是基于这个判断，我于1996年在香港出版的《系统经济学》(第一卷)的序言中就提出"人类社会已经进入系统时代"的观点。系统经济学正是在这样的历史背景下应运而生。在筹创系统经济学初期，我们显然属于非主流，甚至连发表文章都要靠"运作"。但是，我始终坚信，系统时代的到来，犹如历史潮流浩浩荡荡，系统经济学终将从非主流变成主流(这里我们采用的是主流的本原含义，与现在经济学界把研究市场经济的理论称作主流经济学不同)。碰巧的是，突然有一天，中国社会科学院经济研究所原副所长王振中先生打电话给我说，经济学诺贝尔奖得主罗纳德·科斯(Ronald Coase)最近提出："经济学家应该把经济当成一个系统来研究"，让我看看今年第15期的《财经》杂志。但是，当时时间已晚，市面上已经买不到第15期的《财经》杂志。于是，我就让我的一位研究生从网上下载了这篇文章，文章的题目是"自由的'理念市场'至关重要"，这是一篇专访性文章。科斯表述这个思想的时间应该是2010年7月。而我们发表第一篇系统经济学的文章是1988年，也就是说，在我们从事系统经济学研究的22年之后，终于有世界级的经济学家意识到了用系统科学的方法研究经济学的重要性。

细想一下，出现这种情况一点也不奇怪，正如诺贝尔奖得主普离高津(I. Prigogine)所说，西方哲学侧重于分析、定量和实验，东方哲学强调综合和整体性。从深层意义上讲，系统经济学渊源于中国古典哲学中的系统思维，具有深厚的东方哲学背景，这种强调整体和综合的哲学思维正好与当代系统时代的潮流暗合。我们曾经说过，系统经济学的价值指向是整个人类文明，不论能否得到现时的社会形式化认可与否，我们都将一如既往地快乐前行！

2010-10-24

大 师

作为大师,无疑应当是某一专业领域的"武林舵主"。具体到经济学界,我曾经提出过一个经济学家的标准:经济学家,应当在经济学的哲理、数理与技理三个层次上都有相对系统的原创性研究。但是,大师的作用却不是教人针对某一个具体问题的解决方法,其主要功能首先体现在,作为一个精神导师对人一生的熏陶和影响。其作用不仅体现在具体专业知识上,更体现在人生观、价值观和生活态度上的"润物无声"。

2010-11-16

千里之外:实无穷与潜无穷

今天晚饭后,我请广州来的朋友和我的博士生等一起去唱歌。我一直很喜欢周杰伦唱的"东风坡"、"菊花台"、"青花瓷"等歌曲,主要是因为我喜欢这几首歌的歌词。当今晚再次看到周杰伦和费玉清合唱的"千里之外"这个歌名时,突然把它与数学中的实无穷和潜无穷联系了起来。这首歌其中有一句歌词是这样唱的"我送你离开千里之外"。这里的"千里"已经含有"很远"的意思,相当于数学上的"无穷大"。照这样理解,"千里之外"作为一个地方就相当于无穷大之外的地方,比无穷大还远,当然更是"无穷大"。也就是说,"千里"是无穷大,"千里之外"也是无穷大。第一个无穷大"千里"是实无穷,第二个无穷大"千里之外"相当于潜无穷。实无穷可以"操作",所以,才有"'千里'之外"的说法;潜无穷无法"操作"。这样,"千里之外"就把实无穷和潜无穷之间的区别作出了简单直白的诠释。

我曾经在"科学与艺术:探索真理的两条不同途径"一文中,提出了"科学和艺术是探索真理的两条不同途径,二者各具特点,相互补充"的观点。当今天晚上我把"千里之外"与实无穷和潜无穷联系起来的瞬间,当时顿有"众里寻它千百度,蓦然回首,那人却在灯火阑珊处"的淋漓畅快之感。这种感觉,只能偶得,无法刻意追求。科学和艺术在深层次上是相通的,是一个整体,是一个系统。

顺便指出,把具有潜无穷性质的文学虚词(不具有可操作性)当作具有实无穷性质的实词进行"操作"是一种典型的文学创作手法。例如,"那薄如蝉翼的未来,经不起谁来拆"(方文山语),"未来"能"拆"吗?再如,"我的真心你没听过"(昝廷全语),"真心"能"听"吗?显然,这样写出来的句子别有一番意味。类似的写法还有很多:东风"破","淋湿"现在,"风干"忧伤,"路过"你的青春,把爱"剪碎",等等。

2010-11-23

高维化（系统化）：科学求解与文学创作的一种共同方法

高维化（系统化）是科学求解与文学创作的一种共同方法。高维化是系统化的一种特殊形式，是沿着维度方向上的系统化。有一则关于高维化的经典例子，其命题是这样的：用 6 根火柴棍摆出 4 个三角形。简单的操作不难发现，这个问题在平面（2 维空间）里是没有解的，而在 3 维空间中很容易的就可以摆出 4 个三角形。推而广之，在 n 维空间中没有解的问题，在 $(n+1)$ 维空间中可能就有解了，不仅如此，而且可能有最优解。许多科学难题的攻克和新的科学发现采用的都是高维化的思维方式。

现在谈一谈高维化（系统化）在文学创作中的作用。在涉及情感的文学描述中有两种典型的方法：一种是单刀直入的方法，另一种就是高维化（系统化）的方法。例如，"爱你一万年"，"爱你到永远"，就是典型的单刀直入的描述方法，听起来比较有豪气，但是，过于直白。如果采用高维化（系统化）的描述方法就会显得比较婉转和雅致。例如，为了表达爱一个人的决心，不是直白如何如何的非你不娶，而是说成"山无棱，天地合，乃敢与君绝"（汉乐府民歌《上邪》）。这里的"山"、"天"和"地"都是通过系统化网联过来的外界元素，通过这样的系统化（高维化）之后，其所表述的相爱的决心更加决绝，比采用直接的表白非但不逊色，而且还平添几分摄人心魄之势。在文学创作中，这种高维化（系统化）的方法具有一般性。实际上，许多作家都是不自觉地这样做的，把这个方法显化出来，可以帮助人们更好地品鉴现有的优秀作品，主动地利用这个方法尝试创作新的作品。

2010-11-23

满心欢喜：请到胡适耕先生讲拓扑

早在 20 世纪 80 年代，我曾多次专程从兰州去武汉向著名数学家吴学谋先生学习他创立的泛系理论。正是和吴先生的私人接触，使我获得了许多数学修养方面的滋补和营养。当时我就知道，《实变函数》、《泛函分析》和《拓扑学》是研究经济学的必备数学工具，也是学习现代数学的基础。从那时候起，我就开始了这几门课程的学习。印象最深的一次就是在深圳华侨城的新桥宾馆，在陪麦科特的朋友玩牌的间隙学习拓扑学，至今我还清楚地记得当时阅读的正好是"连续映射"这一节，所用的教材是关肇直先生的《拓扑空间理论》。这事发生的时间大概是 1993 年年底前后，当时我正在麦科特集团工作。虽然这几门课程我都学习过好多遍，但在我心底里一直都有一个愿望：聆听一遍真正的数学家所讲的这三门课程。2007年，我已邀请青年数学家、郑州大学教授、特聘教授、博士生导师石东洋先生讲授了《泛函分析》；又分别于2008年和2009年聆听了两遍中国传媒大学理学院院长李军教授讲授的《实变函数》和《泛函分析》。这些课程的学习，使我受益匪浅。值得一提的是，这些课程都不是我的研究生课表上所列的必修或选修课程，但是，个别学生陪我一起自始至终听完了所有这些课程，从硕士生读到博士生。有学生陪读带来了许多美好的回忆和思想激荡。虽然这些课程的学习，对于他们日后的成长大有帮助，但是，每每想起，感激之情依然油然而生。不惜歌者苦，但伤知音稀。

最近，我又荣幸地请到华中科技大学（原华中工学院）教授、博士生导师胡适耕先生专程来北京讲授《基础拓扑学》，了却了我多年以来的心愿，真叫人如春登台，满心欢喜。我首先是与胡先生在"纸上"相识的：先读他写的教材《基础拓扑学》，再读他与张显文合写的《抽象空间引论》。胡先生已年逾60岁，为了赶时间，他主动提出连续讲授7天（2010年11月27日至12月3日），星期六和星期天不休息，共计划讲授32学时，其敬业精神令人感动。唯有好好学习，做出好的成绩，方能对得起胡先生的"不辞辛劳为卿热"，方能对得起所有对系统经济学的关心和支持。

2010-11-30

我只要属于我们自己的优雅与神话

经过了多少春秋冬夏，
路过了多少人生分岔，
遇见了你就从此放不下。

经过了多少简单复杂，
路过了多少青春佳话，
我一直在等我们的故事长大。

经过了多少对错问答，
路过了多少喝彩倒挂，
终于迎来了盛典之花就要发芽。

经过了多少雨雪风沙，
路过了多少纸上繁华，
我只要属于我们自己的优雅与神话。

注：

1）这首散文诗采用的是将系统经济学对象化的拟人写法。

2）"经过了多少春秋冬夏，路过了多少人生分岔，遇见了你就从此放不下"，讲的是自从筹创系统经济学的决心下定伊始，系统经济学就已经成了我整个人生历程的"不动点"。正是由于始终有系统经济学在我胸，才使我能够从容面对各种机遇与诱惑，没有失去前进道路上的坐标方位。

"经过了多少简单复杂，路过了多少青春佳话，我一直在等我们的故事长大"。"经过了多少简单复杂"，在出国留学之前，各种人事关系比较复杂，到了国外要处理的关系变得相对简单，"好好学习"几乎就是留学生活的全部，这时就可以从"复杂"变为"简单"；等到回国以后又要面对各种复杂的关系，又要从"简单"变为"复杂"，多次出国和改变工作单位就要在"简单"与"复杂"之间来回转换。另外一层的简单-复杂关系就是，对我的人生来说，也已经从本就不复杂的我彻底变得简单透明，纯真如初。"路过了多少青春佳话"，是指见证过许多人的成长和辉煌。"我一直在等我们的故事长大"，意思是说系统经济学这颗学苑新苗总有一天会长成参天大树。

"经过了多少对错问答，路过了多少喝彩倒挂，终于迎来了盛典之花就要发芽"。"经过了多少对错问答"指的是对系统经济学乃至整个人生的上下求索。"路过了多少喝彩倒挂"，泛指所有的竞分规范乱套现象。"终于迎来了盛典之花就要发芽"，经过二十余年"不管东南西北风，咬定青山不放松"的欢乐奋争，把"经济视作一个系统"终于得到了诺贝尔经济学奖得主科斯(Coase)的认同和推崇。

"经过了多少雨雪风沙，路过了多少纸上繁华，我只要属于我们自己的优雅与神话"。"经过了多少雨雪风沙"，是指探索系统经济学的风雨兼程。"路过了多少纸上繁华"有两层含义，其一是指看惯了许多毫无学术价值的"著作等身"，我称之为"纸上繁华"，甚至是浪费纸张；其二是说，我自己也曾得到过几乎所有已设的知识分子称号，从本质上讲这些都属于"纸上繁华"的范畴，一个人的学术价值最终取决于我们有多少真正具有原创性的学术思想融入人类文明的历史长河。"我只要属于我们自己的优雅与神话"，是想表明创造系统经济学的"优雅与神话"的万丈豪情。

2010-12-10

新知识学习与知识软件升级

在新知识的学习过程中，有学生告诉我有时会发生这样一种现象：有些内容当时看懂了也理解了，但是过不了多久很快就忘掉了。按照我的理解，之所以会出现这种现象，可能是因为新学习的知识没有和既有的知识系统融会贯通，用系统经济学的术语来讲，就是没有和既有的知识结构系统化，处于和既有的知识系统/结构游离的状态，是游离于既有知识系统/结构的孤立点(孤立模块)，所以，容易被忘掉。从认知心理学上讲，刚学到的知识或新得到的信息首先被储存在大脑的短期记忆区，只有当它们与既有的知识系统/结构融会贯通成一个有机整体之后才会进入长期记忆区从而被记住。只有这样，才能真正达到学习效果，推动知识软件的升级，使人越来越有知识。另外一个显著的学习规律就是，一个人的知识软件越多，学习效率就会越高，也越"容易"学习。这和我提出的传播有效性原理具有某种相通之处，甚至可以说在深层意义上是一致的。

关键词：新知识，既有知识，系统化，长期记忆，知识软件升级。

2010-12-15

系统经济学的沃土

《晏子使楚》中有这样一段话："橘生淮南则为橘，生于淮北则为枳，叶徒相似，其实味不同。所以然者何？水土异也。"一颗种子只有在它适合的土壤里才能茁壮成长，同样的道理，每门学科都有自己的适用范围。

如何界定系统经济学的适用范围呢？我们不妨从经济元（即经济系统中参与经济活动的个体）的维度来说明这个问题。为便于理解，我们建立一个关于经济元数量 n 的数轴：很自然地得到（n 是自然数）。在数轴上取两点，分别设为 n_1 和 n_2，其中，n_1 是一个比较大的数，而 n_2 是一个充分大的数。于是，数轴被分成了三个区间：①$(0, n_1)$，对应于 n 不够大的情况；②(n_1, n_2)，对应于 n 比较大的情况；③$[n_2, \infty]$，对应于 n 充分大的情况。

当经济系统中经济元的数量充分大，即 $n>n_2$ 时，符合经济学中的完全竞争市场结构特征，大量买者和卖者的存在，使得任何一个或几个经济元的组合产生的影响力都可以被忽略不计，任何个体的作用为零，每个经济元只是市场价格的被动接收者（price taker），他们无法通过自身的买卖行为来影响市场上的供求关系，更无法影响市场供求平衡后形成的均衡价格。对于单个企业而言，供应曲线不再是一条向上倾斜的直线（消费者购买量越多，产品价格越高），而是变成一条对应于市场均衡价格的水平直线（无论购买多少，价格是唯一的），此时，价格外化成一种几何参数，对购买决策不起作用。当 n 很小时，情况则完全不同。例如，市场上某产品只有 2 个购买者，一个人放弃购买该产品，意味着企业将直接损失一半的市场，此时其中任何一人的作用都将对市场价格产生很大的影响。

1874 年由法国经济学家瓦尔拉斯（Walras）创立的一般均衡理论（General Equilibrium Theory）正是基于经济系统中有充分多的参与者的前提假设。而后，由阿罗（Arrow）和德布鲁（Debreu）用拓扑学中的不动点定理证明了一般均衡状态的存在，一般均衡理论经萨缪尔森、希克斯等逐渐延伸完善至今已经成为了西方经济学中的重要基础理论之一。当经济系统中经济元数量落在$[n_2, \infty)$区间时，用一般均衡理论是非常合适的，n 充分大是该理论的生存土壤。

通常认为，当 n 落在 n_2 左边的区间中即 n 是有限个时，每个经济元的作用对市场价格的影响都不可忽略，善于研究经济元间相互作用的博弈论都是有力有效的分析工具。

其实，进一步研究发现，如果引入比较大的数 n_1 细分该区间后，博弈论真正的应用价值体现在博弈参与方数量 n 不够大时，即 $(0, n_1]$ 区间。当 n 较大时，博弈论的很多研究方法，如博弈树、收益矩阵等都会变得过于复杂，即使可以借助计算机分析工具也会由于"计算复杂性"的问题在技术上无法实现。

纵观博弈论的发展历史，其最漂亮的结论往往是在博弈参与方 n 较小时得到的，如经典的"囚徒困境"、"智猪博弈"等，这些结论被成功地应用在了经济、政治、管理中，其实日常生活中的许多决策问题都是这种博弈。20 世纪初期是博弈论的萌芽阶段，1928 年冯·诺依曼（Von Neumann）的最小最大定理为从游戏和竞赛中引申出的二人零和博弈提供了解法；1944 年，冯·诺依曼和摩根斯坦（Morgenstern）共著的划时代巨著《博弈论与经济行为》将二人零和博弈推广到 n 人博弈结构，形成了博弈论的基本理论体系。纳什（Nash）的论文《n 人博弈的均衡点》（1950 年）和《非合作博弈》（1951 年），提出了博弈论中极其重要的纳什均衡概念。随后在美苏冷战的背景下，美国著名的经济学家、军备控制专家托马斯·谢林（Thomas Schelling）将博弈论作为一个统一的分析框架应用于社会科学问题中，在《冲突的战略》一书中提出了用于解决冲突的独到见解。1962 年的古巴导弹危机正是将博弈论应用在处理军事问题上的成功案例，而谢林本人也因此奠定了在该领域的权威地位，并于 2005 年获得了诺贝尔经济学奖。

然而，在现实经济中，经济元的数量并非博弈论研究的 n 不够大，也并非一般均衡理论和完全竞争模型中假定的 n 充分大，更现实的情况是经济元的数量落在了 n 比较大的范围内，即前面提到的 (n_1, n_2) 区间。这时，我们需要考虑经济系统的"结构"，不只要考虑组成经济系统的经济元之间的个体相互作用。也就是说，被博弈论研究排除的"联盟"问题反而应当成为研究的重点。这也正是系统经济学研究的广阔天地。该理论以经济系统为研究对象，黑箱化经济元内部的具体情况，而将注意力集中于研究经济元之间的关系，无疑是与这片沃土最相匹配的理论种子。

经济学诺贝尔奖得主科斯（Ronald Coase）2010 年 7 月在芝加哥会议前夕接受《财经》记者专访时指出，"应该将市场经济视为一种类似于人体的有机体系，有不同的组成部分。但所有这些部分都是以复杂的方式相互联系、相互影响的。经济学家应该把经济当成一种系统来研究。至少这是我的想法。我们已经研究了经济中的不同部分，但要理解整个系统的运行机制，我们需要把不同部分整合在一起。但这将是一项非常复杂的工作。"实际上，早在 20 世纪 80 年代我们就开始了这项复杂的系统工程。

摘自"自由的'理念市场'至关重要"，《财经》杂志，2010 年第 15 期

2010-12-17

冯·诺依曼解与制度的本质

最近这段时间看了冯·诺依曼与摩根斯顿（John Von Neumann and Oskar Morgenstern）合著的《博弈论与经济行为》。该书属于博弈论方面的奠基性著作，其中详细论述了博

弈问题的解的概念，并且明确提出，纳什均衡就是完全信息静态博弈问题的解。

他们认为，博弈问题的解的本质其实就是一个行为空间。在特定问题中，解就是所允许出现的可能行为以及行为的变化范围。例如，纳什均衡为什么是一种解呢？因为在纳什均衡点上，所有人所选择的策略对自己而言都是有利的，这就迫使所有博弈参与者自动选择纳什均衡状态。在每一个这样的纳什均衡点上，每个参与者都从自身策略集中确定地选择了一个策略，所有这些被选择的策略就构成了一个行为空间。在纳什均衡唯一的情况下，这样的行为空间只含有一个点；在存在多个纳什均衡的情况下，这样的行为空间由有限个点组成。

其他的解也一样，其本质都是行为空间。我们知道，对于一个一元二次方程 $ax^2+bx+c=0\,(a\neq 0)$ 来说，当 $b^2-4ac=0$ 时，有唯一解。这种情况下，方程解给出的行为空间就是一个点，别无选择。若 $b^2-4ac>0$，则方程有两个不相同的实数解，此时由方程的解构成的行为空间由两个点组成。在这种情况下就需要根据具体情况进行选择。

(1) 制度本质：社会/经济问题的解

说到行为空间，我们很快就会联系到制度。在系统经济学中，我们曾经提出了制度的拓扑学定义：制度是行为空间中的一条封闭曲线。其本质就是在行为空间中划分出可行区域和不可行区域。由此不难看出，制度与解的本质是一致的。或者更直接地说，制度本质上就是给出社会经济问题的解。按照这种观点，我们对制度的本质又有了一个新的理解维度。

(2) 制度的存在性与唯一性问题。

在许多数学研究中，人们面对两大问题，一是解的存在性；二是解的唯一性。例如，我们在讨论纳什均衡时，就会遇到纳什均衡的存在性和唯一性问题。在博弈论中，纳什证明了"有限博弈至少存在一个纳什均衡(包含混合策略纳什均衡)"。这个定理意义重大，它解决了一大类博弈问题解的存在性问题。关于纳什均衡解的唯一性问题要复杂一些。

既然制度也是一种解，针对某一个具体的社会经济问题，我们自然可以提出，制度的存在性和唯一性问题。

在制度不唯一的情况下，还存在最优制度问题。

2010-12-24

2010年圣诞感怀

今天天气不错，心情不错，身体不错，无端生发出万千思绪，别样感怀，冥冥之中有一种力量驱使我到办公室写点什么。

这也许是我多年以来养成的一种习惯，每到辞旧迎新的时节总是不由自主地回首往事，思虑未来。

刚刚填完科学出版社李敏发给我的《科学出版社图书出版计划表》。我准备在科学出版社出版一本《传媒经济学研究与拓扑传播学初探》，对我迄今为止所做的传媒经济学与拓扑传播学研究作一个总结。

在我起身踱步的时候，又在书架上看到了我在中国传媒大学所带的第一个博士生周欣枫的博士学位论文，忍不住惯性地打开浏览。看到她在致谢词中的肺腑之言，一股暖流涌上心头。记得应思思是我所带过的博士生中年龄最小的，她从硕士阶段就开始就跟我，一直读到博士。她的勤奋好学，善于思考，一直激励着我"咬定青山不放松"。每当我需要购买什么新书、查阅什么资料，只要告诉她，她总是放下一切在第一时间帮我完成。现在，她就要毕业去杭州工作，既为她高兴，又有些许不舍，但是"绿叶终会成荫"，祝愿她早日成为栋梁。还有莫桦，她的硕士和博士也都是跟我读的，长达5年的师生相处，使得我们的师生情谊具有了"家"的品格。所有我所带过的学生，所有与系统经济学有过交集的人，都是我人生道路上的重要坐标，他们的名字时常使我回想起曾经一起度过的美好时光，温暖和丰富着我的"纸上人生"。

自从1988年发表第一篇关于系统经济学的学术论文以来，系统经济学就逐渐融进了我的生命里，成了我生命的一个"构造性元素"，是我生命的一部分，是我的精神家园，也是我的诺亚方舟，使我在偶尔心绪低落的时候也不至于丧失斗志。基本上做到了"系统经济入梦乡，不逐东风上下狂"。

但是，也许是上天一直在考验我的毅力，我所有经历过的工作单位都不是理想的从事系统经济学研究的沃土，我始终有一种"生活在别处"的疏离感，这也自然地成全和造就了我对于研究系统经济学来说所必须具有的"心远地自偏"？

虽然我坚信系统经济学的科学性和前沿性，但是，还是在心底里感谢我在中国传媒大学所带的传媒经济学专业的硕士生和博士生们，因为他(她)们是传媒经济学专业的学生，属于文科性质，而我却坚持要他(她)们采用系统经济学和产业经济学的方法撰写学位论文，每每想起，不免对他(她)们怀有一丝歉意。当然，这样做的结果，显著地提高了他(她)们的学位论文的科学水平。

人们常说，"十年磨一剑"。我和系统经济学至今已经度过了二十二个春秋，仍然觉得真正的研究才刚刚开始。好在"我那万丈的雄心从来没有消失过，即使时光逝去依然执著"！

2010-12-26

数学结构与现实的对应："《易》与天地准"

回顾数学发展的历史，与其他任何一门学科一样，在学科诞生之初所研究的问题都是直接来源于现实问题。但当这个学科发展到一定程度之后，为了学科本身的完备性会从学科内部派生出许多新的研究课题，这些问题并不直接来源于现实世界。这种情况在数学中最为明显。虽然这些问题并非直接来源于生产实践，但我倾向于认为，数学家发明的所有数学工具、数学结构、数学空间在现实生活中都会找到可相对应的具体对象。即使某些结构及相应的处理工具现在一时还没有找到与之对应的现实对象，但是迟早会在现实中找到用武之地。

更何况，数学家本身就是生活在现实世界中，数学家所能想到的数学结构从某种程度上说已经受到了他所处的现实世界的影响。这至少为数学理论系统与现实世界系统的模拟提供了一个沟通的渠道，两个系统在逻辑上完全有可能存在某种模拟关系。

例如，我对拓扑学的特别关注就与我在中国传媒大学工作有关。因为中国传媒大学以传播为特色，受这种氛围的熏陶，自然思考传媒问题就多一点。我于 2006 年提出，传播的本质是拓扑过程。传播问题强调的是连通性，而拓扑学的出现就是为了研究连通性问题的。所以我认为，如果不懂拓扑学，是无法深入研究传播与传媒经济的。

2012.12.15 revised：《易经》本是一部占卜的书，后来，儒家赋予它宇宙论和形而上学的意义，并由宇宙论联系到伦理，这便是现在附于《易经》之后的"易传"。我们知道，"易经"本身是一套抽象的符号体系。"易传"中有一个与本文思想密切相关的论点："《易》与天地准"。也就是说，在宇宙之中存在这些符号的确切对应物。

2010-12-27

经济问题的描述与逼近定律

在《博弈论与经济行为》中，冯·诺依曼先生用整整一章的篇幅论述了博弈论产生的重要哲理背景——经济问题的描述问题。他早在半个世纪以前就将"经济问题的描述"列为一章，说明他对这个问题的重视。这与西方分析哲学发展的高峰时期在时间上恰好一致。西方分析哲学有一个重要观点：问题的表述对于问题的解决具有重要影响。由此，我们再一次看到，所有学科综合在一起是一个整体，是一个大系统：表面上各种不同学科各自发展，实质上单个学科在某一时期的发展水平会受到当时科学技术整体发展水平的影响。冯诺依曼在经济学、博弈论研究中强调"问题的描述"与分析哲学是相一致的。

该书在讨论数学为什么没能在经济学研究中取得成功的原因时提到，经济学中的大量问题，是源于我们对经济问题本身表述得不够清晰。因此，他说怎样把经济问题表述清楚是经济学研究中的一个重要环节。实际上他是在说博弈论对于一类经济问题的表述是明确而清晰的。

基于前述观点，冯·诺依曼认为，解决经济学问题时，应该先从那些已经被清楚描述的问题开始，哪怕这些问题看上去很简单。因为这些简单问题的解决有利于我们认识和理解更加复杂的问题。把一个能够被清晰描述的简单问题明确完整地解决，对解决复杂问题具有很大帮助。

书中以物理学的"自由落体"问题为例说明这种思想。自由落体问题研究的是真空状态下的情况，现实生活中并不存在，但是这个问题的表述很清晰，并且已经被研究得很透彻。这个问题的解决，对理解整个力学运动包括天体运动都有很大的启发意义。冯·诺依曼在这里把物理学中的自由落体运动作为前述观点的例子是相当贴切的。

我曾经写过一篇文章，题目是"逼近定律与社会经济系统工程"，发表在《经济学动态》上。发表之前，这篇文章还引发了争议，有人认为我在文章中提出的观点太新了。

现在看来，其实这个观点并不新，只是经济学领域的研究者们不太了解。

我在那篇文章里提出，"人们认识世界，都是用已知的东西去逼近未知的东西"。人类认识世界的过程都是这样。设想一个场景，我们来到一个陌生的环境中，对那里的很多东西不熟悉。这时我们通常都会根据已经积累的生活经验进行应对，即根据以往遇到类似情况时的经验来处理。

那篇文章还提到"人们可以用已知的、简单的东西来逼近复杂的东西"。与之前的规律合起来，即"我们在认识问题时，可以用已知的去逼近未知的，用简单的逼近复杂的"。这里的逼近，在哲理上与数学分析中的一个重要工作是相通的，那就是"泰勒展开"。了解数学分析的人都知道，泰勒展开式中的每一项都是当时已知的简单函数，是已知的知识；将这些已知的知识以特定方式进行组合后可用于逼近未知的函数。从这个角度我们就能看到数学分析研究的脉络，或者说更加认识了泰勒展开这个工作在数学研究中的地位为什么如此重要。

需要注意的是，这里的"逼近"并不是等于，逼近允许有误差。泰勒展开式的重要性就在于，它有一个误差公式，只要给出允许误差的范围，公式就能给出泰勒展开式中需要保留多少项。因此，泰勒展开工作具有重要的认识论意义。

傅里叶级数的重要性也是类似的。傅里叶分析在数学分析中成为单独分支的原因就在于，傅里叶级数给出了逼近任意函数的另一种方法。

因此，这类工作的重要性需要在认识论意义上来评价。我们在评价一项研究工作的意义时，有时不能只看其本身的结果，还需要考虑该工作的普适意义。普适意义往往就是认识论方面的意义。前面提到的泰勒展开在数学分析中之所以重要，就是因为它具有重要的认识论意义。

2010-12-27

经济研究中的传媒问题

在完全竞争模型中，经济学家通过假设 n 等于无穷大，将一些难以处理的很多关系都抽象掉了，包括我之前提到过的信息传递过程。具体做法就是，由于 n 等于无穷大，每个参与者都没有市场能力，都是价格的接受者，价格信息也就外化成了一个几何参数，无需传递。

在我们熟悉的囚徒困境模型中，信息传递就是很重要的问题。假如对两个囚徒的审讯不是分开进行，而是允许两人进行信息沟通，他们很可能都会选择不坦白，从而得到各自的最优"收益"。然而，在经典囚徒困境的情况下，两个人都会选择坦白这个纳什均衡，就是因为双方不能进行信息沟通。这里的信息沟通就是传媒问题。这样我们就可以通过改变经典囚徒困境中的信息沟通假设撰写许多文章。如假设他们之间可以随机地传递信息，参与人根据随机分布做出不同决策；也可以假定信息传递是粗糙的，即两人进行信息粗交流，可以将传递准确性作归一化处理，即用定义域为区间$[0, 1]$的隶属度来表示传递准确性，给出依赖该隶属度的收益函数计算公式。类似的研究都是博弈中的传媒问题研究，其本质是连通性问题。

2010-12-27

矛盾的纠缠

今天上飞机前，我又接到应思思的电话，在电话里简短讨论了她的博士学位论文。应思思是一个热爱学习、善于钻研的学生，这几年实际上一直充当着我的研究助手的角色。一想到她们马上就要毕业各奔天涯，不由生发"夕阳在山，人影散乱"之感慨。自从我为《中国传媒大学学报》（自然科学版）2011年第1期写完"系统经济学进展：1988—2010"的总结性长文以来，时常处于否定自己和肯定自己的矛盾纠缠状态。

系统经济学发展至今已逾20年，我也确实在系统经济学的探索中体验到了"人+学"合一的和谐美感，但是，由于系统经济学旨在对于真的探索和经济规律的研究，偏重于真的发现和呈现，很难直接起到"立竿见影"或者说"立杆见钱"的即时效果，这和系统经济学"象牙塔"之外的急功近利形成了巨大的反差。也许因为自己不够坚定，或者说沾染了世俗的尘埃，又勾起了"学术+学田"问题的思绪散乱。这种状态一旦出现，我的心灵深处不禁一阵恐惧，担心自己不能聚焦于系统经济学的纯粹学术，只剩下人人自然天成的世俗情怀。

"学会用出世的心态入世，学会用审美的心态生活，学会心存感激"是我在多年以前就提出的自勉性警句，但有时候真的担心我的这种"心远地自偏"的边缘人心态影响了我的学生，更担心她们一旦离开系统经济学的"象牙塔"还能不能做到像以往一般"秋水文章不染尘"。当然，我也深知，"笋将成竹"，"绿叶终要成荫"是自然规律。也许，这种担心在某种意义上源于我对学术的偏爱和对"形而上"的嗜好。"爱一个人就帮他成长"是我"阅尽辛酸书外史"之后析取出来的爱人准则和爱人模式（学者和老师的维度）。我认为，一个老师的成功与否不仅取决于他教会了学生多少具体知识，更取决于他对学生一生的成长的影响有多大。

2011-04-04

服从于自己内心的价值尺度

2011年4月1日凌晨我刚写了一篇博客，题目是"矛盾的纠缠"，记录了我当时的"心绪散乱"，但那只是一瞬间的恐惧。

学术研究有两种类型，一种是改进型研究；另一种是创新型研究。系统经济学探索显然属于后一种类型。我天生具有"形而上"的偏好，查阅学术文献时容易捕捉新的学术见解、发现新的学术思想，但对于一些细节、数字、人名和年代却不甚敏感，也不容易记住。因此，在自己写作文献综述时，即使很熟悉的内容，也需要重新查找准确的文献索引，好在现在有了互联网可以节省很多劳动，有时只能请我的学生代劳。由于我的学术工作基本上属于"形而上"的范畴，很难产生"立竿见影"或"立杆见钱"的即时效果。实际上，我往往是自己花钱做学问，用"学田"支持"学术"。4月1日的那篇博文就是对自己学术工作价值进行的否定性叩问。其结论是，系统经济学至少具有王国维先生所说的"无用之用"和康德所说的"无目的的合目的性"，而且这种"用"是"大用"，是对整个人类长期可持续发展有用。在这一点上，和政治家所固有的全局性和长期性视角相通。经过这种自我否定和自我肯定之后，更加明白和坚定了自己的使命。

2010年，有一次我和朋友在杭州龙井山下吃饭，一个看相的人说我佛缘很重，我也自认为相对出世。但是，作为一个学者，我始终充满积极的人文关怀，只是现在不再具有那么强烈的参与意识。我认为，学者的人文关怀和善应当体现为对真的探索和呈现，正所谓"小善修身，大善求道"。在求真的过程中发现美、体验美。作为一个好的学者，还应当具有一定的禅性。由此，就可以做到"真善美禅"的四栏统一。

康德认为，宗教是一种情感，是一种信仰。从这个意义上讲，系统经济学就是我的宗教。在从事系统经济学研究的同时，我越来越喜欢禅。禅宗有三种境界：①山是山，水是水；②山不是山，水不是水；③山还是山，水还是水。我多年以前提出的"用出世的心态入世"的思想正好对应于禅宗的第三种境界：看破了以后还生活其中，但心态已完全不同，人虽入世，却可以"心远地自偏"。回归个体，做自己喜欢做的事，不做自己不喜欢做的事，说自己想说的话，不说自己不想说的话，"诗意栖息"，只服从于自己内心的价值尺度。放逐自己，又回归自己。也许这种"复归于婴儿"（老子语）的本真状态更有利于对真的探索。

2011-04-09

文章千古事

2011年4月28日我乘飞机从北京到深圳。利用坐在飞机上和在深航酒店睡前的空余时间读完了《杨振宁传记：规范与对称之美》。阅读科学大家的传记是我上大学以来就有的偏好。我最早阅读的传记作品是《爱因斯坦文集》，那时我正在读大学。我从中不仅获得了激励我进入科学殿堂的动力，而且学到了许多做学问的方法，或者说我的整个人生都在很大程度上受到了《爱因斯坦文集》这本关于爱因斯坦生活全景式描述的影响，特别是我对学术研究的挚爱从那时起就深深埋下了基因。阅读科学家传记，了解科学家的心路历程，对于热爱科学的人来说也是一种"心灵鸡汤"和对自己的一种心灵抚慰。

我曾经说过，我做学问一直有"形而上"的偏好，在研究课题的选择上从来不跟风，应该说真正做到了"不逐东风上下狂"。由于我的这个偏好，我一直不怎么看重系统经济学的即时效果和社会影响，更注重对于经济系统基本结构的透视和理论系统的构建，包括发展新的基本概念、哲理框架和数理模型等。

我也很喜欢杜甫的千古名句"文章千古事，得失寸心知"。我对自己留下的所有文字都很慎重，从来不愿在别人撰写的文章上挂名，更不会请别人"代为操刀"。这既是对别人劳动的尊重，更是对自己历史的负责。

2011-05-01

未曾设计的呈现

"闲来垂钓坐溪上，忽复乘舟梦月边"。从某种意义上讲，一个人的成长是由许多偶然因素决定的。人生是一个非线性的过程。在这个过程中，往往存在许多分岔点，在每个分岔点上都有多条道路可供选择，具体选择哪条道路通常取决于偶然因素。所有被选定的道路就构成了人生的实际轨迹。

科学家的主要任务是对真的探索和呈现。从某种意义上讲，《传媒经济研究与拓扑传播学探索》的出版也是偶然因素使然，属于未曾设计的呈现。如果 2001 年我不到中国传媒大学工作，也许就没有这本著作。当然还有几个不同的可能选择：中山大学岭南学院、上海财经大学、郑州大学或者去南京师范大学做特聘教授。恰巧在那个时候，我的朋友郑和平先生调任中国传媒大学党委书记，于是才有了我来中国传媒大学工作的机缘，也就才有了这本书的问世。

系统经济学是我一生的追求，或者说，它本身就是我人生的构造性元素，"我通过它观照世界，世界通过它观照我"。由于中国传媒大学是以传媒为特色的专业性综合大学，当时我又担任媒体管理学院院长，所以就不得不带头熟悉传媒、研究传媒。也许是上苍关照、天道酬勤，真是"无心插柳柳成荫"，这种"人在江湖，身不由己"的无奈选择竟然得出了许多关于传媒经济的漂亮结论，开拓了拓扑传播学这一崭新的传播学研究方向，也大大丰富了系统经济学的研究内容。

严格说来，该书不能算是学术专著，学术专著应该是反映学术思想的光滑连续曲线，而该书收集的是我关于传媒经济研究和拓扑传播学探索的代表性论文，反映的是我相应学术思想具有间断点的折线，我还没有来得及将其"熨平"。也许这种原生态的研究更能激发新的探索和新的研究工作。这也正是作者敢于"野人献曝"的主要目的。

《传媒经济研究与拓扑传播学探索》代序，北京：科学出版社，2011
2011-05-01

系统经济学当前任务

从总体上讲，目前依然应当是系统经济学第一，文学作品第二。系统经济学具有硬科学的品格，应当尽早。文学作品与阅历和眼界有关，可以在稍晚一些时候去做。

系统经济学目前的研究专题为如下：
1) 合作博弈（系统经济/合作竞争）；
2) 新需求理论（或曰系统需求理论）；
3) 连通性、信息粗交流；
4) 系统经济学哲理框架的进一步梳理。

2011-08-23

只有系统经济能够救中国

上面这个题目不是科学论断，只是一种"警句"。因此，也只能当警句去理解。最近，我在《中国改革》（2011年8月）杂志上看到了蔡昉先生写的一篇文章，讨论中国经济如何打破减速魔咒，所开出的"药方"主要是提高全要素生产率。从定义上讲，全要素生产率是一种统计残差。根据系统经济观点，全要素生产率是一种典型的系统经济效应。而系统经济包括更为广泛和深刻的内涵。上面这句警句就是在这样的背景下于2011年8月14日首先写在我的新浪微博上。

1) 当前世界经济普遍面临的资源与环境问题，其深刻的原因在于经济学理论上的欠缺。我们在构造系统经济学哲理框架的时候，曾经对传统经济学理论框架进行了深刻的反思。我们发现，传统经济学研究的经济过程主要包括"生产、分配、交换、消费"这四个环节，它们构不成生态经济学意义上的闭路循环。因此，在这样经济理论指导下的经济活动自然不能保证实现可持续发展，长此以往，必然出现资源和环境问题。在系统经济学中，我们把经济过程扩展为"资源→生产→分配→交换→消费→环境→资源"这样一个包括六个环节的闭路循环。这样，就把资源和环境问题内生在系统经济学的理论内核之中，而不仅仅是作为经济发展的外在约束。只有在这样的理论指导下，才可能从根本上解决经济发展的资源和环境问题。

2) 系统经济包括"实物经济"论域上的系统经济和"实物经济+符号经济"论域上的系统经济，后者的情况更为复杂。引入符号经济的本意是为了加快实物经济的发展，使得可以在更大的论域内寻求经济发展的最优解。可是，由于货币的"万能连通性"，其一出现就成了人们的直接追求目标(重商主义),由此导致了经济问题的巨大复杂性。在中学做几何题时,我们都有这样的经验,有时做出一条合适的辅助线,对问题的解决很有帮助,在问题解决之后再把辅助线去掉即可。但是,在经济世界里,符号经济(货币)一旦引入,就再也无法去掉。

2011-08-27

需求与财富的系统经济学观点

1)需求的系统层次理论(将扩展为论文《需求的本质与需求层次理论》);
2)财富的系统层次理论(将扩展为论文《财富的本质与财富层次理论》);
3)财产所有权的系统观点(将扩展为论文《财产所有权的系统经济学观点》)。

2011-09-04

比较研究的逻辑与数学存在的理由

我曾在以前的博客中写道,比较研究的逻辑应当是:通过对个案的分析和研究得出事物发展的规律,将其上升到哲理层次,然后再把通过比较研究得出的具有规律性的哲理"落地",与所要研究的其他案例或经济系统的具体实际结合起来,这样才能得出真正适合其他案例或经济系统的对策(昝廷全:《学术散墨》,北京:中国书店,2010)。最近,我又读到数学家阿蒂亚(Michael Atiyah)关于数学的看法,其思想和我们关于比较研究的逻辑在哲理层次上是完全相通的。他认为,数学存在的主要理由,是它有能力通过抽象化过程,将思想从一个领域转移到另一个领域。这又与我们在系统经济学研究中提出的层级战略的思想联系了起来。

2011-09-16

又到诺贝尔奖颁奖时

一年一度的诺贝尔奖颁奖时间又到了,恰好又是北京一年当中最好的金秋时分,但我们此刻的心情并不单纯,并不平静。有人认为,中国不需要诺贝尔奖,重要的是把我们自己的事情做好。那么把自己的事情做好的标准是什么？诺贝尔奖是国际公认的最高科学奖，如此泱泱大国没有一个真正的本土科学家夺冠，能说我们把自己的事情做好了吗？至少在诺贝尔奖涵盖的几个科学奖方面我们就没有做好！我曾经说过，就算诺贝尔奖是一种智力游戏，不具有任何现实意义，那也至少说明我们技不如人。重要的是我们要借此检讨我们的科学教育体制，尤其是科学评价体制。目前，我们不能说国家对科学教育不重视，关键的问题是如何重视。例如，科学教育经费逐年增加，但增加的科学教育经费取得应有的成效了吗？国家自然科学基金和国家社科基金对于具有重大发展前景的新兴学科支持了吗？现在在学术界产生广泛影响的由中国科学家提出的新兴学科或研究方向有几个获得过国家基金的支持？国家科学基金的本意资助范围与诺贝尔奖的评奖标准在很多方面是一致的，如果我们需要冲击诺贝尔奖，两个国家基金是否可以有所作为？

目前在科学评价方面极端错误的一个做法就是，普遍把争取到的科研经费作为评职称评奖的一个重要指标。这样做简直是本末倒置！科研经费只是科研的条件和手段，但在科研评价时却把条件和手段当作了科研本身！真正值得奖励的恰恰是那些不花或少花纳税人的钱又做出重大科学贡献的人。在科教体制方面另外一个重大问题是官本位思想过于严重，一些人把大学和研究院当成了官场。不仅如此，更为严重的是，有些大学和研究院的"官"缺乏基本的学术鉴别能力，根本区分不出好的科学成绩和次的科学成绩，甚至分不出真假科学工作，也许在官本位的背景下他们也没有兴趣去做这种区分（还有外行评内行），但他们却掌握着大量的科教资源的控制权和支配权，其后果自不待言：科教资源用尽，一流成果难出，而他们还高喊做不出一流科学成就的原因是科研经费不足。如果这种情况不改变，就是国家投入的经费翻番再翻番，也很难"支持"出一流的科学成就！尽管如此，我依然坚信，在不远的将来一定会有本土的中国科学家获得诺贝尔奖，但那绝不是"支持"出来的，而是出于科学家个体对科学的挚爱。

2011-10-13

踏遍青山（1）

现在就写这本《踏遍青山》，只要是基于以下两个理由：首先，是"为了忘却的纪念"；其次，是想趁着现在有心情有精力把曾经的童年欢乐、青春浪漫记录下来。也许，我的篷帆能够告诉后来者风向，我的航向能够告诉后来者暗礁。

童 年 欢 乐

我1962年出生在安徽界首，父亲是"光荣的人民教师"，母亲是典型的东方传统女性。我对母亲最深的印象就是善良。记得有一年冬天下着大雪，一个讨饭的来到我家门口,母亲不仅给他盛上热饭,还热情地让他进屋把东西吃完再走。母亲一生信"迷信",现在来讲就是信佛,相信"恶有恶报,善有善报"。如果母亲能够活到今天,我一定陪她走遍世上所有的佛教圣地。母亲的另一个特点就是"心眼儿"小,遇事容易想不开。如果她能再洒脱一些,如果……今天一定还在安享晚年。也许世界的本身就是遗憾的。

我小时候没有见过爷爷奶奶。他们在我出生之前就不在人世了。据我父亲介绍,从我曾祖父一直到我父亲几辈人都是"独苗单传"。所以,和同龄的小伙伴相比,我们家由血缘关系决定的亲戚很少。也许是物极必反的规律在发挥作用,到了我这一辈开始开枝散叶,兄弟姊妹七个。令人遗憾的是,我最聪明的弟弟昝廷杰因患红斑狼疮早年夭折。记得他生病的时候我正在读大学,我曾请假陪他去蚌埠医学院看病……。他天生聪慧,曾在病魔缠身的情况下取得全区小学生竞赛第一名的好成绩。真是天妒英才!如果他能活到今天,至少能够成为我们家的另一根栋梁。

有人说,一个人的名字对一个人的一生有着重要影响。我想,名字跟随人一辈子,可能起到潜移默化的暗示作用。父亲给我大哥取名廷文,给我二哥取名廷武,给我取名廷全,大概意思是要我文武双全。做到文武双全确实是我小时候的梦想。我从上小学到上大学,文化课一直在班里都是名列前茅;从上小学开始练习武术,一直到上大学从来没有间断。小时候教过我武术的师傅有郭从武和刺猬。虽然没有练到武功高强,但却起到了强身壮体的作用,这为日后从事高强度的学习和研究提供了身体上的保障。也许因为小时候练过武术,我的性格里始终带有一分侠气。

我从小时候就喜欢热闹,人类趋群社会性的特点在我身上得到了充分体现。仿照京剧《智取威虎山》里的剧情,我上小学时有"八大金刚"。这"八大金刚"的作用当然不是对我实施什么真正的保护,也不需要什么保护,纯粹是儿时游戏。现在想起来还觉得童趣十足,温馨快意。写到这里,真想有机会再见一见当年的"八大金刚",大有"今月曾经照古人"之感慨。

和现在的孩子相比,我的童年生活可谓轻松愉快,丰富多彩。既不用上钢琴班、舞蹈班,也不用上文化补习班,最主要的是当时也没有条件上这些班。这反而成全了我天真烂漫的童年。现在,回想童年经历浮现在脑海的是由一个个充满童趣的故事连接而成的欢乐链条:用泥巴制作汽车玩具,用竹竿学做架子鼓架子,在屋后和小伙伴一起捡"春姑姑"玩烧火过家家,在野地里和小伙伴一起挖坑烤红薯,和哥哥一起去东沟里用小鱼钓大鱼……。

记得在王石小学上学时,有一次在去上学的途中,我与留住、老丁和素琴在麦田的空隙中用扑克牌玩升级。在一把结束的时候,对家手中留有一个大鬼(大王),而我手中是一个红桃A。按照常规,我们是输了。但是,当时我灵机一动喊道:"红桃尖子(即红桃A)戳大鬼",这样一来,就算我们赢了。这种由输转赢的秘诀就在于根据什么样的游戏规则。从那之后的很长一段时间,我们玩牌时大家都想方设法地把红桃A留到最后以作"戳大鬼"之用。现在"市场竞争的高级阶段就是争夺规则的制定权"的思想是我在很小的时候就明白的。

我小时候特别喜欢放学后去同学家吃住,也许是弥补我们家亲戚少的缘故。我曾去过同学家的有:郭忠昌、栾从志、郭永峰、郭从征、王志平、王志朴等。现在想起来,这种经历使我很小的时候就学会了现代教育理念所倡导的"learn to live together"(学会与人相处)。不仅学会了怎么与同龄人相处,在很小的时候就学会了怎么与大人相处,就懂得了"要想人家爱你,必须使自己变得可爱"的道理。

到了年龄再大一点,我一边上学,一边学做很多手艺活:一天编一个盛粮食用的芋子,6寸宽100尺①长,正常情况下大人要两天才能编一个;一天编八个打包用的芦席,正常情况下大人一天只能编5个左右;一天可以编30个灯笼,正常情况下大人一天能编20个?我还会用蓖麻坯子纺绳子,剪花,等等。重要的是,所有这些都是在我16岁考上大学之前完成的。和现在高中生迎接高考的阵势相比,我们那时候的备考简直是业余的。

由此看来,我小时候的动手能力还是不错的,只是这种动手能力在上大学之后没有得到进一步的强化。否则,我小时候用泥巴做成的玩具汽车早就变成了超过奔驰的一流汽车!大概是从上大学开始,我就发现自己其实更喜欢理论思考,现在更加偏好形而上的东西。

2011-10-23

应当创设"世界货币"

过去,我曾把一些学术上的 idea 写在专门的本子上,并称其为《科学手册》,到现在为止已经写了很多本。有些想法写下来之后再也没有时间去完善。如此,还不如将其写在博客里,或许对其他一些有心人会有启发。

1)应当创设"世界货币",才有可能从根本上解决世界性的金融危机问题。理由是:根据系统经济学观点,经济系统具有层次性,由此决定着货币的层次性。只是其层次关系正好相反。(美元,欧币,亚币?)

2)货币的一个重要作用就是"升维":实体经济—实体经济 X 符号经济。

2011-11-08

心在学术,何必分白天黑夜

很久没有半夜起床写文章了。今天夜里突然又有了起来写文章的冲动。本来准备起来续写"产业系统的偏序模型"一文,可是不知道什么时候不小心把存在邮箱里的前半部分给删了,只好等天亮之后麻烦学峰再发一遍给我。

我一直很想达到一种状态:能够用数学自由地表达自己的学术思想。最近,我一直在思考"系统需求理论",应该说从哲理上讲已经相当成熟,就是没有找到合适的数学表达方法。为了这个目的,我不得不重读微分方程理论和耗散结构理论。如果是在以前,

---

① 1 尺 ≈ 0.333 米,1 寸 = 0.1 尺 ≈ 0.033 米

我可能已经发表了多篇关于新需求理论的文章，但现在我一篇正式的文章也没有发表，可能是因为自己对自己发表文章的标准有了新的要求。关于"连通性的经济学"和合作博弈(合作竞争的系统经济学模型)研究目前也处于这种状态，真希望早一点能有数理上的突破。我相信，总有一天，"蓦然回首，那人就在灯火阑珊处"。

目前的研究兴趣如下：①系统需求理论；②连通性的经济学；③合作竞争(合作博弈)的系统经济学模型；④世界货币；⑤信息粗交流。

2011-12-06

文化产业的位置

最近，刚写了一篇"产业结构的偏序模型"(将载《中国传媒大学学报》(自然科学版)2011年第2期)，文中给出了基础产业和重要产业的数学定义，为在数理层次上对这些问题进行深入研究奠定了基础。本来这篇文章可以发在更高一点层次的学术杂志上，之所以在本校学报上发表主要是基于以下几点想法：①便利；②我现在已不在乎刊物级别，只在乎正式发表面世，为人类文明添砖加瓦；③既然我在中国传媒大学工作，就把中国传媒大学学报作为系统经济学的发表园地，这样，也方便别人查找系统经济学文献。

我从来不赞成学术研究"跟风"。但是，正如我以前强调传媒重要性时所说的"我(媒体)不能影响你怎么思考，但却可以影响你思考什么"。由于最近一段时间到处都在讲文化产业，刚刚我在陪吴师傅修理车库自动门时突然想到，根据"产业结构的偏序模型"，文化产业处于什么位置？我认为，文化产业既是基础产业，也是重要产业。说它是基础产业，是因为根据"产业结构的偏序模型"，它的"出度"很大，很多产业都源于文化；说它是重要产业，是因为很多产业最后都归于文化，或者上升为文化，即文化产业的"入度"也很大。

2011-12-18

300年经济学思想与政策工具的系统经济学透视

"快鸟瞰"与"深显微"是读书和做学问的两种典型方法。前者可以使我们在最短的时间内快速了解一门学科的全貌，不至于"只见树木，不见森林"；后者可以使我们针对某一具体问题进行深入探讨。

对一门学科"快鸟瞰"的便捷途径就是阅读那门学科大家撰写的综述性文章。对于具有300年历史的经济学进行适度的"深显微"和"快鸟瞰"，何正斌先生译著的《经济学300年》确属上乘之作,"尤其是前半部分,写得更是深入浅出,文笔流畅如春风,思想涌出如小溪,可读性很强"(陈东琪语)。特别需要指出的是,陈东琪先生为该书所写的"序"更是一篇文笔简洁优美的关于经济学300年的"快鸟瞰"综述性文章。

今年年初,我在《中国传媒大学学报》(自然科学版)2011年第1期上发表了关于系统经济学的长篇回忆与综述性文章:"系统经济学进展:1988—2010"。也许是机缘巧合,在我最需要对经济学全貌进行"快鸟瞰",以实现系统经济学与传统经济学千年对接时,我正好看到了《经济学300年》,而且写得这么好,真是天遂人愿。我准备写一篇"300年经济学思想与政策工具的系统经济学透视"的长篇文章,主要是在对经济学300年进行"快鸟瞰"的基础上进行系统经济学透视和阐发,实现系统经济学与传统经济学的全面对接,由此也可使得系统经济学与国际上已有定评的工作具有可比性。希望在这个对接的过程中,对经济学思想前锋能够有所推进。该文将发表在《中国传媒大学学报》(自然科学版)2012年第1期。

2011-12-18

制度改革与优化对应于变分原理

按照系统经济学关于制度的拓扑学定义,在二维的情况下,制度是行为空间中的一条封闭曲线。根据这种观点,制度改革与优化的本质就是对制度曲线的选择,这正好对应于数学上的变分原理。当然,在系统经济学研究中,我们进一步提出,制度其实是行为空间的商空间中的封闭曲线。从行为空间到其商空间,就实现了从无限到有限的转化,这样更有利于可操作性的获得,据此可以得出更加具体的结论。

2012-01-07

失却自我归平庸

每个人都是社会系统的一个构造性元素,由此决定着每个人的生存权利和对社会的基本义务与社会角色。我曾经说过,"我通过她观照世界,世界通过她观照我",这里的"她"就是系统经济学。扩展一点来讲,可以把"她"理解为学术和科学研究,离开"她"就会"失却自我归平庸",就会思绪散乱,就会心灵迟暮。虽然"我那万丈的雄心,从来没有消失过",但是随着身边各种机会和诱惑的增多,很容易让人迷失坐标方位,和碌碌无为的人一起碌碌无为,"玩"消英才。

2012-03-24

踏遍青山（2）

到目前为止，我已经出版了《系统经济学：第一卷》（香港：经济与法律出版社）、《系统经济学：第二卷》（北京：中国经济出版社）、《系统经济学探索》（北京：科学出版社）、《产业经济系统研究》（北京：科学出版社）和《学术散墨》（北京：中国书店）以及两本英文著作等10余种论著。实际上，我在上小学四年级时，就已经少年轻狂地暗自将老师在课堂上命题写作的作文装订成册准备出"书"。由此可见，余本命中注定是"纸上人生"。

应当坦诚的是，我至今虽然出版了10余种论著，做到了国家二级教授和国家级专业学会的副理事长，但是，没有一本书是真正的学术专著。我以为，学术专著应当是反映作者原创性学术思想的光滑连续曲线。而我已经出版的10余种论著主要分为两类：一类是已经发表的学术论文汇编，是反映我学术思想的具有间断点的折线，我还没有来得及将其"熨平"，出版的目的是为了方便学生和学界同行查阅；另一类是由学术派生的关于人生与社会的感悟，我称之为学术散墨，实际上是我开在新浪网上的博客汇编。

从25岁在《自然杂志》（1985年第11期）发表第一篇学术论文以来，我一直主张年轻人应当以发表学术论文为主，不赞成甚至反对年轻人在还没有做过任何深入的专题研究工作之前就出版学术专著，或者通过东拼西凑出"书"。这不仅会浪费了年轻人做研究的黄金年华，而且出版的这种"书"还会贻害读者，特别是贻害那些还没有足够鉴别能力的读者。诺贝尔奖得主萨穆尔逊（Samuelson）曾经说过，只要你采用我的书做教材，别的我什么都不用管了。只有原创性的学术思想才能真正丰富人类文明。

我在上小学时无意间听到的昝爱美老师说过的一句话至今记忆深刻。记得那是在一次早晨放学回家的路上，昝爱美老师说，她看报纸的一个习惯就是先把报纸的标题看一遍，然后再选择感兴趣的栏目细看。这其实就是后来数学家吴学谋先生提出的"块鸟敢"与"身显位"相结合的读书方法。这种方法在海量信息的今天不仅依然有效，而且显得更加重要。也许昝爱美老师自己早就忘记了她说过的这句话，但是，我记得。

每当我回首幸福的童年和少年时光，一想到妈妈的英年早逝，就禁不住暗自垂泪。妈妈天黑前在院子里为我赶制棉被的场景至今历历在目；妈妈禁止我喝家里水缸里凉水，训斥我的声音仿佛还在耳边，……一场场，一幕幕。一行行眼泪，一场场怀念。我曾经在别墅书房的黑板上长期写下"妈妈在天上"。妈妈在天上就可以随时随地和我们在一起永不分离，天上人间两相宜。

2012-03-27

系统需求与基数效用

最近一段时间参加博士生命题、判卷和面试，总体感觉生源质量不理想。有些考生可能连经济学和传播学的常识都没有学过，竟然来报考传媒经济学博士生，我戏称其为"蒙事"的。同时，也引起了我的思考：到了应该写一本传媒经济学教材的时候了。虽然我一直反对年轻人过早地编写教材，但是，出于一种社会责任感，我最近决定要写两本教材：一本是传媒经济学；另一本是高级微观经济学。

为了编写教材的需要，我最近开始重读高级微观经济学。这两天在读生产者理论，明天就要开始读消费者理论。今天上午我习惯性地浏览下一步要读的内容时，正好看到关于效用的问题。产品和效用是对偶的两个问题。重要的区别在于，关于产品可以有确切的客观描述，而效用没有。如果把我们在系统经济学中发展的系统需求理论和效用结合起来，也许就可以为效用建立起客观的数学度量。这样，基数效用论就有了坚实的基础。这是系统经济学为经济学研究提供的一个新的生长点。

2012-05-22

纵死犹闻侠骨香

我一直没有读过武侠小说，虽然在广州时曾有朋友建议我读读金庸的小说。原因很简单，我没有时间。我把所有的时间几乎都用在了读书上。为了弥补自身的不足，曾经想了一条捷径：用了很短的时间把根据金庸的武侠小说拍成的电视连续剧"飞雪连天射白鹿，笑书神侠倚碧鸳"全部看了一遍。看完之后，颇有感觉，还写了一篇短文，中心思想是"生生克克，层层升级"。我很喜欢其中的侠之风骨。实际上，我自知自身就充满侠气。我把读书和学术当成一种浪漫和一种享受，甚至达成了"人学合一"的生命状态。"纵死犹闻侠骨香"。"零落成泥碾作尘，只有香如故"。这里与市场无关、与道德无关，仅仅是生命的自我完成。正所谓"一个人最大的敌人是他自己"。这种极致的状态已经超越了"市场评价"、世俗竞争，超越了道德法律，触及更高的生命道德。处在这种生命状态，所有阶层的人都没有了区分。

我之所以达到今天的状态，主要通过两条途径：一条是历经"纸上春秋"；另一条是机缘巧合地"阅尽辛酸书外史"。如果生命没有这样的经历，这样的沉淀，这样的累积，也许不会炼成今日的宁静心境。那种"为赋新词强作愁"，和没有经历过生命热情、没有燃烧过的生命只在庙里枯坐是不会有什么修为的。李叔同之所以成为一代高僧，正是因为他经历过大繁华和大幻灭。

另外，我还很喜欢王维的"行到水穷处，坐看云起时"（《终南别业》）的漂亮诗句。水穷之处，正是云起之时。在空间的绝望之处，看到时间的转机，看到生命的转机。

2012-06-03

系统时代的人道主义标准

我们知道，小孩子在成长过程中，都要经历一个"叛逆期"，就是他总是逆着大人的话去做。或者说，他总是想挣脱大人的束缚，想要自由。直到现在，我还有一种感觉，就是对所有的"命题作文"有一种天生的抵触。如果由于外界原因导致必须去做某一件事情，总有一种被约束和被限制的感觉，而且这种感觉非常不舒服。正如诗中所说的，"生命诚可贵，爱情价更高，若为自由故，一切皆可抛"。但是，我们每个人都不是独立存在的个体，都是处于某个社会中的人，由此也内生地决定了每个人的权利和义务。按照马克思的说法，人与人之间的关系实际上是"阶级中的人与人之间的关系"。根据系统主义观点，整个自然界是一个复杂的层级结构。实际上，我们每个人都被镶嵌在这个复杂的层级结构之中。而且，随着系统时代的到来，系统深化和系统广化不断加强，这种层级结构对人的约束和限定越来越多。从这个意义上讲，人的自由空间越来越小。因此，如何保证和提高人的自由度是系统时代最基本的人道主义标准。

当然，任何事情都有两面性。系统时代到来的原因就是因为"连通性"的增强及其多样化的增加，由此又导致工作方式和生活方式的改变和多样化。例如，SOHU一族就可以摆脱整齐划一的工作方式。也就是说，连通性的增强同时也为人的自由度的提升提供了新的通道和可能。

2012-06-05

文学创作的四项基本原则

(1) 生动原则，能够让读者产生共鸣

这就要求作者要有丰富的人生阅历，或者较高的"为赋新词强作愁"的能力。

(2) 哲理原则

超越个人经验，上升到一般的哲理高度。这就使得作品具有较为广泛的读者群和较长的生命力（越接近哲理水平特征尺度越长），从而越有可能成为经典名作。

(3) 边界（极）原则

故事围绕系统边界或"极"展开。通过对极限状态的描述展现真善美禅和对待名利权情的态度。这就要求作者首先要能找到系统边界和"极"之所在。

(4)厚重原则

故事最好与某个重大历史事件相关，或者以其作为背景展开。

2012-06-06

数 学 语 言

能够用数学语言自由地表达学术思想是我一直以来的梦想。最可能达成此目的的途径就是使用集合论语言。泛系方法论(PM)的很大一部分工作其实就是使用集合论语言去泛化和重写许多已有的工作。直到今天我才恍然大悟，这可能正是我当初喜欢泛系的原因。因此，泛系对于我来讲，就是一种表达我自己系统经济学学术思想的数学语言。这就是我和泛系的关系。

我希望用相对数学化的集论语言表达系统经济学思想，和吴学谋先生用集论语言表达泛系思想，在某种意义上讲是同构的。当然，泛系在这方面为系统经济学树立了榜样，同时也为系统经济学提供了在集合论基础上加工过的表达学术思想的形式化语言。它比集论语言更为直接更具哲理背景。但是，我们不能因为泛系思想是用集论语言表达的就将两者混为一谈，更不能愚蠢地认为泛系抄袭了集合论。

2012-09-05

学习瓦尔拉斯好榜样

在众多伟大的经济学家中，最值得我学习的应当首推瓦尔拉斯(Marie Esprit Leon Walras，1834~1910年)。

1)专门思考纯经济学问题，几乎构成了瓦尔拉斯工作的全部内容。我一直坦承，我二十余年来专事的系统经济学属于"象牙塔"里的学问，虽然它无疑有着重要的现实意义，但术业有专攻(斯密的分工原理)。

2)瓦尔拉斯最重要的成就是经济均衡理论。洛桑大学为纪念他而竖起的那块墓碑上只镌刻着这样几个字："经济均衡"。经济均衡体现的恰恰是纯经济关系。我们在系统经济学中所研究的重点是更加复杂的经济关系以及关系的关系等。我所希望的一生的 logo 是："经济系统"，夸张一点的描述是："多极纷呈，月满中天"。

3)瓦尔拉斯根据自己的理论逻辑，从古诺(Cournot)的理论入手，研究了供求理论，并借此得到了均衡价格和边际效用的概念。我们在系统经济学研究中提出了系统需求理论并由此复活了基数效用论。

4) 瓦尔拉斯把他毕生的著述都综合在以下三部著作中：《纯政治经济学原理》、《社会经济学研究》和《实用经济学研究》。但真正不朽的是《纯政治经济学》第2~6节中所包含的经济思想。在《纯政治经济学》中，他从"必要的流通"开始，并从"流通过程"中发展出了一套完美的货币价格形成理论。在系统经济学研究中，连通性具有至关重要的作用。我的学生应思思的硕士和博士学位论文都是研究连通性的。

5) 和瓦尔拉斯的工作远离同行们的当前兴趣一样，系统经济学一直在人迹罕至的山路上探索，基本上属于一个人的学术江山。但是，我比瓦尔拉斯幸运的是：最近，企业家陈洁先生表示愿意资助 3000 万元帮助我研究系统经济学。这充分体现了陈洁先生不同于一般企业家的高尚品格和对人类文明进步的高度责任感。

2012-09-07

五十年书卷香浓

1) 五十春秋，五十年步履匆匆；五十春秋，五十年风雨兼程；五十春秋，五十年岁月峥嵘；五十春秋，五十年书卷香浓。

2) 从科学的意义上讲，越是抽象的概念和思想，其特征尺度越长。我一直坦诚自己做的是"象牙塔"里的学问，虽然中国经济始终是我创建系统经济学的直接背景和底色。但是，术业有专攻，分工可以提高效率，每个人有每个人的学术角色。其根源在于我的思维方式比较抽象。正因为如此，尽管我经历了学界商界、总经理董事长、教授院长、国内国外、南方北方的多次大跨度变换，但所经历的许多具体事件、人名、数字却在我的记忆中没有留下多少痕迹，真正留下的只有学术思想的演化轨迹，一身书卷始终是我最后的不动点。

3) 从某种意义上讲，人生就是选择。就我自己的偏好而言，我总是把事情的可控性排在第一位。也就是说，总是把凭借自己的力量就能完成的事情排在偏好序的首位。从事系统经济学研究正好符合我的这一选择结构。由于系统经济学探索旨在为人类文明的历史长河贡献涓涓细流，因此也就获得了某种崇高性。正因为如此，才有了"五十春秋，五十年满面春风"的底气。

4) 我在 1997 年提出，人类社会已经进入系统时代。正是系统时代的大背景催生了系统经济学。关于系统时代的特点我在多篇文章中已有论述。今天凌晨一点到中午，我几乎用了一夜和半天的时间读完了乔治·索勒斯的《这个时代的无知与傲慢》，作为阅读此书的一个收获，今天再补充关于系统时代的另外两个特点：第一，在系统时代追求真理不像启蒙时期那么容易。在启蒙时期，人们崇尚理性并将现实视为和理性相分离，理性具有独立的标准，因此人们可以获得完全的认知。实际上，完全竞争理论就是以完全认知作为假设基础的。在系统时代，每个人都是未来的创造者，更有甚者，未来的样子取决于我们今天对于明天的预期。人们对于未来的预期也是现实的一部分。这一观点对于解决当前中国和世界经济问题具有重要的现实意义。第二，在系统经济学研究中，我们认为，非线性是经济系统的一个基本特征，这个特征的一个自然推论就是经济系统长期行为的不可预见性，这就从根本上动摇了完全竞争理论的完全认知基础。由此可以大致看出系统经济学范式的必要性。邓小平同志在中国改革开放初期提出的"摸着石头过河"的思想正好超越了传统经济学的束缚。由于人类认知的不完善，我们在系统经济学中提出了第二类制度边界的概念。在法律领域，成文法之外还有习惯法正好用先例弥补了成文法的不足。

5）市场机制适合为竞争性个人需求配置稀缺资源，但是并不适合用来追求共同利益。市场经济的本质就是适者生存的达尔文主义，决定适者的关键因素是竞争而非合作。在系统时代，合作竞争将成为主要的生存方式，学会与不同利益需求的人和谐相处的能力将是适者的决定因素。而且，在超越供求双方各自利益之上还存在共同利益，如维护市场秩序和保护环境等。索罗斯作为一个大人物的伟大之处，就在于他超越国家利益对于人类共同利益的关怀，并将这一关怀付诸实施。系统经济学将竞争性个人需求与公共利益统一在一个共同的范式之中。

6）索罗斯通过自己成立的基金网络在世界范围推广"开放社会"。而我们更愿意使用系统时代，或者社会系统。关于为什么不使用信息时代、网络时代等概念，我已在"系统时代"（发表于《经济学家茶座》）一文中有了详细论述。那里的论述同样可以作为不使用"开放社会"的理由。"开放社会"这一名词最早是卡尔·波普尔作为他的书名而提出，即《开放社会及其敌人》。索罗斯认为，波普使用这个书名纯属偶然。另外，和索罗斯的"开放社会"一样，系统时代、系统主义或社会系统都属于认识论范畴，与意识形态无关。

2012-09-30

系统经济学史记

我们认为，一旦某件事情达到了一定的规模并具有相当的重要性和崇高性，就值得纪录。这里纪录的是系统经济学历程的形式化路标。

1）1988年发表第一篇关于系统经济学的论文："试论非线性经济系统的基本特征"（《兰州大学学报》（哲学社会科学版）1988年第4期）。

2）1995年出版《系统经济学》（第一卷），香港：经济与法律出版社。

3）1996年在深圳大学召开全国第一届系统经济学学术研讨会。《光明日报》、《经济日报》和《南方日报》均对此次会议作了报道。

4）2001年开始在郑州大学基础数学专业名下招收"非线性分析与系统经济学"方向博士研究生。

5）2002年开始在中国传媒大学（原北京广播学院）招收"传媒经济系统分析"方向博士研究生。

6) 2001 年成立郑州大学系统经济学研究所,2003 年被批准为"河南省人文社科重点研究基地"。

7) 2003 年出版《系统经济学进展》(第一卷),郑州:郑州大学出版社。

2012-09-30

20 世纪现代经济学经历的三次革命

20 世纪现代经济学经历的三次革命如下:

1) 20 世纪初,由于微积分引入经济学带来了经济学的"边际主义革命";

2) 20 世纪下叶,由于纳什(Nash)等掀起的"博弈论革命"。自 1994 年纳什等获得诺贝尔经济学奖以来的 18 年间(1994~2012 年),诺贝尔经济学奖 6 次授给了博弈论和与博弈论关系密切的信息经济学,共计有 15 人获奖。今年 Lioyd Shapley 获奖是意料之中。系统经济学认为,现在是系统时代,合作竞争将是主要的竞争方式,Lioyd Shapley 正是合作博弈研究的领军人物。因此,他的获奖是大势所趋。实际上,早在 7 年以前我就提出合作博弈现在比非合作博弈更有现实意义(参见昝廷全主编《中国传媒经济》(第三辑)中关于纳什来访的报道)。早在 4 年以前我就让我的博士生应思思的博士选题研究连通性和合作博弈。

3) 20 世纪 80 年代系统科学与经济学相结合给经济学带来的"系统革命",其标志就是系统经济学的诞生(昝廷全,1988)。

2012-10-28

微观多变才能宏观少变

稳定性既是一个重要的理论问题,也是一个十分现实的经济、社会和政治问题。从本质上讲,稳定性就是某种变化之中的不变性。从学术方面来讲,典型的有微分方程稳定性理论,发展了局部稳定、全局稳定与轨道稳定等概念。从实践方面来讲,保持物价稳定、社会稳定与政治稳定是人们追求的共同目标。

所有会骑单车的人可能都有这样一个体会:为了保持单车的稳定和按照既定的方向(也是一种稳定)前进,必须根据路况随时对单车进行"微调"。由此我们可以悟出一个道理:只有允许微观多变,才能实现宏观少变或者不变。在稳定性理论中,判断稳定性的一个重要方法就是微扰法,即假设有一个小的扰动,然后看看系统能否回归原来的状态。从哲理上讲,微扰法就是我们这里提出的"只有允许微观多变,才能实现宏观少变或者不变"思想的逆向应用。

2012-11-18

我的故乡在哪里？

我了解台湾学者余光中先生是从他那首著名的"乡愁"开始的。根据余秋雨先生的记述，每当有记者问起他的故乡时，他总是优雅地回答"不是这儿，也不是那儿，而是中华文化"。套用余光中先生的话，我要说"系统经济学就是我的故乡"。

我自十六岁读大学开始离开家乡（当时的交通和通信都不如现在发达），一直有一种莫名的游子乡愁在心头萦绕。一个最典型的行为特点就是喜欢"回家"。直到现在，我可能还是我们家乡回家最多的游子。正因为如此，我曾专门写过一篇"家的系统经济学分析"发表在《经济学家茶座》。故乡分为两种：一种是有形的；一种是无形的。年轻人所理解的往往是有形的故乡。伴随着人的成长，故乡的概念也会升华，从有形变到无形。我曾经写道："它（系统经济学）是我的精神家园。它是我的诺亚方舟"。完成了这种升华，也就释怀了许多现在回家时遇到的种种不安（疏离感和信息粗交流等）；那是因为回家的层级不对。因此，现在最重要的是为无形的"系统经济学家园"寻找一个合适的有形依托。目前正在筹备中的系统经济学基金会和会所就是为了建立这种"有形依托"的具体努力。

我曾经说过，系统经济学已经变成了我的一种基本生存方式，基本上实现了"人+学"合一。系统经济学的价值指向是整个人类文明。系统经济学三大基本公理之一是持续发展原理（昝廷全，1989），其核心思想是经济过程和生态过程的合一。因此，通过系统经济学可以最终实现"人+自然"合一。这是人生的最高境界和最后归宿。天地有大爱而无言。

2012-11-23

向余秋雨先生致敬

我一直比较喜欢余秋雨先生的作品。每当他有新作出版，我总是尽可能在第一时间购买阅读。每次进书店，总会下意识地问一句："有没有余秋雨先生的新书？"。现在还清楚地记得好几年前听闻他要封笔的消息时的遗憾和无奈，好在他没有。前天是我近来最开心的一天，因为那天我发现了余秋雨先生的新作《何谓文化》。当我读到他在书中写到的句子"我也老了，……"的时候，禁不住热泪盈眶：心疼、辛酸、怜惜……。这绝不仅是个人化的情感，更是为了他对中华文化的那份坚守、认真研究和有效传播。人虽霜鬓，依然临阵，笔耕不止，继续为我们创造文化饕餮，为人类文明贡献涓涓细流。为此，向余秋雨先生致敬！

美国政治家J.亚当斯(John Adams, 1735～1826年)说："我们这一代不得不从事军事和政治，为的是让我们儿子一代能够从事科学和哲学，让我们孙子一代能够从事音乐和舞蹈"。根据系统经济学的信息归并原理，所有信息最后确实都归并为文化。因此，亚当斯的观点大致符合这个原理。余秋雨先生在书中援引的下述观点也符合这里的信息归并原理。

"经济行为只要延伸到较远的目标，就一定会碰到文化"；

"经济行为的起点和终点都是文化"。

"赚钱，是以货币的方式达到非货币的目的"。

与余秋雨先生的观点不同，我认为，说这些话的经济学家不是"不深刻"，而是很深刻。当然，这里的"非货币目的"涉及我们在系统经济学中的系统需求理论。

2012-11-24

极端主义和中庸之道

有人说，在四大古文明中，之所以只有中华文明得以延续，主要是因为中华文明的互助精神(系统化)和中庸之道(系统广化)。与中庸之道对应的是极端主义。作为极端主义的一个典型例子，原教旨主义认为，离佛一尺即为魔。中庸之道认为，离魔一尺即为佛。由此可见，极端主义的世界很小，即系统很小。而"离魔一尺即为佛"的世界要大得多，即系统广化的水平要高很多，因此，有广泛的求解空间。

从数学上讲，极端主义的"极"就相当于导数为零的点。泛函分析中有一个重要的数学定理：连续函数在紧集上一定可以取得极值(最大值/最小值)。紧集，就是有限闭集。闭集就是包含极限点的集合。因此，要想取得问题的最优解，必须包容极点。**找到了极点，就找到了分析问题的坐标。**有人说，政治就是妥协。**凡是需要妥协的问题，首先就要找到极点，也就是找到妥协的坐标。**因此，找到极点很重要，更何况极点本身往往就是最优解。实际上，物理学中自由落体、理想气体、理想液体、理想刚体，经济学中的完全竞争、完全垄断、完全信息等都是极端情况。对这些极端情况的研究，为分析现实问题提供了坐标和参证框架。

2012-11-26

关于等级的断想

1)余秋雨先生提出，读书的等级等于生命的等级。我大体同意这个看法。因此，在信息社会如何选书就变得十分重要。

2) 在系统经济学中，我们曾经提出关于复杂系统聚类的一般方法，发表在 *International Journal of Kybernetes* 上。但是，并没有解决商系统中每个模块的等级排序问题。要解决这个问题，就需要进入系统的进化机制。在这方面，物理学提供了榜样。

也许是因为物理学出身的原因，我对纯粹的唯象研究不感兴趣，特别反对一些不负责任的经济学家主观武断地发表"政策主张"。我历来认为，政策主张应当是学术理论的逻辑外推。经济学家输出的是政策主张，而其内部应当是扎实系统的理论研究。

3) 系统经济学认为，经济学中市场和政府的关系属于不同的层次之间的关系。要想全面系统地理解市场和政府之间的关系，必须从社会经济系统的演化方面着手深入研究。

4) 和等级不对的人交手，可能有两个结果：一是完全不知所措，像苏东坡对小人，二是"一出手，分量就太重了"（余秋雨语）。"英雄惜英雄"，可能就源于有等级对应的对手存在时的那份情感"同构"。由此推想，诸葛亮哭周瑜可能是出于真心。我在企业工作时，曾经遇到过一个"小学毕业差三年"的领导，尽管我努力表现得尽量谦卑，但由于存在他无法达到的层级障碍，最终的结果不言自明。

5) 和等级不对的人共事是困难的，但可以有大爱。大爱和善良超越所有的层级。在大爱和善良的层面上，所有的人之间都可以平等对话。根据系统经济学的层级战略，很多在同一层级无法沟通的话题，都可以通过把话题提升到更高的层级进行对话。

2012-11-27

系统经济学精神的哲学同构

根据"睡前阅读"的习惯，昨晚睡前阅读的是冯友兰先生的《中国哲学简史》。这本书是我昨天在北京人艺书店新买的。购买的原因就是因为"冯友兰"三个字。读后，大家就是大家。昨天阅读的是"中国哲学的精神"和"中国哲学的背景"两章。按照冯友兰先生的观点，哲学就是对人生的系统反思。我是通过系统经济学这种专业研究的"纸上人生"和"阅尽辛酸书外史"触及哲学高度的，对人生和社会所作的一些思考和感悟集中体现在我已经出版的《学术散墨》(2010)和《系统经济学学术散墨》(2012)之中。系统经济学精神和中国哲学精神在深层意义上是同构的。

(1) "人+学"合一

系统经济学是我一生的追求，它现在已经变成了我生命的一个"构造性元素"。"我通过它观照世界，世界通过它观照我"，多次体验到"人+学"合一的和谐美感。冯友兰先生援引金岳霖教授一篇未发表的论文中说："哲学家按照所信奉的哲学信念去生活，乃是他哲学的一部分。哲学不仅是供人们去认识的一套思维模式，而是哲学家自己据以行动的内在规范，甚至可以说，一个哲学家的生平，只要看他的哲学思想就可以了然了"。

(2) 天人合一

按照中国传统哲学，个人的最高成就是成圣，成圣的最高成就是"天人合一"：个人和宇宙合而为一。系统经济学有三大基本公理，其中之一就是"可持续发展原理"，其核心思想就是经济过程和生态过程的重叠。或者说，其核心思想就是经济过程和自然过程的统一。由此，加上前面的"人+学"合一，就自然蕴含了"天人合一"。

(3) 出世入世

我多年以前就曾提出"学会用出世的心态入世；学会用审美的心态生活"，后来又加上一句"学会心存感激"。这三句格言完全是根据我自己的生活体验感悟出来的，明确提出来主要是为了自勉。根据冯友兰先生的观点，中国传统哲学的主要精神就是"既入世，又出世"。入世哲学的一个重要特点就是直接或间接地关注政治和伦理道德，即关注社会。但是，中国传统哲学也有理想主义的成分，正所谓"不离日用常行内，直到先天未画前"（对道学的评价）。出世和入世是对立的，中国哲学的使命就是在这两极对立之中寻求它们的综合，其结论就是中庸之道，能够在实践中实现中庸之道的就是圣人。我曾经在"极端主义和中庸之道"一文中提出，"极"的存在，为中庸之道提供了坐标和参证框架。"学会用出世的心态入世"既是一种生存技术，其中也自然蕴含了中庸之道的思想。

2012-12-03

孔子的"大一统"

孔子作《春秋》时，为他理想中的新朝代制定的纲领之一就是"大一统"。从空间范围上讲，他所说的"大一统"，主要是指"神州大地"的统一。《孟子·梁惠王章句》记载，梁惠王问孟子："天下恶乎定？"，孟子回答："定于一"。孔子的"大一统"和孟子的"定于一"，其本质都是空间上的系统化，或者进一步地，都是属于空间上的系统广化。秦朝在公元前221年第一次真正实现了中国的统一，秦王由此自封"秦始皇帝"。

实现了空间上的系统化之后，为了巩固他统治下的这种统一，秦始皇进一步着手系统深化的工作，其中一项重要且影响深远的措施就是统一思想。秦始皇接受了宰相李斯极为严酷的建议：一切史书，除秦朝史书外，其他"百家"之说和文献，除由博士官存档保管者，以及医书、药书、农牧、卜筮之书以外，都应上交政府，予以焚毁。任何个人若想读书，都应"以吏为师"（《史记·秦始皇本纪》）。秦朝这样做的初衷和目的是，以"系统深化"巩固"系统广化"，由于对各种哲学思想流派一律禁绝，反而造成了思想界的真空，结果适得其反。由于暴政，秦朝只维持了大约15年。

秦朝之后的汉武帝也同样希望通过统一思想（系统深化）巩固其统治。但是，和秦始皇"废黜百家"不同的是，他采用董仲舒的建议，实行"兼容百家，独尊儒学"的方法。一方面，官学以儒学为宗，任何人若要从政入仕，必须学习儒学和六经（这也成为此后中国历代开科取仕的基础）。另一方面，对私人传授其他各家思想，没有任何刑罚措施。从此之后，不管朝代如何更替，儒家思想对中国人的影响绵延不断。

2012-12-14

制度的系统本质

在系统经济学中，根据形成原因的不同，我们把制度划分为自组织制度和层级制度。这就暗含了一个假设：制度是一个系统性概念，只有相对于由不同的个体构成的系统而言，制度的概念才有意义。在"鲁滨逊的孤岛"上无所谓制度。

关于制度的系统本质，可以追溯到中国早期的思想家荀子。荀子是先秦儒家三位最重要的人物之一（其他两位为孔子和孟子）。荀子本名况，又号荀卿，赵国（今河北、山西南部）人，生卒年代大概在公元前298～公元前238年，著有《荀子》。

荀子首先认为，人的生存离不开社会组织。利用系统经济学的语言来讲，就是人的系统化生存，或者说，只有系统化才能生存。接着，他为自己的这个论点提供了两个理由，其实也是最早为系统化提供的两个理由：第一，从个人生存的角度来讲，若没有在社会组织中的合作和相互支持，人无法改善自己的生活。他在《荀子·富国》中写道："百技所成，所以养一人也。而人不能兼技，人不能兼官，离居不相待则穷"。第二，他在《荀子·王制》中提出，人"力不如牛，走不若马，而牛马为用，何也？曰：人能群，彼不能群也。……一则多力，多力则强，强则胜物"。这是在强调系统化的力量。

为使社会组织起来，人们就需要共同的行为准则。因此，就需要礼，用礼来规范人和人之间的关系。在儒家思想中，礼的含义非常广泛，它可以指社会行为准则，也意味着仪式和礼节，这时它又有文化教养的作用。从本质上讲，礼就是某种特殊形式的制度。

荀子进一步论述之所以需要礼，是因为人皆有欲望，而且欲望具有"单调性"，同时，供给有限。礼的作用就是规定应有的节制（由此自然理解"货币是一种制度"）。他在《荀子.社论》中写道："礼起于何也？曰：人生而有欲，欲而不得，则不能无求，求而无度量分界，则不能不争。争则乱，乱则穷。先王恶其乱也，故制礼义以分之，以养人之欲，给人之求，使欲必不穷乎物，物必不屈于欲，两者相持而长，是礼之所起也"。他进一步认为，凡是建立起"礼"的地方，就形成"道德"；按"礼"而行的人就是有道德的人，违反"礼"的人就是没有道德的人。按照现代的语言来讲就是，遵纪守法的人就是有道德的人。这里的"礼"由先王制定，因此，属于系统经济学中的层级制度范畴。

当然，人既然要系统化（社会化）生存，自然就会衍生出自组织行为和自组织制度。

2012-12-15

系统需求的古典哲学原型

老子在《道德经》第 12 章中说:"五色令人目盲,五音令人耳聋,五味令人口爽;驰骋畋猎令人心发狂,难得之货令人行妨"。因此,他在《道德经》第 46 章中又说:"祸莫大于不知足,咎莫大于欲得"。

老子的一个重要思想就是"物极必反"。食物本来对人体有益,但如果吃得太多,就会转过来变得对人体有害。因此,人在饮食上要"适度",至于多少是"适度",则要看各人的年龄、健康和食品的质量而定。采用现代系统科学的术语就是,多少是"适度"取决于个人的"状态"。

2012-12-19

荆轲何以不该刺死秦王

在莫言的作品《我们的荆轲》话剧中,燕姬在和荆轲的对白中说道:"你的名字,既然要和他(秦王)联系在一起,就应该和千古一帝的嬴政联系在一起,而不要和眼下的秦王联系在一起"。这句对白颇具系统思想。"你的名字……和他联系起来",是指系统化。一个人要想提升自己的人生价值,就要不断提高自己的系统化水平。这是因为系统化水平越高,其资源位越高。和"千古一帝"的嬴政所代表的系统相比,"秦王"所代表的显然是小系统,因此,其资源位和价值都远不如前者。这也许是通过系统化和提高系统化水平来提升资源位和个人价值的最早思维原型。

2012-12-21

欠"军"一文

最近,来深圳学术度假。会见了许多老朋友,并给每位朋友赠送了一本新出版的博客摘录《服从于自己内心的价值尺度:系统经济学学术散墨》。书中收录了我于 2010 年 11 月 30 日撰写的"满心欢喜:请到胡适耕先生讲拓扑"。泛函和拓扑是研究经济学所必需的两门基本数学知识。由此联想,我曾经带领我的学生聆听了两遍中国传媒大学李军先生讲授的实变与泛函。因此,欠"军"一文。现在撰写此文虽然迟了些,但也别有一番滋味。

李军先生讲泛函给我最深的印象有三点：第一，他对实变和泛函的掌握非常透彻，讲起课来挥洒自如，讲课技巧和教学效果非常好。中国传媒大学能有人把泛函讲得如此成功，令我喜出望外。第二，他的认真和敬业影射出了一个科学家的品格特点。在这一点上，他和胡适耕先生如出一辙。第三，他对我们这些编外学生非常照顾。记得有一次，我迟到了，他居然在等我而和学生讨论其他问题。我还记得，我们还在他办公室讨论求解问题的高维化方法。他还为我们推荐了超可加性和广义积分等数学文献。现在回想起来，倍感温馨。

当然，泛函并不是我的学生的必修课，她们也不一定全部都能听明白。但是，我坚信，这种高强度的数学熏陶有利于她们数学素养的提升和科学精神的培养，这个过程会沉淀为慢变量影响人的一生。我记得，在课程最后结束时，莫桦还代表大家为李军先生照相，并以此制作成电子台历赠送给李军先生。

那段时间，也是我生命中比较愉快的一段时光。一起听课的有应思思、莫桦、罗雪等，她们有时还为我带早餐带水。在这里，用"红袖添香伴君读"来形容并不合适。但是，正是这长达5年相处的点点滴滴(硕士+博士)，使我们的师生情谊具备了一种"家"的品格。在她们的最好年华与她们一起学习，仿佛自己也回到了自己的最好年华。她(他)们早已成为了系统经济学家园的构造性成员。

这次来深圳，大部分时间都是在酒店房间度过的，主要是为了和娜儿通过微信进行跨国"学业交流"。能够和娜儿在这个层面上进行交流，我感到很欣慰。讨论问题的层次，反映着人的层次；思考问题的层次，反映着人的层次。

2013-01-15

踏遍青山(3)

中 学 时 代

我的初中和小学都是在王石学校度过的，因此，我把关于小学和初中的记忆融合在了"童年欢乐"。这里所描述的中学时代其实就是高中一年级。1978年，我从高中一年级直接考取大学：安徽师范大学阜阳分校。那一年，我16岁。我记得，当时界首师范学校的李柏俊老师曾建议我，放弃这个机会，第二年再考，也许能考取更加理想的学校。考虑到当时的社会背景，我还是选择了先入学再说，……。

现在，很多大学选拔教师一般都要求本科院校必须是211大学。按照这个标准，如果我现在去大学求职，连"形式审查"都无法通过。由此推论，任何制度都不能绝对。制度解决"一般情况"，"特殊情况"需要特殊处理。例如，职称评审是每个大学都要面对的问题。因此，每个大学都有一个职称评审委员会，每年要制定各个层次职称的任职条件。如果绝对按照任职条件，那就根本不再需要一个评审委员会，只要按照任职条件进行打分从高到低截取就行了。但是，现实中每个大学每次评审都要召开评审会。为什么呢？我认为，评审会最重要的功能就是处理"特殊情况"。当然，对于非"特殊情况"必须做到公平公正。现在，我对为什么几乎所有的制度性文件最后往往都加上一句类似于"特殊情况特殊处理"的条款有了较深的理解。我在担任郑州大学商学院院长期间曾经亲自经历过类似的事情，后面将有详细的记述。

我的高中虽然只上了一年，但是，许多关于高中的记忆却与生命同在，并通过文字跨越时空。我的高中班主任是我们的语文任课教师刘乐善老师。记得有一次，我和父亲一起去太和县买"秋秸"没有去上课，刘东善老师下课后亲自骑自行车到我家查问我没去上课的原因。当时，正是烈日炎炎的三伏天，他又不知道我家的详细地址，由此可以想象，在刘东善老师心中的那份爱才心切！这里与世俗功利无关，与市场评价无关，只有高尚和纯粹。我对刘东善老师最深的记忆就是感激和敬仰。这种感激和敬仰既是个人情感，又超越个人情感。

多年之后，正像那首歌唱到的"长大后，我就成了你"。现在，我也是一名"人民教师"，刘东善老师始终是我藏在心底的榜样。

我的高中物理老师段茂君其实比我大不了几岁。他给我们教物理时是"代课教师"，他自己同时还在复习高中课程准备高考。我们之间的私人交往，是从我代他批改物理作业和物理试卷开始的。当然，这在当时是"保密"的，因为批改的正是我们自己年级的作业和试卷。我在上大学时也做过完全类似的事情。这其中显然包含着老师对学生的信任和评价。在此之后，我们的交往越来越密切，渐渐地从师生变成了亦师亦友，直至现在，并指向未来。

我对高中数学老师刘子建的印象就是，他非常敬业、严肃。直到现在，我还记得，他在讲三角知识的那一段时间，每次上课前都先在黑板上把几个著名的三角公式写下来。那时候，刘子建老师的家门口有一个藕池，我曾多次在其他学生午休时替他给藕池"压水"。好像我也给班主任刘东善老师打过"煤球"。我的高中英语老师叫尚美华，我和她的弟弟和妹妹后来都发展了私人友谊。因为这个关系，她的妹妹尚清华还在我上大学时从界首转到阜阳五中上学。

我上高中时率性而为建立的良好师生关系，也许从广泛的意义上应验了爱因斯坦的那句名言，"对于青年科学家的一个重要任务，就是和与他同时代的著名科学家的私人接触"。由爱因斯坦的这句话展开，我曾经提出，要想成为一个好学者，就要尽可能多地与好学者接触；要想成为一个企业家，就要尽可能地创造机会与大企业家在一起；要想走仕途，就要尽早地接触"政治圈"。这其中的深层原因，就是系统经济学的资源位思想。

当然，上高中时，还有许多自然天成的青春记忆和感激。只是，许多事情经历之后才明白，原来确实是"相见不如怀念"。其哲理基础可能又是开集与闭集之间的关系的缘故，类似于"看景不如听景"。

2013-01-17

系统主义：引言

系统主义，我们主要是指看待世界的一种思想倾向，具体来讲，就是看待世界的一种系统参证框架。这里涉及两个概念：系统和主义。系统，按照贝塔朗菲的定义，是指一组相互联系的元素共同构成的有机整体。这个整体具有不同于任何元素的新性质,利用亚里士多德的话说,就是具有"整体大于部分之和"的新性质(昝廷全:《系统经济理论工程与实践》)。主义,按照孙中山的观点(《三民主义》,北京:九州出版社,2012年版第3页),"主义就是一种思想、信仰和一种力量。大凡人类对于一件事,研究当中的道理,最先发生思想;思想贯通以后,便起信仰;有了信仰,就生出力量"。我们这里使用"系统主义"概念,纯粹属于学术范畴,主要是为了彰显我们看待世界的系统观点,并由此提出解决当前人类社会所面临的重大问题的系统战略。

2013-01-25

社会分层的内在尺度

我在"欠'军'一文"的结尾曾经提出,"思考问题的层次,反映着人的层次",这自然涉及社会分层的"内在标准"问题。

社会分层理论是现代社会学的核心内容之一。1993年,我曾和吴学谋先生一起在国际《控制论》(International Journal of Kybernetes)上发表过一篇关于复杂系统聚类的一般方法的文章,题目是"复杂系统聚类与分层的(F, θ, D)相对性推测,这里F是系统元素之间的原始关系,O是分类准则(标准),D是广义权重。只要F, O, D三个要素中的任何一个发生变化,都会导出不同的分类结果。这种关于复杂系统聚类的(F, O, D)相对性准则当然也适合于社会分层研究。

所有的分层(聚类)问题都是相对于某一(些)显化或潜化的分类准则而言。以往关于社会分层的研究主要侧重于外在的指标。例如,把F取为对社会资源的占有程度、职位的高低、权力的大小、金钱的多寡等。从某种意义上讲,正是现在的社会分层过分依赖这些"外在指标",再加之大众传媒的非理性渲染,构成了当今社会急功近利、物欲横流的主要原因。为了应对当今社会的浮躁之风,我们提出"社会分层的内在尺度",或曰"社会分层的内在标准"。作为这种内在标准的一个形象说法就是,"思考问题的层次,反映着人的层次"。不同的人思考的问题不同,可以根据"思考问题的层次"进行社会分层。

我们将上述社会分层的标准称之为"内在标准",这种标准更加关照"人的内心",而不是"身外之物"。"一个人心灵的高贵才是真正的高贵",就属于社会分层的内在尺度范畴。

2013-01-25

思考问题的层次,反映着人的层次

在博文"社会分层的内在尺度"中,我提出了"社会分层的内在尺度"概念,作为内在尺度的一个典型就是"思考问题的层次"。于是,社会分层问题就转化成了"问题分层"问题。如何进行问题分层呢?一个可行的方案是,借鉴经济学的做法,按照竞争性和排他性把问题分为四类:私人问题(具排他性和竞争性)、自然垄断问题(具排他性,但不具竞争性)、公有资源问题(具竞争性,但不具排他性)和公共物品问题(既无排他性,并无竞争性)。一般人思考最多的往往是私人问题,由此逐次思考自然垄断、公有资源和公共物品问题。我们知道,利润最优化是企业家的主要目标,此时所思考的问题主要是私人问题、自然垄断和搭便车问题。但是,企业发展到一定阶段以后,企业家往往开始"慈善活动"。而慈善活动主要就是针对"外部性问题"。外部性问题恰恰属于"共有资源"和"公共物品"范畴。

作为"问题分层"的另外一个重要指标可能就是"问题的特征时空尺度"。从排序方面讲,问题的特征时空尺度越长,越应往前排。中国古语"万般皆下品,唯有读书高",从本质上讲,就是根据问题的特征时空尺度进行排序。因为,"读书"的特征时空尺度最长。当然,现实中的问题分层服从于(F, θ, D)分类相对性准则,不能按照单一指标绝对化。

但是,"心中之贼是抓不住的",如何对社会分层的内在尺度进行观测和操作呢?这里可能也可以借鉴经济学关于个人偏好的处理方法。具体来讲,就是借鉴经济学中的"显示偏好理论"。

2013-01-25

文化的系统化定义:中华文化的重构与发展

关于文化的定义,比较著名的大概有200种以上。我们认为,文化是一个系统性概念。只有采用系统科学的方式才能将其说明清楚。之所以存在这么多种关于文化的定义,就是因为大家没有找到定义文化的适当方法。余秋雨先生认为,"文化是一种精神价值以及与之相呼应的生活方式,它的最终成果是集体人格"。关于文化最终沉淀为集体人格是康德的观点。我们这里提出一个关于文化的系统化定义:文化是一种系统化的精神价值,由此决定着人们的生活方式,其最终沉淀为集体人格。这里的关键词是系统化。按照这种观点,文化是一个系统。于是,每一种文化自然包括许多文化要素。我们于1997年曾经提出过一个关于文化的形式化定义:

文化(系统)=({文化要素},{不同文化要素之间的关系})

这样,就把文化和文化要素区分开来了。只有当不同的文化要素构成一个有机整体(系统)之后,才能称其为一种文化。单个文化要素,或不同文化要素的机械堆砌并不能构成一种严格意义上的文化。当然,同一种文化要素可以参与到不同的文化当中,作为不同文化的构造性元素。由此,一种文化(系统)的要素可以不断变化,而其本身依然存在,正所谓"个体来而复去,而整体依然存在着"。

文化既然是一个系统,它就要遵从系统科学的一般规律:系统只有开放才能避免因趋于"熵"最大而解体。由此，可以重新评价"北方马背上文化的入侵"对于中华文化的积极意义。或者，也许可以从某种意义上讲，正是"北方马背上文化"的不断入侵才使得中华文化变成了一个开放系统，从而成就了中华文化成为唯一一个没有间断的四大文明之一。好像余秋雨先生也悟到了这一点。

中华传统文化要素非常丰富、庞杂，如何在新的时代背景下对中华文化进行重构不仅仅是一个重大的文化命题。这首先涉及对不同传统中华文化要素的选取问题。当然，还存在一个如何区分处于"游离"状态的传统文化要素和作为传统中华文化的构造性元素的传统文化要素。我们认为，应当在系统主义的导向下进行中华文化的重构和发展，以适应人类社会目前所处的系统时代。这正好又和中国传统哲学思想相呼应。

2013-02-16

阅读《系统之美》

有人说，生命因阅读而宁静。正是通过阅读，不断丰富着我的"纸上人生"。由此派生的第一个问题就是如何选书。阅读图书的层次，决定着人的层次。

值得庆幸的是，昨天在郑州机场买到了一本美国学者德内拉·梅多斯(Donella H. Meadows)的 Thinking in Systems: A Primer，该书由邱召良先生翻译，并将书名诗意地译为《系统之美：决策者的系统思考》，由浙江人民出版社出版(2012年第1版)。Meadows是1972年出版的畅销书《增长的极限》的第一作者，该书引发了全球对于地球承载力和人类选择的大辩论。她曾师从系统动力学(Systems Dynamics)创始人 Forrester，是著名的"世界模型"的主创人员之一。同时，她还是畅销书《第五项修炼》作者彼得·圣洁的老师。由此自然决定了《系统之美》的层次。

唯一遗憾的是，该书作者已于2001年意外去世。该书初稿于1993年，2008年正式初版。虽然从初稿到现在已经过去了20年，但她的论述并未过时，反而得到了更多的印证。由于我们同属于"系统群落"，读着那些熟悉的系统概念和术语，如同在和老朋友交谈，周身澈畅，如浴春风，如春登台。

这本总共289页的《系统之美》，我几乎是"手不释卷"地用了不到两天的时间读完的。每当遇到好书，我总是激动如初，不读完，放不下。读完后又会有"惜春常恨花开早"的不忍和依依不舍。

阅读《系统之美》的收获主要是激发联想和启迪思考。

1) 定义系统性问题：应当根据历史数据和系统的真实行为(行为是指系统的状态变量随时间的变化)。

2) 系统结构决定系统行为：只有在系统结构层次上才能找到解决问题的根本解。另外两个典型的层次是：事件层次和行为层次(如状态变量随时间的变化)。

3) 存量和流量的关系：存量是缓冲器，具有稳定作用；反馈和存量有关；存量的变化慢于流量。

4）作者所讨论的时滞问题，其本质上是有系统的特征尺度决定的(昝廷全，1990)。

5）作者指出，系统都是从底层向上进化的，从局部发展到整体。我们于20世纪90年代曾经提出"产权安排的最低层次原理"。二者在深层上是统一的。

6）作者提出的许多具体对策都可以看作是我们在系统经济学中提出的诸如层级战略、临界战略和特征尺度思想以及系统广化和系统深化思想的技术实现和案例。

7）产权模型应考虑资源类型。

8）层级结构可以减少需要的信息量。

9）强调正反馈和负反馈的作用。

10）各种流量之间没有稳定的关系。

2013-02-23

关键词方法与《云图》中的关键词

本来计划前天(2013年2月22日)晚上，从郑州回来就要看《云图》的。但是，由于飞机晚点，回到家时已是凌晨1点。更重要的是，我从在郑州机场候机时就开始看《系统之美》，已陶醉其中，也无法"插播"《云图》。昨天看完《系统之美》，今天计划要做的第一件事自然就是看《云图》。

今天是正月十五元宵节，是中国人民传统的团圆节。今天中午，莹莹、松松、小菲一起在家里吃午饭。在这期间，我让莹莹为我下载好《云图》。晚上，到郑书记家吃饭。每逢节假日，和郑书记"聚聚"属于"必修功课"。如此，才觉得内心安定。席间，和他讨论中国社会公共空间道德缺失问题与历史缘由。回到家的第一件事情，就是看《云图》。历时172分钟，刚刚把《云图》看完。

说实话，由于叙事方式的相互穿插，确实没有准确理解整部电影想要表达的思想。但是，在这种情况下，我们在系统经济学中提出的层级战略"自动"浮现出来发挥作用。这使得我能够从整部电影营造和渲染的氛围中大致感觉到，《云图》具有净化心灵的作用，教人从更大的时空范围考虑自己言行的后果，追求"真相"。

我们知道，每一篇学术论文在"内容提要"的后面，一般都会要求写上5～7个"关键词"。通过这几个关键词，读者就可以快速地大致了解文章的内容。金观涛先生可能正是由此创造了"以包含关键词例句为中心的数据库方法"，并用于观念史研究。由此，他把柯林伍德的那句名言"历史知识沉淀于特定观念"变成了"历史沉淀于词汇"。我们简单地将这种方法称为"关键词方法"。

这里简单回顾一下《云图》的"关键词例句"。

1）律师和黑奴之间如何会成为朋友，"看一眼就够了"：眼睛是心灵的窗口、真相、人人平等无界限。

2）"从子宫到坟墓，我们都和其他人紧紧相关，……轮回，……"。这其中包含浓厚的系统思想。以"类"划分敌我，其实又都属于一个更大的系统。拓扑学用开集作为基本元素，与此异曲同工。

3) 剧中讲到"云图六重奏"音乐的归属问题时强调，"不是你的，不是我的，是我们的"。这又展现了系统思想以及合作的价值。正像著名的"春江花月夜"表面是唐朝张若虚个人"随机"创作的，从本质上讲，更是一种历史积淀的水到渠成。

4) 剧中对 Reputation 的重视，显示了系统经济学中层级战略的思想：Reputation 是一种更高层次的系统概念，高于任何"具体事件"。

5) "界限是由常规决定的"，"任何人都可以超越常规，只要他第一个想到这么做"。在系统经济学中，我们提出的制度的拓扑学定义是："制度就是行为空间中的一条封闭曲线"。简单地说，就是在行为空间画一个圈。这里的"常规"对应于系统经济学中的自组织制度。

6) 把所有人结合在一起的是"规则"，即制度。森林规则："弱肉强食"。

7) "尘世的缠绕"，警示人们摆脱"尘世的缠绕"，多从事心灵层次、与"真相"有关的事情，追求类似于老子的"复归于婴"的状态。从美学上讲，越接近事物的"根部"，越接近"真相"，特征尺度越长，其影响也就越久远。

8) "我们生命的不朽性质，在于我们言语和行为的后果"。这里具有两层含义：首先，是"内在责任"，即建立"言语和行为"与"后果"之间的联系回路，由此决定着未来的重生和轮回；其次，是考虑"言语和行为"影响的特征尺度问题。

在美洲土著人的文化中，其决策所考虑的时间范围长达未来七代。考虑的时间尺度越长，生存的机会越大。我们在决策时，考虑未来几代？我们能有未来几代？中国传统文化中的"传宗接代"思想，潜在地影响了人们决策时所考虑的特征时间尺度，使其能够摆脱短期利益，着眼于长期利益，从而增加了生存机会。也就是说，"传宗接代"思想影响了人们的行为方式，也使得一些"暴发户"不至于过分沉溺于"及时行乐"。

9) 就我自己的个人经验来说，上大学时，曾经在梦中求解出了睡觉前没有解出的高数题；也有多次梦到相同场景的经历，这个场景不是"真实"的，但是，由于多次梦到，又有似曾相识的熟悉感。

10) 从创作上讲，整部电影"跨越时空+灵界+梦境+轮回"，采用的正是层级战略：升维，在低维空间没有"解"的问题，在高维空间中可能有解，甚至有"最优解"。

总之，根据认知科学的观点，一个人掌握词汇的多少，在某种意义上，决定着思维的水平。进一步地，"思维关键词"的变化，决定和反映着思维模式的变化。在系统时代，就是要把系统概念和术语变成大众日常思维的关键词！

注：这里关于"传宗接代"的积极意义是我在写作时临时逻辑推演出来的，畅快！

2013-02-24

系统主义价值观

最近，看了日本稻盛和夫和本山博合著的《对话稻盛和夫：人的本质》。书中主要表现出作者超越民族、超越国家,对于人类共同利益和人类未来的关注。书中提出,为了建立一个一体化的地球社会,"必须协调和统合好东方的佛教、印度教,还有道教对于物质研究不足的缺陷,以及西方凡是都以物质和对大自然的支配为出发点再发展科学和理论的做法(沙漠宗教)"。同时提出,"要以日本传统下衍生出来的宗教哲学为基础,创造出一个新的世界宗教",而且认为,日本人具有兼容并蓄的本性,"具备了向世界发出提案的资格",要让日本成为世界的精神核心。本山博还在技理层次上提出了一些构建新的"世界宗教"的具体做法。在我看来,以 5000 年悠久文化积淀为基础,更有资格向世界"发出提案",我们的具体提案就是"系统主义价值观"。系统主义价值观不仅指出"应当"怎么做,而是首先揭示出支撑这么做背后的系统规律。因此,和仅仅提出应当怎么做的教条相比,系统主义价值本身构成了一个科学的理论体系。这个理论体系的基本框架如下:

系统时代—系统规律—系统主义价值观

系统主义价值观的关键词:系统化生存;感恩;爱与关怀;个体与社会;人类与自然;生态和谐。

关键词例句:①在更高的层次,基督教、佛教等都没有了区别;②在更高的层次,个体超越与其他事物的对立(没有了区别),同属一个系统,即共同利益、共同命运。

2013-02-26

关于"系统背景下的个体最优定律"的 Critically think

昨晚到现在一直没有睡觉:首先撰写了《系统主义》写作大纲;接着构思了"系统时代背景下的个体最优定律";现在又想起关于"系统背景下的个体最优定律"的 Critically think。反正激动得无法入睡,索性继续"奋斗"。

"系统背景下的个体最优定律"对个体最优提出了两个层次的约束:第一,不能伤及其他个体的利益;第二,不能伤及系统整体的利益。由此联想到余秋雨先生笔下的王道士:当时社会动荡,价值连城的经文无人过问,王道士为了追求自己的私利,以很低的价格把经文卖给了外国人。这种行为虽然没有直接损害任何其他个体的利益(前提:无人过问),因此符合 Pareto 最优原则。但是,这又对国家造成了损失,因此违反了"系统背景下的个体最优定律"。具体来讲,就是违反了 Pareto-Tingquan Zan 最优定律。但是,正如余秋雨先生所言,如果把这么重大的责任归于如此卑微的王道士个人身上,连我们自己都会觉得可笑。与此相关的是电视连续剧《大染坊》中日本商人说给主人公陈寿亭的一句话:"国家太弱,个人太强是会吃亏的"。我曾在当时《大染坊》热播时专门写过一篇短文指出其中包含的系统思想。这种情况和"系统背景下的个体最优定律"是一种什么样的关系?或者,如何提炼出"系统优化如何对个体优化提供了约束和限制?"

2013-05-28

制度研究的历史深度

从历史研究的渊源上讲，制度的起源可以追溯到轴心文明时期的古希腊。轴心文明时期，有四种典型的观念系统：第一，是希伯来救赎宗教，人要离开这个世界得到拯救，拯救依赖的是神秘的外在力量；第二，是印度舍离此世的解脱，解脱依靠个体的修炼；第三，是中国型的以道德为终极关怀，个人依靠内心向善的追求达到此世目标；第四，是希腊型的认知理性，个人通过外部自然规律的认识追求此世价值。在希腊人的心目中，法律是自然规律的延伸，其本质就是自然规律。在系统经济学的研究中，我们从层级过渡和自由度归并的角度演绎出制度和管理规则，完全和希腊"法律的本质是自然规律"的思想完全一致。

城邦是希腊人理性和法律实施的基本单位。希腊法律（nomos）的原意是分配，城邦中的人各得其所，此即符合自然法则即正义的本来含义。罗马法律继承了希腊把正义视为让人各得其所的理念，将其细化为"正义是赋予公民应有权利稳定而永恒的意志"。当权利为公民应得之物时，拥有权利的公民通过双边协议制定的契约自然就变成了法律的一部分，也就有了公民自主选择的内容。由此完成了从希腊法律（nomos）到罗马私法（lex）的过渡和拓展。罗马私法的建立极为重要，它为罗马共和国的建立提供了法律正义的支持。

2013-05-29

系统需求理论的历史渊源

系统需求理论的历史渊源可以追溯到轴心文明时期的古希腊。和其他三大文明相比，古希腊的最大特点就是认知理性，即个人通过对外部自然规律的认识追求此世价值。在这种观念的观照下，希腊人认为，法律是自然规律的延伸，其本质就是自然规律。城邦是希腊人理性和法律实施的基本单位。希腊城邦法律主要规定城邦中每个公民得到自己应得的东西。人应该得到什么是从人为何物这一普遍观念推出，这也是自然规律认知的一部分。这和我们系统经济学的"系统需求理论"联系了起来。系统需求理论指出，需求是由人（系统）的耗散结构决定的。稍作仔细思考，不难发现二者之间的相通之处。

2013-05-29

普遍观念的系统化作用

在系统经济学中，我们专门讨论了连通性的资源整合作用。或者更本质地说，没有连通性，就没有系统化。我们在资源位第三定律中，把连通性分为技术和制度两大类型。如果深入到文化层次，就会发现"普遍观念"才是系统化的终极原因。人类社会目前正处于系统时代，"系统主义"将成为这个时代的"普遍观念"。这也是人类社会突破目前困境，走向未来的唯一出路。

关于"普遍观念"的概念，主要来自金观涛先生的《轴心文明与现代社会》。这要感谢天博，是她告诉我金观涛先生讲座的消息，并一同听讲座、索要资料。金观涛先生比较详细地论述了"普遍观念与跨地域社会行动之间的互动关系"，并且指出文明起源意味着庞大的跨地域组织的出现。从系统经济学的角度讲，这里涉及两个问题：特征尺度和系统化。

2013-06-08

普遍观念的两种基础：组织与个人

普遍观念的重要作用是"长程关联"。但其可以有两种本质上差异很大的基础：①依靠社会组织和社会行动来维系；②建立在独立的个人认知基础之上。

当前，传媒高度发达，传媒在塑造个人认知上可以发挥巨大作用。过去传媒界的人说："我不可以影响你怎么思考，但可以影响你思考什么"。其实，传媒可以通过改变个人认知结构影响你怎么思考。例如，反腐本来是政府廉政的一项重要战略举措，但是，当前传媒对反腐败案例的报道，似乎在帮助老百姓建立一种这样危险的个人认知：凡官必贪。这一点应当引起传媒主管部门的高度重视。

2013-06-08

"学会用出世的心态入世"的历史视野

多年以前，我曾经提出三句警句：①学会用出世的心态入世；②学会用审美的心态生活；③学会心存感激。实际上，这三句话既是我的心里话，也是用来自勉的。最近，我阅读了相关的历史文献，特别打通了"学会用出世的心态入世"的历史视野。

打通了"学会用出世的心态入世"的历史视野,是指把它和历史学家提出的"超越突破"(transcendence)联系了起来。超越突破的本质是人从社会组织中走出来,追求不依赖于社会(组织)的生存意义和价值。如果价值目标只在此世,就只有两种超越突破类型:希腊型和中国型(排除了价值指向离开此世的希伯来宗教型和印度宗教型)。希腊型依赖非社会的外部自然规律,主要表现为认知理性;中国型则依靠自身的修炼,依靠个人内心的力量。我希望,"学会用出世的心态入世"是希腊型和中国型两种超越突破的综合。

2013-06-08

创建系统经济学的"心远地偏"

超越突破是人类文明史研究的一个重要概念,其本质就是个人意识的起源。具体是指,个人从社会中走出来,寻找可以独立于社会的普遍价值。施瓦茨(Schwartz)在20世纪末曾经指出,超越突破就是"退而瞩远"(standing back and looking beyond)。整个西方文明主要起源于希腊传统。希腊传统的主要内容就是对自然规律的理性认知。其前提就是个人从社会中走出进行独立思考。

系统经济学创建的主要阶段基本上处于非主流的"心远地偏"状态。这种"心远地偏"也许正好暗合了施瓦茨的"退而瞩远",也更有利于进行个体化的独立思考,从而更有利于实现对自然规律(经济系统规律)的理性认知。这是系统经济学的幸运?归根结底,科学研究只能是个体行为。

当然,系统经济学研究的最好时机是我在郑州大学商学院担任院长的时期。当时,在曹策问校长的支持下成立了"郑州大学系统经济学研究所",还在郑州大学当时办公环境最好的"逸夫科学馆"三楼有了一间大办公室。在那里,我度过了一段非常快乐的"纸上人生"。在朋友们的协助下,在郑州最好的五星级酒店"裕达国贸酒店"、"金陵海悦商务酒店"和"上岛咖啡"等举办了多场"系统经济学学术沙龙"。全部过程由郑州电视台的王波先生负责录像,事后制作了整套光碟,留下了永久的纪念。整个活动由孙学敏教授策划。由此,我和孙学敏教授成了永久的学术知己。在"郑州大学系统经济学研究所"成立的第二年就成功转变成"河南省人文社科重点研究基地",现在由孙学敏教授主持。

2013-06-09

真实的历史和我们能够知道的历史

在历史研究中有一种现象,我们称之为历史"常写常新":每到一个新的时代,历史学家就会根据新的观念重写历史。也就是说,历史学家都接受历史的"多元真实"。

20世纪30年代后现代史学强调,历史是某一主体根据史实的主观构造。这就自然派生一个问题:我们能否完全了解历史?或者说,关于历史我们到底能够知道多少?关于这一问题的另外一个描述就是,我们能够知道的历史的极限在哪里?

为了回答我们能够知道多少历史,或者,我们能够知道的历史的极限在哪里,首先要定义什么是历史。历史的核心是过去人的社会行动。因此,历史自然涉及社会行动的主体:过去的人。根据金观涛先生的观点,任何社会行动都是普遍观念支配下的行动。普遍观念,就是储藏在跨区域(空间范围大于某个特征尺度)的不同个人头脑里的共同"观念知识"。历史上,正是文字的出现使得思想交流可以超出熟人的圈子从而形成普遍观念,由此,文字的出现与文明的起源同步。正是储藏在个人头脑里的观念知识决定着个人的行动。因此,我们说,社会行动是具有相同观念知识的不同个人的集体行动。为了准确回答这个问题,下面引进三个定律:信息粗交流定律、传播有效性定律和知识-思维定律。

信息粗交流定律:如果两个agents所拥有的关于某一概念相关的知识不同,他们无法利用各自的知识准确描述这一概念;这一概念在这两个agents之间无法进行精确传播,这种情况下的概念传播被称为信息粗交流。

传播有效性定律(昝廷全,2006):信息有效传播的必要条件是,信息发送者与信息接收者的知识交集非空。

知识-思维定律:人的知识状态决定人的思维方式和思想意识。

对于历史,我们能够知道多少主要受制于上述三个定律。为了恢复历史,首先,要恢复或破译过去的普遍观念。如果过去的普遍观念完全不可知,我们至多可以知道某种社会行动曾经的存在、演化和消亡,根本不可能知道其发生的原因,甚至连准确描述该社会行动本身都有困难。其次,还要假定过去的人和现在的人都遵从相同的知识-思维定律,这一定律保证只要恢复了过去的普遍观念就可"重演"过去的社会行动。于是,问题就转换为对过去普遍观念的恢复和破译。对过去普遍观念恢复和破译的极限决定了我们可能知道的历史的极限。

根据信息粗交流定律和传播有效性定律,今天的人类能否找到恢复过去的普遍观念的途径,主要取决于今天人类的观念知识与过去人类观念知识的交集,由此决定了我们所能知道的历史的不同极限:①交集为空集,则历史完全不可知;②交集非空但不完全重叠,历史部分可知;③过去和今天人类的观念知识完全重叠,历史完全可知。

上面三种情况提供了我们能够知道多少历史的完整描述。其中,第一种和第三种情况是极端情况,第二种比较接近现实情况。由于过去人类的观念知识不可能改变,唯一可能变化的只能是今天人类的观念知识,因此,就出现了我们前面提出的历史"常写常新"的情况。

本文的研究自然派生出如下结论:过去人类的观念知识在时间上可以"间断",但是只要能恢复,则相应时期的历史就可知。我们将这个结论称为历史可知的弱条件。历史可知的弱条件放松了对于历史可知关于观念在时间上的连续性要求。

2013-07-20

系统文明与系统主义的"上帝之城"

"上帝之城"这个名词是借用,用来指称基于系统(主义)文明的理想社会愿景。《上帝之城》是一本书名,作者是奥古斯丁(公元354年~公元430年)。全书共有22卷,奥古斯丁从公元410年开始大概用了20年才完成。奥古斯丁原来是个异教徒,曾属新柏拉图主义的思想家,后来相信摩尼教,最后皈依基督教。《上帝之城》的写作目的就是提出基督教对于理想社会的愿景。全书分为两大部分:第一部分包括1~10卷,主要回答罗马帝国为什么灭亡;第二部分包括11~22卷,较为详细地对全人类的历史进行梳理,目的是提出人在此世应该生活的理想社会。我们知道,基督教超越视野终极价值是救赎,其根本目标不在此世,人在现实世界的行为就是为离开此世接受上帝的最终审判作准备。基于这种思想,奥古斯丁提出,"上帝之城"的象征就是教会。

系统主义的"上帝之城"应当建立在现代社会的基础之上,是现代社会转型的必然结果。现代社会发源于天主教文明。天主教文明是希伯来文明(基督教文明)和希腊文明融合的结果。现代社会的两个关键词是工具理性和人权。工具理性的含义包括理性与终极关怀相分离之后的无限扩展,其给现代社会造成的弊端有目共睹。我们认为,人类社会现在已经进入系统时代。系统文明应当是系统规律和希腊理性认知传统的融合,可以形象地写成如下形式:

系统文明=系统规律+希腊理性认知传统

这里主要的系统规律就是不同层次系统之间的层级演替规律。中国传统的"家国同构"显然属于典型的层级演替。因此,中国传统的精华将被吸收进来。

和天主教文明相比,系统文明用系统规律替换了基督教文明,这是指导现代社会转型的观念升级。我们将建立在系统文明基础之上的"上帝之城"称为系统主义的"上帝之城"。

2013-07-21

文明演化的一般模式:黑格尔与马克思的统一

关于文明演化有两种观点:第一种是德国的观念决定论,认为观念决定社会变迁。黑格尔在观念决定论的基础上,进一步认为,历史是理性的展开。第二种观点是马克思的唯物史观,马克思把观念决定论正好颠倒过来,认为文明演化由经济发展推动。

金观涛和刘青峰(2011)把历史展开的逻辑归结为普遍观念和社会行动的互动。金观涛(2013)进一步提出历史的模式存在于普遍观念和社会行动相互维系网络的结构之中。他提出的普遍观念和社会行动的演化模式如图1所示。

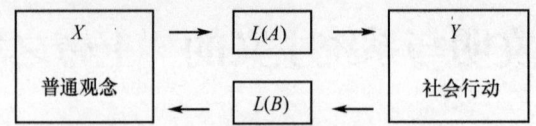

图1 普遍观念和社会行动的演化模式

这里 $L(A)$ 是指普遍观念通过一个组织化过程转化为社会行动，$L(B)$ 是指社会行动和组织对普遍观念的维系。稍为细心的分析不难发现，金观涛和刘青峰(2011)提出的这个普遍观念和社会行动的演化模式完全是一个静态结构，并不能描述真正意义上的演化。

昝廷全(2005)在"科学与艺术：探索真理的两条不同途径"一文中曾经提出科学发展的模式如下(图2)。

$$P_n \longrightarrow M_n \longrightarrow T_n \longrightarrow P_{n+1}$$

图2 科学发展模式

这里 P、M、T 分别代表哲理、数理与技理，n 代表系统或问题的层次。按照这种思路或者受这种思路的启发，我们提出普遍观念(X)和社会行动(Y)互动的如下演化模式(Ⅰ)(图3)。

$$X_n \longrightarrow Y_n \longrightarrow X_{n+1} \longrightarrow Y_{n+1}$$

图3 普遍观念与社会行动的演化模式(Ⅰ)

这里 n 代表演化的先后次序。

当然，普遍观念要转化为社会行动需要一个组织化过程，我们用 $O_n(X_n)$ 表示这个组织化过程。金观涛用 $L(A)$ 表示这个组织化过程。我们认为，使用 $O_n(X_n)$ 更加一目了然。由普遍观念 X_n 引发的社会行动 Y_n 反作用于 X_n，促使人们改进或完善 X_n，使普遍观念由 X_n 变为 X_n+1。我们用 $R_n(X_n/Y_n)$ 表示 Y_n 对 X_n 的这种反作用，由此我们得到比普遍观念和社会行动演化模式(Ⅰ)更加细化的演化模式(Ⅱ)(图4)。

$$X_n \xrightarrow{O_n(X_n)} Y_n \xrightarrow{R_n(X_n|Y_n)} X_{n+1} \xrightarrow{O_{n+1}(X_{n+1})} Y_{n+1}$$

图4 普遍观念和社会行动的演化模式(Ⅱ)

在超越突破出现之后，我们可以文明演化模式(Ⅰ)扩展为如下形式的模式(Ⅲ)(图5)。

普遍观念(超越视野)(X_n)→社会组织蓝图 V_n →社会系统和社会行动 Y_n → X_{n+1} → V_{n+1} → Y_{n+1}

图5 普遍观念和社会行动的演化模式(Ⅲ)

这里涉及一个重要的内在尺度问题。这个内在尺度既是黑格尔"历史是理性的展开"中的"理性"的尺度，也是社会行动对普遍观念(超越视野)以及由此决定的社会组织蓝图的反作用的衡量尺度。这个内在尺度就是从生产技术到经济系统、政治系统和社会系统的层级演进规律。恰恰就是这个层级演进规律使得黑格尔的观点与马克思的唯物史观统一了起来。同时,也使得对于文明演化的研究具有了科学的品格。如果再把人的思想意识是由其知识状态决定的观点引入进来,则对人类文明历史的研究完全可以进入科学的殿堂。

系统经济学强调从个人到全球系统等不同组织水平之间的层级过渡,而且有较低层次"决定"较高层次的倾向(当然,高层级系统的任何微小变化都可能引起低层次系统的结构性反应)。虽然高层次系统具有不同于低层次系统的性质和规律,但是这些都是由不同低层次系统之间的关系派生的,其归根结底沉淀有低层次系统的信息。在这个意义上讲,我们更接近马克思的唯物史观。此外,人的思想系统一旦生成,就有自主演化的特征,其又反过来影响现实社会的发展。这有点类似于数学和现实的关系:数学来源于社会生产实践,但数学一旦生成,就会从数学内部派生出许多研究专题以完善数学系统本身。思想系统对现实世界的影响和 shape 与黑格尔的"历史是理性的展开"观点相重叠。系统层级演进的客观规律使得黑格尔和马克思的观点就这样统一了起来。

2013-07-21

系统文明的历史维度

(1) 个人层次

从结构与功能的角度,review 中国传统哲学的"出世"与"入世"传统。还有道家的"逍遥"传统等。

(2) 宏观层次

人与自然的系统化、天人合一,"天气怪像杀大臣"也蕴含着某种系统思想。"家国同构"是一种递归定义,包含了不同层次的过渡,由此可以展开关于家国同构的 review,当然还有代数学中的同态与同构思想。

2013-08-14

同属于一个系统就具有某种共同利益

"同属于一个系统就具有某种共同利益"是我们最近才明确提出的一条系统经济学的思维准则。这个准则和拓扑学的思想完全一致。拓扑学用集合衡量远近:同属于一个集合,其距离就近;属于不同的集合,其距离就远。正是在这个意义上,整个人类具有某种(些)共同利益,如全球气候变化对地球可居住条件的影响。一般来讲,只要在深层属于某一个共同系统,就具有某种共同利益。

2013年8月8日,在Oxford的Blackwell书店看到一位学者买了一本 *Topology with Applications Via Near and Far*。就因为看到了这书名,我主动和他搭话。他说,他本科读数学,现在研究计算机。他还告诉我,他是在这个书店的basement买到这本书的。但是,我没有在那个书店买到。明天去曼彻斯特再试试。如果不然,就等到18日去剑桥再买。

2013-08-14

藏书的学问

  任何时代国度、任何收藏只有和人类文明的传承和延续联系起来,才可以获得某种崇高性。中国历史上最有名的一个收藏故事,就是罗振玉、董作宾和刘铁云对残甲断骨的收藏。由此,才有了王国维的《殷周制度论》,才有了郭沫若的《青铜时代》,人类也才有了殷商历史。站在人类文明传承的高度,有些文物由谁收藏和藏在世界上的什么地方并没有什么本质的区别。
  以前,和大多数的读书人一样,我喜欢买书藏书。但是,由于个人财力有限,不可能把所有喜欢的书都买回家收藏。同时,由于每个人生命周期的局限,很难把所有喜欢的书读完。有些书买的时候明知道不可能马上就读,只是心想等以后有时间的时候一定要读,买时的目的就是以备以后阅读。可是,有些书可能永远都没有时间去读。对于这部分永远没有时间阅读的图书就变成了纯粹的"收藏"。我们知道,从图书收藏的意义上来讲,社会图书馆具有更强大的功能。因此,最近我在整理书房时候做了一个十分清醒的决定:今后只收藏自己读过的书和自己写的书。自己读过的书上有自己读书时的批注,留有个人对原作者思想的理解和引申。收藏自己写的书,主要是方便随时反思自己的学术思想轨迹,同时也有"立此存照"的欣慰和对"原产地"的坚守。

2013-08-29

中国传统

  (1)中国传统
  以家庭为中心的等级秩序道德化,每个人把等级秩序中的规范视为道德。道德是政治制度正当性的基础。
  (2)制度的层级过渡来源(道德建构机制):从宇宙秩序推出道德规范
  儒学从家庭血缘和长幼来决定道德等级,意味着应由实然的理想化推导出来。同时,还把家庭伦常等级和亲疏关系推广到整个社会,将其视为宇宙最普遍等级的一部分。这种家庭等级由"天"推出来的说法叫作"天人合一"。

1) 道德与宇宙秩序有关,与社会正义有关。

2) 现代社会:工具理性+个人权利正当。

3) 工具理性:终极关怀与理性的二元分裂。

4) 个人权利正当:个人自主的行为只要不妨碍他人就是正当的。不一定是好的,但一定是正当的。

5) 个人权利正当:市场经济诞生(自愿交换正当)。

2013-09-12

积结构与系统广化

积结构的构造原理为系统广化提供了一条基本途径。设 $X_i(i\in I)$ 是一族系统,如何由 $X_i(i\in I)$ 作为元素/子系统去构成一个扩展系统(系统广化)$X=\Pi\ X_i$ 呢?构建原则是:将 X 构造成与 X_i 同类的系统,使得每个投影 P_i 为同态。设 $\varphi(x, y, \cdots, u)$ 是 X 中的运算,则 P_i 为同构意味着:

$$P_i\varphi(x, y, \cdots, u) = \varphi(P_i x, P_i y, \cdots, P_i u)$$

即

$$\varphi(x, y, \cdots, u) = (\varphi(x_i, y_i, \cdots, u_i))$$

这意味着积结构(扩展系统)中的运算归结为依坐标运算,因此自然和 $X_i(i\in I)$ 服从同样的运算规则(同态)。

积结构为系统广化提供的启迪是:扩展系统 $X=\Pi\ X_i$ 到 X_i 的投影 P_i 为同态,由此规定了 X 中的运算依坐标进行。也就是说,如果由不同国家构成一个"联合国",则"联合国"的"运算"要依"坐标"(每个国家)进行,即当"联合国"投影 P_i 到每个国家时遵从每个国家本身的"运算"规则。这是否蕴含了不干涉别国内政?但是,当某一国内发生违反人类基本道德的事件时,不干涉他国内政还具有正当性吗?

2013-09-13

Pareto 最优

昨晚到现在一直没有睡觉:首先撰写了《系统主义》写作大纲;接着构思了"系统时代背景下的个体最优定律";现在又想起关于"系统背景下的个体最优定律"的 Critically think。反正激动得无法入睡,索性继续"奋斗"。

系统背景下的个体最优定律对个体最优提出了两个层次的约束：第一，不能伤及其他个体的利益；第二，不能伤及系统整体的利益。由此联想到余秋雨先生笔下的王道士：当时社会动荡，价值连城的经文无人过问，王道士为了追求自己的私利，以很低的价格把经文卖给了外国人。这种行为虽然没有直接损害任何其他个体的利益（前提：无人过问），因此符合 Pareto 最优原则。但是，这又对国家造成了损失，因此违反了"系统背景下的个体最优定律"。具体一点来讲，就是违反了 Pareto-Tingquan Zan 最优定律。但是，正如余秋雨先生所言，如果把这么重大的责任归于如此卑微的王道士个人身上，连我们自己都会觉得可笑。与此相关的是电视连续剧《大染坊》中日本商人说给主人公陈寿亭的一句话："国家太弱，个人太强是会吃亏的"。我曾在当时《大染坊》热播时专门写过一篇短文指出其中包含的系统思想。这种情况和"系统背景下的个体最优定律"是一种什么样的关系？或者，如何提炼出"系统优化如何对个体优化提供了约束和限制？"问题。

2013-12-03

开集：可持续发展的数学描述

可持续发展是目前整个人类社会面临的一个重大问题。关于可持续发展的重要性和紧迫性已经是全球共识，无需多言，关键是关于可持续发展研究的深度一直不够，基本上停留在"喊口号"的水平上。昨天晚上，在和同学唱歌时听到的一句歌词"……，走不出我的思念"激发了我关于可持续发展数学描述的思路。同时，我还联想到了最近电视热播的《打狗棍》插曲中的一句歌词"……，走不出守候"。两个"走不出"意味着"可持续"，原因是"思念"和"守候"都是开集。

由此联想，开集可能比较适合描述可持续发展问题。开集的一个最大特点就是极限点可能不属于它，也就是说，它可能没有最大（最小）值，如开集(0, 1)就没有最大值和最小值。如果经济系统资源位没有最大值是不是就可以实现可持续发展？可持续发展的特点就是没有"尽头"，这又使我联想到拓扑学中的"……带"。由此看来，拓扑学确实是科学研究的基础。所以昨天夜里我在微博中写道："熟悉几种典型的抽象空间是学术研究的基础，尤其是点集拓扑"。

2013-12-05

回家过年：抖落所有的社会形式化认可符号

春节回家过年，自然要见许多亲戚朋友。虽然形式上很忙，但内心总不免会默默盘点一年来的收获，评估一生最终可能达到的人生高度。正是回家过年，离开工作单位和所有的组织，抖落所有的社会形式化认可符号，只剩下赤诚的一个人的时候，更容易显化什么才是个人真正的终极关怀。终极关怀不依赖于任何单位和组织，其载体完全是个人。最近有人提出"向死而生"。当一个人面临死亡的时候，自然摆脱了所有的单位和组织。此时，才会更加明白什么才是真正有价值的人生，什么才是值得珍惜的，什么不过只是浮云。我在很多年前就提出，要站在历史的高度来看待我们今天的工作，这不仅是"人无远虑，必有近忧"。

我曾经说过，一个人的学术价值最终取决于我们有多少真正原创性的学术思想融入人类文明的历史长河。而博士、教授、博士生导师、特聘教授、院士，甚至诺贝尔奖，从本质上讲，都是社会形式化认可符号，都属于功利化指标的范畴。一个人的社会形式化认可水平并不等同于其真实水平，有时甚至发生背离，特别是在大众传媒高度发达的时代更是如此。学术研究追求的不是市场价值，而是对于人类文明的价值。由此，越是抽象的理论，其特征尺度越长，对人类的影响越久远。

2014-01-30

对话《中国文脉》

对话《中国文脉》主要是指，以余秋雨先生《中国文脉》的一些内容为基础和素材，由此引发一些相关的系统经济学思考。

1) 余秋雨先生指出："中国文脉，中国文学几千年发展中最高等级的生命潜流和审美潜流。这种潜流，在近处很难发现，只有在远处看去，才能领略大概，就像那一条倔强的山脊所连成的天际线"。这就涉及我们在系统经济学研究中所提出的"连通的相对性"。这就像我们乘坐一列快车通过一个城市或村庄，在远离城市或村庄的时候，我们看到，楼宇或房屋是连成一片的；随着火车越来越靠近城市或村庄，我们发现，原来楼宇或房屋是分离的。

我们在系统经济学研究中提出的"连通相对性"和测度的尺度有关。中国文脉主要在时间维度上考察"生命潜流和审美潜流"。如果考察的基本时间单位很短，如以一年或两年作为考察的基本时间单元，可能发现处处间断，找不出任何清晰的"文脉"。但是，只要你把考察的基本时间单元放大，就会发现，中国文学在漫长的发展过程中，始终有一条绵延不断(连续)的清晰文脉。这条文脉，虽然偶有"间断"，但整体上是连续的。所以，余秋雨先生说，中国文脉只能从远处看。其背后的一般性哲理就是我们在系统经济学中提出的"连通的相对性"定律。

中国文脉实际考察的是不同"代表人物"之间的连续性问题。这些"代表人物"就是不同时期的文学巨匠。他们就是我们在系统经济学研究中提出的各种"极"。这些"极"同时也构成了中国文学评价的内在尺度。

2) 余秋雨先生在《黄州突围》中详细描述了苏东坡"突围"。这次，他又在《中国文脉》中说，苏东坡突围"不仅仅指他突破文坛小人的围攻，更重要的是，突破了他自己沉溺已久的官场价值体系"。从本质上讲,这就是"个人从组织中走出,进行独立思考"的现代性,同时也触及生命的终极关怀。

2014-03-31

科学和艺术的共同动机

爱因斯坦曾经指出,"把人们引向艺术和科学的最强烈的动机之一",就是"人们总想以最恰当的方式来画出一幅简化和易领悟的世界图像"。系统经济学的动机是什么?

2014-02-06

享受发现,发现即完成

我曾经说过,人是世界的缩影。

虽然我的人生经历了多种变换,但在这些变换的表象背后始终有一个"不动点",那就是读书和学术。读书和学术的结晶就是系统经济学。系统经济学既是我的精神家园,也是我的诺亚方舟,现在已几乎达成了"人+学"合一。因此,我把我的人生归结为"纸上人生",我把《系统经济学史记:1985—2012》归结为我的整个纸上人生的半缩影。

作为一个读书人,自然也就具有了文化人的品格。我的纸上人生的半缩影重演了中国历史上最为典型的三种文化人格:慷慨英雄型、游戏反叛型和安然自立型。因此,这又从文化人格方面丰富了"人是世界的缩影"的内涵。当然,其深层的哲理基础是系统全息定律。

年轻的时候,具有较多的建功立业思想和强烈的"强入史册"的英雄主义倾向。这大致对应于中国历史上以三国争雄为代表的慷慨英雄型文化人格。

我个人的游戏反叛型文化人格的形成开始于我从"两院院长"的职位上离开。由于各种机缘巧合,我曾经同时担任中国传媒大学媒体管理学院(现更名为经济与管理学院)院长和郑州大学商学院院长。"从组织中走出"之后,逐渐习惯了"不问世俗规范,不问世俗功利,不问世俗眼光,不问世俗褒贬",逐步发现了独立活动的快感。这时候,我已经基本上离开了世俗的棋盘。离开世俗棋盘的这种"心远地偏"的边缘状态正好迎合了 20 世纪德国哲学家布莱希特的观点。他认为,人们对社会事态和世俗心态的过度关注,是深思的障碍、哲学的坟墓。我认为,这句话适用于所有的学术研究。根据个人经验,我很早就做到了前一秒钟从事非常世俗的"博弈",转眼就可以进入"结庐在人境,而无车马喧"的纯学术状态。

我个人文化人格的进一步演变发生在最近一个时期。严格说来，发生在我整理出版《系统经济学史记：1985—2012》前后。一开始，我对整理出版《系统经济学史记：1985—2012》抱有极大的热情。后来，我的热情渐退，幸亏有我的学生闫凌跟进才得以按期完成。我热情减退的原因不是做事虎头蛇尾，而是因为人生境界的变化，我发现自己逐渐进入了"享受发现，发现即完成"的安然自立阶段。我的使命就是发现真理，陶醉于发现真理的过程本身，在发现真理的过程中体验美感。发现就是一切，发现就是完成，甚至没有兴趣把"发现"写成文字和公式，然后拿去发表，因此，更不在乎发表的杂志是不是 SCI 期刊，在心理上自然不存在对外界的向往和窥探。这是不是达成了某种桃园心态？

有一次，我在长安街上开车。在等红灯的时候，突然把黄灯和我在系统经济学研究中提出的制度边界联系了起来。黄灯就是制度边界呀！我当时内心的愉悦是通过任何感官刺激都无法达到的。后来，我把这个发现整理成了一篇短文发表在《经济学家茶座》上。类似的体验，还有好多次。也许正是因为很多次类似体验的积累，促成了质变，使我进入了"享受发现，发现即完成"的人生阶段。

2014-04-05

政府与市场处于不同的系统层级

政府与市场的关系是经济学研究的一个古老课题。记得诺贝尔奖得主科斯曾经出版过一本专著，名字叫作《企业、市场与法律》（三联出版社）。该书所讨论问题的实质就是政府与市场的关系。其实，以往所有的经济学研究都没有说清楚政府与市场关系的本质。其原因就在于，他们都没能从经济系统层级过渡的角度去探讨政府与市场（企业）的关系。

经济系统层级过渡是指，从"技术层级"过渡到"经济层级"，再从"经济层级"过渡到"管理层级"和"政治层级"。每一个层级具有每一个层级的特征和目标。它们之间的关系包括两个方面的内容：第一，由于从低层级到高层级的过渡是一个逐步演绎生成的过程，由此客观地决定着它们之间的内在关系。第二，高层次系统的任何微小变化，都可能引起低层次系统的结构性反应；进一步地，人具有自由意志，这就增加了二者之间关系的复杂性。

根据上面的论述，政府与市场之间的关系显然属于不同层级系统之间的关系。因此，也应当包括上述不同层级之间关系的两个方面的内容。这是讨论政府与市场关系的基本框架。

2014-04-21

经典与特征尺度

记得前些年,在郑州大学的校园里看到过一则标语:"让经典成为时尚"。那时,郑州大学是曹策问教授任校长。我猜想,这个标语应当反映了曹校长当时的治学态度和价值取向。

我 2002 年阅读丹纳的《艺术哲学》。刚读了几页,就被深深地吸引住了,完全可以用英文的 absorbed in 来描述。书中引述的一句话,我至今记忆深刻。他说,有一位著名画家曾经说过,"一个最伟大的画家,不过是画出一副裸体的男人和女人"。任何时装都会过时,唯有人的裸体结构不会轻易改变(在生物进化的特征尺度内)。因此,唯有裸体画像才会流传久远而不会过时,从而成为经典。

任何经典都是在某种特定的社会系统中形成并存在的。从系统经济学的观点来看,所有经典所对应的时空尺度至少要大于作为其载体的社会系统的特征尺度。特征尺度是系统经济学的一个基本概念,其包括特征时间尺度和特征空间尺度,类似于英语中的 across history and around the world。按照这种观点,经典除了在时间上流传久远,还要涵盖一定尺度的空间范围。由于特征尺度是社会系统本身的固有属性,不同社会系统的特征尺度可能不同,这就自然引出了经典的相对性和绝对性:①经典的相对性是指,同样的作品,在一个社会中被认为是经典,在另一个社会中可能不是。②绝对经典是指,其所对应的时空尺度超过所有社会的特征尺度的作品。因此,其在任何社会中都会被认为是经典。我们通常所说的经典作品,大都是指这个意义上的绝对经典。

丹纳《艺术哲学》中还有一句话,我至今也记忆犹新,其大致意思是说,越接近事物的"根部",越接近事物的本质。以系统经济学作为参证框架,越接近事物的"根部",特征尺度越长。将特征尺度无限外推,在无限长特征尺度范围内都不改变的属性就是事物的本质。

根据系统经济学研究,特征尺度存在一个层级结构,这是否可以导出事物本质的相对性?

2014-05-03

《系统经济学史记:1985—2012》序言
形式化工作(代序)

出版这本《系统经济学史记:1985—2012》,完全是出于形式上的考虑。所以,我把这个序言的名字称作形式化工作。我 1962 年出生，到 2012 年刚好 50 岁。因此，这本史记的截止日期选在 2012 年。之所以把起始时间选在 1985 年，是因为那一年我第一次正式发表学术论文，论文的题目是"系统方法在冻土研究中的应用"，发表在《自然杂志》1985 年第 11 期上，从此开始了我漫长而欢乐的学术之旅。

回顾前半生，我整个的生命轨迹都是围绕"学习+学术"而展开，我把它总结为"纸上人生"。我纸上人生的主线就是系统经济学（Systems Economics）。因此，从某种意义上说，这本《系统经济学史记：1985—2012》就是我整个纸上人生的半缩影。

我们认为，一旦某个事件达到一定的规模和产生一定的社会影响就值得纪念；一旦某项事业和整个人类文明和人类的福祉联系起来就自然获得了崇高性。我希望我们开拓的系统经济学研究就是这样的一项事业。我 1988 年第一次正式发表系统经济学的论文，2001 年第一次在郑州大学基础数学专业名下招收"非线性分析与系统经济学"方向的博士研究生。系统经济学博士研究生的招生必须得到国务院学位办公室的认可。因此，系统经济学博士研究生的招生可以认为是社会对系统经济学的一种正式认可。到 2012 年为止，我招收的系统经济学及其相关专业的硕士生和博士生已近 100 名，而且每个学生都很优秀，都能圆满完成学业。他（她）们当中，有的已经成长为省级银行的行长，有的已经成长为大型国有企业的掌舵人，有的已经成长为大学的学院院长、博士生导师。看到他（她）们的进步和取得的成绩，我很欣慰。他（她）们的名字时常让我回想起和他（她）一起度过的美好时光。同时，也有一种"往年曾见未开时"的骄傲。

到目前为止，我们已经基本上完成了系统经济学哲理框架的构建工作，得到了上百个具有数学形式的新结果，发展了 7 个与国际上已有定评的工作具有可比性的研究专题：特征尺度理论、系统战略理论、资源位理论、制度边界理论、基于信息粗交流的博弈化模型系统产权理论和系统需求理论。我们的研究工作经常被国内外重要学术期刊引用，我们创造的许多学术名词现在已经成为学术界的通用名词，例如，资源位、制度边界、临界战略和层级战略等概念经常被《中国工业经济》、《管理世界》和《系统工程》等杂志上发表的文章引用。从某种意义上讲，我们创造的学术名词变成学术界的通用名词就意味着我们的学术思想融入了人类文明的历史长河，从而就此获得了永恒的生命力，也可以算作是我们系统经济学为人类文明贡献的涓涓溪流。当然，学无止境，系统经济学研究才刚刚开始，我们希望得到更多朋友的关心、支持和帮助。我们欢迎更多的有志青年加入系统经济学的行列，让我们一起迎接系统经济学的"月满中天，花开满树"！

我整个的纸上人生和"阅尽心酸书外史"之后得到的人生感悟可以用以下三句话来代表：学会用出世的心态入世；学会用审美的心态生活；学会心存感激。此刻，我想感谢的人很多：家人、学生、朋友，脑海中顿时浮现一长串的名字：曹利群、吴学谋、黄德鸿、丁德文、胡之德、艾南山、张林源、徐林发、钟阳胜、李民牛、曹策问、郭正让、刘淑琴、孙学敏、王振中、李海舰、乔之宏、索月娇、张良贵、王华庆、张文厚、丁明芳、李敏等。他（她）们在不同的时期从不同的侧面对我的纸上人生提供过帮助产生过影响。我一直很崇拜毛泽东的"革命的大无畏精神"和"革命的乐观主义精神"。这两种精神正是从事学术开拓的科学家必须具有的品格。

纸上人生的好处是，可以"思接千载"，不受时空的局限。当然，这要感谢发明文字的祖先。我从上大学时就喜欢看科学家传记，先后至少三次购买不同版本的《爱因斯坦文集》。阅读使我们和先哲与大家心灵相通。阅读是通向巨人肩膀的阶梯。我每次看到"阅读"、"学习"、"学术"、"系统"、"结构"、"层次"、"演化"等这些关键词都会心情激动。

令人庆幸的是，我一生的最好年华赶上了祖国"科学的春天"，同时也赶上了"改革开放的新时代"。从终极关怀的意义上讲，我们这一代学人有些不得不在"学术+学田"两条战线同时作战。但愿我们的下一代学人都能够专心单一战线作战。对于经济学家来说，两条战线同时作战也有好处，好处是可以对经济活动和经济现象具有直接感受，使研究工作更接"地气"。我感到特别幸运的是，自己赶上了中国经济社会的转型时期。从历史上看，社会转型时期是涌现大政治家、大思想家、大科学家和大文学家的黄金时期。

出版这本《系统经济学史记：1985—2012》的目的是想对 2012 年以前的工作做个"形式上"的总结，因此，并不刻意追求文章收录的完备性，有些重要的学术论文没有收入，例如《美国数学评论》上的文章和《经济学家茶座》上的文章，只好等到以后有机会再版时完善。这本史记出版以后，计划从 2013 年开始每年出版一本《系统经济学年鉴》。这样，这本《系统经济学史记：1985—2012》加上以后每年出版的《系统经济学年鉴》从时间结构上就完备了。

2014-05-20

公共空间与独立知识分子

公共空间是一种重要的系统资源。

余秋雨先生认为，中华文化的一个显著缺陷，就是只有忠孝两端，缺乏对忠孝之间这一大块公共空间的认识和尊重。忠是对朝廷，孝在家庭。有了忠和孝，就忠孝两全了，就圆满了。至于在朝廷和家庭之间的公共空间，其行为规范几近空白。于是，在公共场所随地吐痰、高声喧哗、行为不端等现象司空见惯。如果把这些行为全部简单地归结为没有修养，似乎也不完全准确，这可能和缺乏公共空间意识有关。例如，交通宣传口号"司机一滴酒，家人千滴泪"，考虑了自己的家人，那些在交通事故中的受害者该当如何呢？

德国哲学家康德认为，知识分子应当"有勇气在一切公共空间运用理性"。这涉及知识分子的独立性问题。中国 1300 年的科举制度，为国家培养了大量的管理人才，无疑具有非常积极的意义。但是，正是这 1300 年的科举制度，把知识分子彻底地与政治绑在了一起。我们知道，"从组织中走出"，进行独立思考，是"现代性"的本质。也是康德所说的"在一切公共空间运用理性"的基础。

2014-05-27

崇高性与正外部性

我在《系统经济学史记：1985—2012》的序言中写道："一旦某个事件达到一定的规模和产生一定的社会影响就值得纪念；一旦某项事业和整个人类文明和人类的福祉联系起来就自然获得了崇高性。"从经济学的角度来讲，崇高性，其本质就是产生正外部性。我们说某个事件值得纪念，也是因为外部性。如果某个事件只对当事人有影响，别人一般不会在意，更不会纪念。

我们知道，真善美禅是人生典型的四个维度。之前，在其他文章中，我们曾经专门论述过东西方哲学在对待这些基本问题上的差异。善是崇高的起点，是崇高的最低要求。善，至少不能对别人产生伤害，不能产生负外部性。中国文化从某种意义上讲是忠孝文化。孝是在家庭内部的正外部性，是家庭内部的善；忠用在朝廷。其实，在忠孝两端之间的大量公共空间可以供"善举"大展拳脚。

中国有个传统，叫作"小善修身，大善求道"。其原因就在于，"修身"更多的是关乎自己，所以是小善；"求道"是对"真"和规律的探索，可以惠及大众甚至整个人类，产生正外部性，因此，是"大善"。根据我们关于崇高的定义，"大善求道"已经自然具有了崇高性。教育事业之所以崇高，就是因为它的正外部性。同时，产生正外部性也是对教育事业的最低要求。我曾经说："爱一个人，就帮他成长"，这显然涉及正外部性和崇高性问题。

西方国家的很多企业家最终热衷于慈善事业，通过产生正外部性，由此通向了崇高。香港大亨李嘉诚、邵逸夫、曾宪梓等最后都选择了在内地捐资助学，其实都是希望由此走向崇高，而不仅仅是追求个人利润最大化的商人和企业家。

2014-06-01

其实你不懂我的心

记得印度的心灵大师克氏说过，一个人只有找到自己内心深处真正想做的事情，才不会虚荣，才不会畏惧，就一定会有办法去做。在我很小的时候就听人说，我们家的风水决定了会出"大文人"，这里的"大文人"实际上就是"读书人"。也许正是这个"说法"对我的人生产生了潜移默化的影响，我也一直把自己定位为"读书人"。即使全职在企业工作的时候，在心灵深处也一直把自己定位为"读书人"。这种"读书人"的潜意识相当于"决定系统最终状态的慢变量"，一直在影响着我，甚至潜在地决定着我的偏好。

虽然我的理想是"全心全意"地从事系统经济学研究，但是，由于各种原因，我只能"自建"研究系统经济学的"支撑系统",这又需要"学田"的支撑。所以,我一直在探索"学术+学田"的合适模式。为了"学田"的问题,进行过各种探索,也浪费了不少时间和精力。正因为有如此体会,我在《系统经济学史记:1985—2012》的序言中写道:"从终极关怀的意义上讲,我们这一代学人有些不得不在'学术+学田'两条战线同时作战。但愿我们的下一代学人能够专心单一战线作战"。

过去一直在黑暗中摸索,"学术+学田"的最优解在当时的技术条件下可能根本就不存在,直到最近"自媒体"的出现,为"学术+学田"的合适模式指明了光辉大道:利用自媒体制作"系统思维"视频,并配以微信推送。孔子弟子三千,依靠"行万里路"宣传自己的学术思想和政治主张;我在 2003 年制作《系统管理模式》光碟(32 集),旨在采用工业手段传播系统经济学思想,实际上采用的是 FORD 模式;现在,自媒体的出现为学术传播提供了新的通道。移动互联网的出现是一场革命。据有关方面统计,中国现在至少有 7 亿人拥有手机,4 亿人利用手机上网。由此,如果能够利用自媒体传播系统经济学,其效果不言而喻。同时,自然也就具有了商业价值,自然也就实现了学术与学田的完美结合。有此完美的自媒体,夫复何求?

作为自律和自我强化,再写一遍要做的工作:
1)《系统主义》,同时制作《系统思维》视频;
2)《系统经济学原理》;
3) Game Theory + Rough Sets;
4) Real Analysis;
5) Topology;
6) Economic Thoughts(Leisure time)。

虽然表象风云变幻,系统经济学永远是我"不变的真心",是生命之不动点,是"纸上人生"的"千秋纸上情"。"其实你不懂我的心,我永不在乎掩藏真心"。

2014-10-11

系统经济学的历史定位

1)牛顿的历史功绩在于,他引进了一种新的思维方式:力学。从此,人们可以通过各种力计算出移动物体的运动情况,不再受制于心灵术、心魔、幽灵等荒诞的念头。从具体研究内容上讲,牛顿主要阐明了关于引力的三大定律。牛顿力学为欧洲工业革命奠定了理论基础。

2)在经济学的发展史上,边际主义的兴起具有里程碑意义。推动经济学边际主义革命的是当时的三位年轻人:英国的威廉·斯坦利·杰文斯(1835~1882 年)、奥地利的卡尔·门格尔(1840~1921 年)和法国的里翁·瓦尔拉(1934~1910 年)。他们三位的贡献不在于他们关于效用问题的具体研究,其贡献主要在于他们为我们引进了一种更好地分析经济问题的方法:边际主义分析方法。

3)纳什把博弈论引进经济学,其实也是引进了一种分析工具,几乎重写了整个经济学。经济学诺贝尔奖数次授给与博弈论有关的经济学研究。

4) 系统经济学的主要贡献，就是把系统方法引入经济学研究，旨在为经济学研究提供一种新的分析工具。系统方法是 20 世纪留给人类最好的科学遗产，也是最适合系统时代的思维模式。

2014-11-01

层级过渡原理：经济系统是镶嵌于社会大系统的子系统

根据最新的考古发现，人类迄今至少具有 3000 年的历史。由此推断，人类社会大概也应具有 3000 年的历史。如果从 1776 年亚当·斯密发表《国富论》算起，经济学也不过只有不到 300 年的历史。也就是说，现代意义上经济活动的历史，也至多具有 300 年左右的时间量级。由此不难看出，经济活动和经济系统是人类社会发展到一定阶段的产物。因此，我们认为，经济系统是镶嵌于社会大系统的子系统。

利用现代数学的语言，我们可以更准确地说，经济活动在社会活动中"处处稠密"，经济系统在社会系统中"处处稠密"。"处处稠密"的数学含义是，如果说 A 集合在 B 集合中"处处稠密"，则 B 集合任意元素的任何领域中必包含 A 集合的元素。按照这种理解，我们说经济活动在社会活动中"处处稠密"的意思就是，所有的社会活动都"离不开"经济活动。经济系统在社会系统中"处处活动"的含义可以由此得到解释。

原始人靠"赤手空拳"采摘植物果实以维持生命。后来，逐步演化为先做"工具"等生产资料，然后利用工具来生产消费品，由此实现了从"赤手空拳的生产"向"迂回的生产"的转变(庞巴维克《资本实在论》)。这种"迂回"的生产方式，可以提高生产效率。技术由此进入经济活动。现代社会，商品的技术含量更多，商品的使用更加复杂、需要更多的知识。如何简化使用，又成为了生产厂商努力的目标。一些发达国家，科技对国民经济的贡献率在 70% 以上，技术是资源位中最活跃的决定因素。

2014-11-11

汇率：货币间的供求关系

萨伊定律的核心思想是，商品是由商品购买的，供给或生产会自动创造自己的需求。每个卖主都是买主，而每个买主又都是卖主，由此形成"卖主和买主的形而上学的均衡"。

实际上，萨伊定律只在物物交换这种极端情况下成立。

物物交换是一种多对多的供求关系，其交易成本非常巨大(图 1)。货币的出现，使得买与卖产生了分离，于是情况变得非常复杂。马克思在分析货币产生时明确指出，货币的出现，把物物交换过程分解为商品-货币、货币-商品两个阶段(图 2)，实现了买与卖的脱离，因此蕴藏着巨大的经济危机。

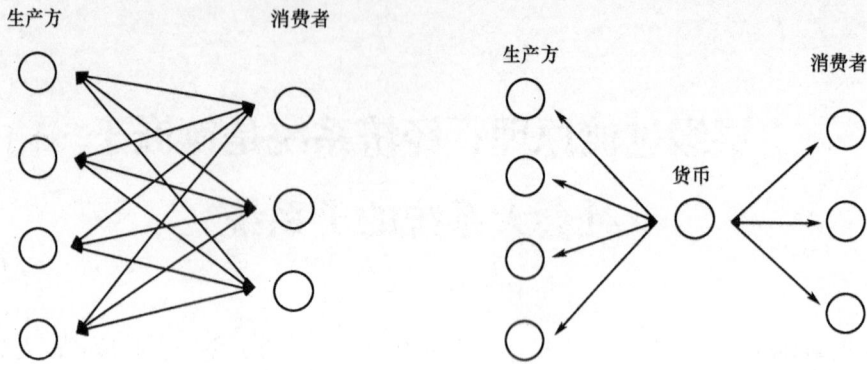

图 1　物物交换：多对多的供求关系　　　　图 2　货币作为中介：买与卖分离

一般来说，不同的国家用于担当中介的货币是不同的，如中国是人民币、美国是美元，于是，又可在人民币和美元之间建立供求关系，这就是汇率的概念(图 3)。

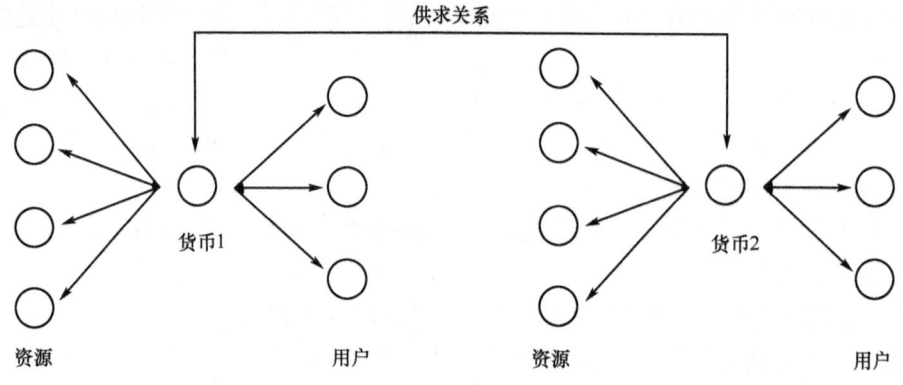

图 3　汇率：货币间的供求关系

2014-11-18